景家店林场大峡谷景点

陈家店林场景点红枫林

十里白桦林

十里花海

城乡建设

海伦城区鸟瞰

海西新区人民广场

雷炎大街东端回望

海西新区一角

2017年新建的雷炎广场

位于海西新区的世纪大道

整修后的雷炎公园正门

雷炎公园著名景点玉带桥

西安村旅游景点

联发镇百兴村

中国黑土硒都授牌仪式

国投13.6亿元三十万吨乙醇在建项目现场鸟瞰图

国投生物能源（海伦）有限公司

富硒大豆万亩方

海伦建立全省唯一的黑龙江大豆交易中心

长发镇七大队水稻育苗车间

向荣镇黑臻木耳繁育基地

向荣镇大鹅养殖基地

通肯河林场因地制宜养殖梅花鹿

东方红水库渔业丰收

社会事业

海伦市人民医院

海伦市第一中学

新建橡胶跑道体育场

两年一届的市体育运动大会

一年一度的体育广场秧歌比赛

雷炎公园中的雷炎烈士塑像

位于前进镇光荣村南的雷炎抗日壮举碑

位于共荣乡民强村的雷炎烈士牺牲纪念地碑

位于双录乡双兴村南的赵尚
志张光迪抗日纪念碑

东林乡镇东村顾旭东抗日
纪念碑

海伦市革命老区发展史

海伦市老区建设促进会　编

黑龙江教育出版社

图书在版编目（CIP）数据

海伦市革命老区发展史 / 海伦市老区建设促进会编
. -- 哈尔滨：黑龙江教育出版社，2021.5
ISBN 978-7-5709-2207-9

Ⅰ. ①海… Ⅱ. ①海… Ⅲ. ①海伦－地方史 Ⅳ.
①K293.54

中国版本图书馆CIP数据核字(2021)第078441号

顾　　问　于万岭
丛书主编　杜吉明
副 主 编　白亚光　张利国　李树明　李　勃

海伦市革命老区发展史
Hailunshi Geming Laoqu Fazhanshi
海伦市老区建设促进会　编

责任编辑　高　璐
封面设计　朱建明
责任校对　杨　彬
出版发行　黑龙江教育出版社
地　　址　哈尔滨市道里区群力第六大道1305号
印　　刷　哈尔滨博奇印刷有限公司
开　　本　787毫米×1092毫米　1/16
印　　张　21.75
字　　数　260千
版　　次　2021年5月第1版
印　　次　2021年5月第1次印刷
书　　号　ISBN 978-7-5709-2207-9　　定　价　48.00元

《海伦市革命老区发展史》
编纂委员会

主　任　宋加平（市委副书记）

副主任　赵树芳（市老区建设促进会会长）

　　　　　王德生（市老区建设促进会副会长）

委　员（以姓氏笔画为序）

　　　　　王小波　　王忠显　　冯福利　　刑丰月

　　　　　周　津　　金海峰　　赵　丹　　贾云喜

《海伦市革命老区发展史》
编辑部

主　　　编　赵树芳

副 主 编　王德生

执行副主编　冯　辉

总 策 划　冯　辉

编　　　辑　荀有卿　　刘海斌　　徐凤林

编　　　审　李国荣　　李海生　　杨海生　　姜　彪

特 邀 顾 问　李元玺　　李万青

资 料 员　崔晓宇　　任传影

审　　　读　邹洪学（原黑龙江省委党校教授）

总　序

　　在举国欢庆新中国成立70周年前夕，中国老区建设促进会王健会长请我为《全国革命老区县发展史》丛书作序，作为一名在老区战斗过并得到老区人民生死相助的老兵，回首往事，心潮澎湃，感慨万千，深感义不容辞，欣然应允。

　　中国革命老区，是以毛泽东为代表的中国共产党人在领导人民推翻帝国主义、封建主义和官僚资本主义三座大山，争取民族独立和人民解放伟大斗争中建立的革命根据地，在这片红色的土地上，诞生了无数可歌可泣的革命英雄儿女，为后人树起了一座不朽的丰碑。她是新中国的摇篮，是党和军队的根。

　　在艰苦卓绝的战争年代，老区人民把自己的命运与中华民族的命运紧紧地联系在一起，与中国共产党和人民军队的命运紧紧地联系在一起，他们生死相依，患难与共。我曾亲历过战争年代，并得到过老区红哥红嫂的救助，切身感受到发生在身边的一幕幕撼天动地的革命故事，在那极其艰难的条件下，老区人民倾其所有、破家支前，不怕艰难困苦，不怕流血牺牲。"最后一碗米送去做军粮，最后一尺布送去做军装，最后一件老棉袄盖在担架上，最后一个亲骨肉送去上战场"，这是当时伟大的老区人民为建立新中国做出巨大牺牲的真实写照，它将永远镌刻在中国共产党、中国人民解放军、中华人民共和国的历史丰碑上。他们的光辉业绩永载史册，他们的革命精神必将影响一代又一代的革命新人，造就一代又一代的民族脊梁。

在社会主义革命和建设时期，革命老区和老区人民响应党的号召，面对落后的面貌、脆弱的经济、恶劣的生态环境，他们本色不变，精神不丢，自力更生，艰苦奋斗，干一行爱一行。始终坚持"革命理想高于天"，自觉做共产主义远大理想的坚定信仰者和忠实实践者，勇于向恶劣的自然环境和贫穷落后宣战，他们在各条战线上为国建功立业，用平凡的双手创造了一个又一个不平凡的奇迹，彰显了老区人的崇高精神和人格力量。

在改革开放的伟大进程中，老区人民解放思想，勇于创新，发奋图强，攻坚克难，老区的经济社会建设取得了辉煌成就。特别是在改变中国的面貌、中华民族的面貌、中国人民的面貌、中国共产党的面貌的伟大实践中发挥了至关重要的作用。老区人民既是改革开放的参与者，也是改革开放的推动者。

艰苦练意志，危难见精神。老区人民在近百年的革命战争、社会主义建设和改革开放的伟大实践中，孕育形成了伟大的老区精神：爱党信党、坚定不移的理想信念；舍生忘死、无私奉献的博大胸怀；不屈不挠、敢于胜利的英雄气概；自强不息、艰苦奋斗的顽强斗志；求真务实、开拓创新的科学态度；鱼水情深、生死相依的光荣传统。这是党和人民宝贵的精神财富、丰厚的政治资源，是凝心聚力、振奋民族精神的重要法宝，也是社会主义核心价值观的重要内容。

中国老区建设促进会怀着强烈的政治责任感和历史使命感，组织全国各地老促会人员克服困难，尽心竭力编纂《全国革命老区县发展史》丛书，记录老区的光辉历史和辉煌成就，传承红色基因，弘扬老区精神，是功在当代，利及千秋的一件大事。手捧这部丛书的部分书稿，读着书中的故事，倍感亲切，深感这部丛书具有资政、育人、存史的社会功能，有着重要的时代和历史价值。它是不忘初心、牢记使命的源头活水，是赞颂共产党、讴歌老区人民的一部精品力作，是弘扬老区精神、传承红色记忆的丰厚载体，是一项继承优秀传统文化、弘扬革命文化、发展社会主义先进文化，坚定"四个自信"的宏大文化工程。它必将成为一种文化品牌，为各界人士了解老区宣传老区支持老区提供一部有价值的研究史料。希望读者朋友们能从中了解并牢记这些为党和民族的利益不断奉献的老区人民，从中得到教益，汲取人生奋斗的精神动力。

新时代赋予新使命，新起点开启新征程。让我们更加紧密地团结在以习近平同志为核心的党中央周围，坚持以习近平新时代中国特色社会主义思想为指导，增强"四个意识"，坚定"四个自信"，做到"两个维护"，弘扬老区精神，铭记苦难辉煌。为实现"两个一百年"奋斗目标，实现中华民族伟大复兴的中国梦做出新的更大的贡献！

2019 年 4 月 11 日

编写说明

2017年6月，中国老区建设促进会组织全国各地老促会启动编纂《全国革命老区县发展史》丛书，按照"建立中国共产党、成立中华人民共和国、推进改革开放和中国特色社会主义事业"三大里程碑的历史脉络，系统书写革命老区百年历史，深入挖掘革命老区红色文化资源，这对于充实丰富中国革命史籍宝库、在新时代传承红色基因、弘扬革命精神、强固根本，对于激励人们在新的历史条件下夺取中国特色社会主义伟大胜利，实现中华民族伟大复兴的中国梦具有重要意义。

丛书编纂以习近平新时代中国特色社会主义思想为指导，以《中国共产党历史》《中国共产党的九十年》等重要文献为基本依据，以党的领导为核心，以老区人民为主体，以老区发展为主线，体现历史进程特征，突出时代发展特色，坚持辩证唯物主义和历史唯物主义相统一、历史真实性与内容可读性相统一的原则，书写革命老区从站起来、富起来到强起来的光辉革命史、不懈奋斗史、辉煌成就史，把老区人民的伟大贡献、伟大创造、伟大成就、伟大精神充分展示出来，形成一部具有厚重历史特征和鲜明时代特色的精品力作。这是一部培根铸魂、守正创新，既为历史立言，又为时代服务，字里行间流淌着红色血脉、催生着革命激情的传世之作。丛书的编纂出版将成为讴歌党讴歌人民讴歌时代、传播红色文化、为革命老区和老区人民树碑立传的重要载体。丛书按照编年体与纪事本末体相结合、以编年体为主的编写体例确定框架结构；运用时经事纬、点面结合的方式记述史实；坚持人事结合、以事带人的原则处理人与事的关系；采取夹叙夹议、叙论结合以叙为主的方法展开内容。做到史料与史论、历史与现实、政治与学术统一，文献性、学术性、知识性相兼容。

为编纂好《全国革命老区县发展史》丛书，打造红色文化品牌，中国老区建设促进会认真组织积极协调，提出政治立场鲜明、史料真实准确、思想论述深刻、历史维度厚重、时代特色突出、编写体例规范、篇目布局合理、审读把关严格、出版制作精良的编纂出版总要求，力求达到革命史籍精品的精神高度、思想深度、知识广度、语言力度，增强丛书的权威性和社会影响力。各省（区、市）、市（州、盟）、县（市、区、旗）老促会的同志，以强烈的使命感、责任感和紧迫感，勇于担当，积极作为，认真实施，组织由老促会成员、专家学者等参加的十余万人编纂队伍。编纂工作主体责任在县，省、市组织协调、有力指导、审读把关。各方面人员以高度负责的精神和科学严谨的态度，满腔热情地投入工作，为丛书编纂出版做出了重要贡献。丛书编纂工作还得到了党和国家有关部委、地方各级党委政府及有关部门的大力支持和积极参与，社会各界也给予了热情帮助。中共中央政治局原委员、中央军委原副主席、原国务委员兼国防部长迟浩田上将，对老区人民怀有深厚感情，对革命老区建设发展十分关注，欣然为《全国革命老区县发展史》丛书作总序。

丛书由总册和1 599 部分册（每个革命老区县编纂1部分册）组成，共1 600 册。鉴于丛书所记述的史实内容多、时间跨度长和编纂时间紧，不妥之处，敬请批评指正。

中国老区建设促进会

目 录

序

　　按照中国老区建设促进会中老区字〔2017〕15号文件《关于编纂全国1 599个革命老区县发展史的安排意见》要求，由市老促会牵头编纂的《海伦市革命老区发展史》，在市委、市政府的高度重视和亲切关怀下，全体编纂人员以为历史立言、为时代讴歌的责任感和使命感，历时两年多的勤奋努力，现终于付梓出版，与广大读者见面了。这是一部迄今为止历史跨度最大，涵盖内容最多，由国家统一设计、统一出版，经县（市）地（市）省三级严格把关的史书。它也是首次从革命老区发展角度系统记述海伦在新民主主义革命时期、社会主义革命和建设时期、改革开放和社会主义现代化建设时期，全市人民在中国共产党的领导下，进行革命斗争和推进经济发展与社会进步，从站起来、富起来到强起来的历史专著。

　　海伦是被国家认定的全国1 599个革命老区县之一，具有光荣的革命斗争历史和优良的革命传统。

　　抗日战争中，海伦人民在中国共产党的组织领导下，同日本侵略者进行了长达十四年艰苦卓绝的斗争。这里不仅一度成为令全国瞩目的抗日中心、北满抗联部队的会师地和开展平原游击战争重要的后方基地，而且创造了许多惊天动地、可歌可泣的战绩。一大批抗日英烈血洒寒地黑土，长眠于海伦革命老区。据史料记载，自1931年至1941年，马占山部队、东北抗日联军和游击队在本地区与日伪军进行大小战斗229次，以牺牲1 500多人的代价，消灭日伪军6 000多人。

抗战胜利后，海伦成为最早的解放区，是解放战争的大后方和根据地。海伦人民在中国共产党的领导下，积极投身到建立和巩固政权、锄奸剿匪、土地改革、参军支前和大生产运动中。全县有6 895名青壮年参军支前，在解放战争和剿匪及抗美援朝的战场上英勇杀敌，有453名优秀儿女献出了宝贵生命。海伦人民为东北和全国解放付出了巨大牺牲，做出了重要贡献。

新中国成立后，特别是党的十八大以来，海伦老区人民在以习近平总书记为核心的党中央领导下，发扬自力更生、艰苦奋斗的光荣传统，实施"一都五城"发展战略，脱贫攻坚，改变贫困面貌，使海伦发生了深刻变化，取得了辉煌成就。先后获周恩来总理亲笔签发的"农业社会主义建设先进单位"和"农业现代化综合科学试验基地县、粮食生产先进县、土地规模经营示范县、农产品质量安全示范县"等国家级殊荣。

海伦人民在为实现民主独立、人民解放和国家富强而不懈的奋斗中，孕育形成了伟大的老区精神："爱党信党、坚定不移的理想信念；舍生忘死、无私奉献的博大胸怀；不屈不挠、敢于胜利的英雄气概；自强不息、艰苦奋斗的顽强意志；求真务实、开拓创新的科学态度；鱼水情深、生死相依的光荣传统"。这是我们党的红色基因和精神族谱的重要组成部分，是我们宝贵的精神财富和丰厚的政治资源，是继往开来，实现中华民族伟大复兴的中国梦的强大动力。

通览《海伦市革命老区发展史》，它是遵循"发展史"约定俗成的文法，即"采取编年体与纪事本末相结合，以时间为顺序，以事件为载体，以发展为脉络，用脉络这条红线串起历史的珍珠"。因此，该书注重了摘取能体现历史发展进程的浪花，并以夹叙夹议的点睛之笔，展现出"递进式"不同时期的历史丰碑，有别于其他方式的"写史"，避免了陷入浩如烟海的历史事件汇编。本书不仅以翔实的史料全面、客观地再现了海伦人民自"九一八"事变以来进行伟大斗争和艰苦奋斗的光辉历程，而且用感人肺腑的英烈壮举，具体、生动地展现了海伦的革命老区的全貌。可以说，这是一部弘扬革命老区精神，进行爱国主义教育、革命传统教育、优良作风教育的较全面、较系统、较具可读性的教科书，也是一套有质量、有特色、有价值、有别于其他的历史文献书。这部书的出版，既可以成为传承红色基因、弘扬老区精神的有效载体，教育党员、干部和群众，特别是青少年铭记历史，缅怀先烈，推进伟大事业，实现伟大梦想，也能给全省乃至全国各界了解海伦老区、宣传海伦老区、支持海伦老区提供第一手可靠资料，其意义深远重大。

我们要以此书在全国出版为契机，深入贯彻习近平总书记关于"发扬红色资源优势，深入进行党史、军史、老区革命史优良传统教育，把红色基因代代传下去"的指示，大力做好发行和宣传工作，进一步激发全市人民热爱海伦、建设海伦、发展海伦的昂扬斗志，在习近平新时代中国特色社会主义思想指引下，不忘初心、牢记使命，积极投身到民族复兴、人民幸福伟大事业的建设之中，为决胜全面建设小康，实现两个"一百年"的宏伟目标而奋斗！

霍加平

2019年10月

第一篇 ★ 海伦历史发展概览

　　海伦是国家认定的二类革命老区，与同类革命老区相比，它既有在党的领导下，从苦难走向辉煌，从磨难走向成功，为新中国的成立与富强发挥了不可替代作用的共同特点；也有其在历史、地理、资源、境域、人文和传统诸多方面的独特之处。而这些独特之处，往往对其历史发展起着重要的影响作用。因此，了解和掌握上述情况，对从整体上深刻认识海伦的发展历程至关重要。

第一章　海伦概况与历史地理沿革

一、海伦概况

海伦市位于黑龙江省中部，是"中俄蒙丝路带"和"哈黑经济带"节点城市之一。全市辖区面积4 667平方公里，耕地面积465万亩。地理位置为北纬46.58度至47.52度，东经126.14度至127.45度。跨度从东北到西南150公里，南北78公里。南距省城哈尔滨市210公里，北距中俄边境口岸城市黑河362公里。东部隔克音河与绥棱县毗邻；西部隔通肯河与青冈县、明水县、拜泉县相望；北部与北安市接壤；南部与绥化市北林区、望奎县相接。海伦隶属于黑龙江省绥化市。

全市现有23个乡镇：海伦镇、海北镇、伦河镇、共合镇、海兴镇、祥富镇、东风镇、百祥镇、向荣镇、长发镇、前进镇、东林乡、海南乡、共荣镇、乐业乡、福民乡、丰山乡、永富镇、联发镇、永和乡、爱民乡、扎音河乡、双录乡；243个行政村；5个街道办事处：光华街道办事处、雷炎街道办事处、向阳街道办事处、新海街道办事处、新伦街道办事处；28个社区；6个国有林场：景家店林场、双河林场、通肯河林场、陈家店林场、护林林场、双录林场。截止到2019年末，全市总人口85万，95%以上是汉族，还有回、满、蒙、鲜、锡伯等少数民族。民族村2个：扎音河乡东太朝鲜族村和东风镇宝星朝鲜族村。

海伦市幅员广阔，资源丰富。处于小兴安岭向松嫩平原的过渡地带，位于世界三大黑土地之一的松嫩平原腹地，寒地黑土"核心区"，素有"粮仓"美誉。黑土厚度平均在70厘米以上，有机质含量高达3%~5%，富含硒、钙、铁、锰、锌等多种矿物质微量元素（成长周期为200—400年/厘米），土壤肥沃（俗称一两土二两油），地力充沛（休耕期230天以上），土质疏松，被誉为"土壤之王"。经黑龙江省地质调查研究总院检测，海伦98%土壤等级达到一级标准，适合生产绿色、有机食品。西部平原生产大豆、玉米、水稻等粮食作物和亚麻、烤烟等经济作物。地势从东北到西南由低丘陵、高平原、河阶地、河漫滩依次呈阶梯形逐渐降低，海拔最高471米，最低147米，平均海拔239米。境内有前、后鹿马山（俗称哈拉巴山）等残丘，漫川漫岗地、河阶地、河滩地各占三分之一左右。全市耕地465.1万亩，其中，旱田385.1万亩，水田80万亩。黑土占63.4%，草甸土占10.3%，碳酸草甸土占14.4%，土壤富硒。按照国家土壤结构检测目录和黑龙江省地质矿产局公布的权威数据，海伦市地处松嫩平原硒核心区，耕地100%天然含硒。其中，每千克硒含量在0.325毫克以上的富硒耕地面积为156万亩，占全市耕地面积34%，每千克硒含量0.175毫克~0.325毫克之间的足硒耕地面积为309万亩，占全市耕地面积66%。大部分农副产品都达到富硒标准。其中大米平均硒含量0.051 4毫克／公斤，富硒率达58.2%；玉米平均硒含量0.035 1毫克／公斤，富硒率达80.3%；大豆平均硒含量0.066毫克／公斤，富硒率达100%；杂粮类、蔬菜类、畜禽肉蛋奶等农副产品富硒率均为100%。

海伦属温带大陆性气候，无霜期120天左右，日照时数2 600小时至2 800小时，有效积温2 200℃~2 400℃，年降水量

500毫米~600毫米，暖季水、光、热同期。自然环境优良，适合农作物生长。

境内有通肯河、扎音河、克音河、海伦河、三道乌龙沟5条主要河流，总长达456公里，流域面积11 264平方公里。有东方红、联丰、东边、星火、燎原5座大中型水库，库容量3.95亿立方米；小型水库18座，库容量2 008万立方米。境内水资源总量6.53亿立方米，水资源十分充沛。境内盛产鲤鱼、鲫鱼、草鱼、鲢鱼、胖头鱼，河蟹、虾、蛤喇等20多种淡水鱼类产品。

经黑龙江省地质矿产局检测结果显示，在50米~300米水资源内不同程度天然富锶、富锂，含量为0.348~0.482MG/L，符合国家天然富锶矿泉水标准。

全市6个国营林场，均位于小兴安岭西南麓余脉，施业区总面积73.5万亩，其中林业用地60万亩；木材蓄积量253万立方米，其中，天然林蓄积量227万立方米，人工林蓄积量26万立方米。全市农区乡镇林地总面积34.9万亩，其中有林面积33.2万亩。山区、林区生存着熊、鹿、犴、狍、狐、狼、兔和野猪等野生动物和乌鸦、喜鹊、黄鹂、大雁、野鸭、野鸡、山鹰等鸟类，110多种珍稀动物；盛产甘草、党参、防风、柴胡、地丁、桔梗、刺五加、五味子、百合等近百种名贵药材；生长着天然木耳、猴头、蕨菜、黄花菜、棒蘑、榛蘑、松蘑、老桑芹、刺老芽等60余种山野菜。东部山区有原始生态林、万亩红松林、一望无际的白桦林；山产品有松子、山葡萄、山梨、山丁子、榛子等十几种果实；地下储藏黄金、煤矿、砂石、矿泉水等多种矿产资源。海伦林区资源广博，物产丰富，是黑龙江省"北药"开发基地之一。

海伦市被农业部和中国绿色食品指导中心确定为全国绿色食品原料标准化生产基地。经权威部门检测，全部土壤是一块没有重金属污染的纯净土地，99.72%的耕地满足生产"AA级绿色食品环境条件"；空气中PM$_{2.5}$含量年平均值每立方米在30微克左右，远远优于国家标准；地表水清澈纯净，无人为和重金属污染，20余项指标全部达到国家"地表水环境质量标准"；由于土地肥沃，休耕期长，冬季气温较低，土壤中的病菌、虫卵无法越冬生存；化肥亩施用量平均仅为31.3公斤，比全国平均值53.2公斤低41.2%；农药亩施用量仅为0.43公斤，比全国平均值0.73公斤低41.1%。生态环境十分优良。

现有全国绿色食品原料标准化生产基地面积200万亩，其中玉米100万亩，大豆100万亩；50万亩的水稻绿色食品标准化生产基地正在审批中。经有关权威部门认证了符合欧盟、加斯和国家标准的有机食品基地33 000亩，为进一步提高海伦市农产品质量和市场综合竞争能力奠定了基础。

海伦年均粮食产量200万吨以上。其中长粒香型水稻种植面积80万亩，产量40万吨以上；高淀粉玉米种植面积180万亩，产量120万吨以上；高油、高蛋白大豆种植面积160万亩，产量30万吨以上；马铃薯种植面积20万亩左右，产量50万吨以上（折粮10万吨以上）。海伦市种植的农作物均属非转基因产品，产品品质十分优越。其中：大豆蛋白质含量在40%左右，粗脂肪含量在20%左右，卵磷脂含量在3.2%左右；玉米淀粉含量在75%左右，粗蛋白含量在10%左右，赖氨酸含量在0.23%左右；大米直链淀粉含量在17%左右，粗蛋白含量在7%左右，胶稠度在71毫米左右；马铃薯淀粉含量在16%左右。经权威机构检测，各种农作物普遍含硒。大米天然富硒率达58.2%；大豆天然富硒率达100%；玉米天然富硒率达80.3%；杂粮、蔬菜、特色作物、畜禽肉蛋、山产品、水产品天然富硒率均达100%。优质、绿色、有机、非转基因产品畅销国内外，彰显出巨大商机。

海伦在历史上就是多民族文化互相包容共存，交相辉映、同步发展的聚居地。有着游牧文化、垦荒文化、黑土文化、农耕文化、宗教文化、红色历史文化等厚重的底蕴。海伦书法、篆刻、绘画、雕塑、诗词等文学艺术，根植寒地黑土，引领时代潮流，灼灼其华，郁郁其彩。特别是以非物质文化遗产"海伦剪纸"和"北派二人转"为代表的民间文化艺术得到了传承和发扬，成为海伦走向世界的靓丽名片。

海伦市旅游资源丰富多彩，重点规划开发了"六区四线一中心"等旅游景点。"六区"：即以海伦剪纸、北派二人转为主体的非物质文化艺术互动区；以马占山、中共海伦地下党、北满东北抗联等为背景的红色教育区；以大峡谷省级森林公园为载体的综合观光区；以东风镇、扎音河乡、福民乡众福村的"四大坊"为重点的少数民族与民俗体验区；以三圣宫、龙海寺为代表的宗教朝圣区；以扎音河湿地为牵动的生态旅游区。"四线"：即东方红水库景区——红光农场——陈家店林场——景家店林场——通肯河林场——海伦农场的东线旅游；雷炎公园——龙海寺——南塘北苑——大寨山——花木园——海南自驾游营地的南线旅游；共合镇——三圣宫——联丰水库——百祥渔村——联发影视基地——永和英风寺遗址的西线旅游；扎音河湿地——东太朝鲜民族村——海北天主教堂、西安村民俗馆——爱民九龙口水库的北线旅游。"一中心"即以兴隆大家庭为主的室内餐饮、娱乐、购物的旅游服务补给中心。

海伦市工业经济阵容不断壮大，贡献能力逐步增强，截止到2019年底，海伦市规模以上企业34家：黑龙江海伦王农业科技股份有限公司、黑龙江三特纺织服装产业开发有限公司、黑龙江九鼎酵母有限公司、海伦市利民节能锅炉制造有限公司等规模以上企业。公准股份在新三板上市，野泰食品在Q板挂牌。2015年，海伦工业示范基地成功晋升为黑龙江海伦经济开发区，入驻企业和项目60个，其中投产企业41户，规模以上企业22户。海伦市有绥化市"寒地黑土"公共品牌；有"海伦大豆"、"海伦大米"地理标识品牌；有"黑土硒都"集体商标品牌；有绿色、有机、非转基因、富硒等要素叠加的特色品牌；有"松北王"、"冬雪"、"新北香"等国家和省级驰名、著名商标。

依托现有省级经济技术开发区，在开发区东侧辟建150万平方米的富硒产业园区，着力打造集富硒产品研发、精深加工、商贸物流于一体的工业园区"园中园"。聘请国务院发展研究中心东方公共管理综合研究所、清华大学规划设计院，站在战略层面对"富硒产业园"有关发展目标、产业构成、区域划分、基础设施建设等进行了高标准规划设计。园区2016年开始建设，开发领先国内的33个富硒农副产品深加工项目，确保在"十三五"期间将"富硒产业园区"打造成设施完备、服务功能完善、产业拉动作用强劲的现代化工业园区。

全市供热条件良好，现有万力热电有限公司、铁龙供热有限公司、新海西供热有限公司三家供热企业为全市冬季取暖和工业用热提供可靠保证。市容整洁，市内高楼林立，主要街道实现柏油路面，农村公路实现白色路面。城镇化建设稳步推进，城乡达到绿化、美化、香化、净化要求，人居环境得到改善。文化、教育、卫生、社会保障体系健全，民生得到改善。依法治市深入推进，社会稳定，群众幸福指数攀升。

海伦历经了14年艰苦卓绝抗日斗争史，经受了血与火的战争洗礼，一直传承和发扬着东北抗联精神、老区精神！1929年就有中共地下党组织活动，马占山将军曾驻守海伦，留有马公馆遗址；1931年江桥抗战失利后，抗日名将马占山在海伦组建抗日省政府，使海伦一度为世界瞩目；中共海伦地下党、海伦反日游击队、海伦抗日义勇军，曾书写海伦抗战史辉煌的篇章；北满东北抗联西征到海伦，开辟黑嫩平原抗日游击区。当时，海伦区划内的东山里南北河、八道林子、白皮营等密营，曾是北满东北抗联的后方基地；海伦有马占山抗战遗址、北满东北抗联密营遗址、抗日义勇军、游击队和北满抗联战斗遗址100多处。海伦博物馆、海伦雷炎烈士纪念广场、雷炎街道"雷炎烈士纪念室"、光华街道"抗日英雄马占山纪念室"、东林乡镇东村著名抗日志士"顾旭东纪念室"以及抗战烈士纪念碑等一馆、一场、五室、七碑，已成为党史、军史、国史以及爱国主义教育基地。

二、海伦历史地理沿革

海伦因境内有海伦河而得名。海伦为"开凌"之音转，即满语"水獭"之意，因海伦河盛产水獭故名。海伦历史悠久，源远流长。从旧石器时代开始，主要以采摘、狩猎、捕鱼为生。境内发现大量古生物化石，如猛犸象和披毛犀、普氏野马、王氏水牛等，在景家店大峡谷还发现了其他动物、植物化石。在海伦市的海伦镇、海北镇、伦河镇、百祥镇、永富镇、共荣镇、海南乡、联发镇等八个乡镇都发现有古人类活动的遗迹留存。不仅有原始农耕文化的烙印，而且还有古人类生活用具的残存。

目前在海伦发现的遗址有杨家店遗址、赵珠遗址、一心村遗址（原山湾遗址）、百新二号遗址等8处遗址遗迹，出土了大量的青铜器时期的陶片、陶器、铜钱和石器、铁器生产生活工具和用品。其中辽金遗址出土的"陶猪"是十分珍贵的历史文物。这说明通肯河两岸气候适宜，当时人口比较稠密。通过这些遗址出土的文物发现我们祖先当时在海伦广大地区生产、生活的情景，打破了处于北大荒的海伦"亘古没有人烟"的断言，从而把海伦人类文明进化的历史，向前推进到2—3万年。

据《黑龙江志稿》记载，海伦县，周以前肃慎；战国貊地；

汉以前濊貊之地；后汉、三国时为扶余北境；晋，寇漫汗国；南北朝时豆莫娄国；隋属靺鞨黑水部；唐，黑水州；在五代时期，靺鞨改称女真族，松花江以南称熟女真，以北称生女真（黑水靺鞨之后裔），海伦属泥庞古部，金代从1183年起为上京会宁府北境，从1198年起属浦与路西境；元，属肇州蒙古屯田府境及蒲峪路屯田万户府西南境；明，属奴儿干都司脱伦兀卫；清光绪二十五年（1899年），在东荒围场通肯河荒段增设通肯副都统。因境内通肯河而得名，于绥化城内建署。光绪二十九年（1903年），于海伦河北筑通肯城，管辖今海伦、望奎、通北、拜泉、青冈一带。光绪三十年（1904年），设置海伦直隶厅及其领属的青冈县。光绪三十二年（1906年），增设拜泉县，亦由海伦直隶厅领属。

自1644年清朝入主中原后，视东三省为"祖宗肇迹兴隆之所""龙兴之地"，对东北地区一直采取封禁政策，指定为"皇家围场"。自1644年到1895年，被封禁250多年，使之成为未被开垦的处女地，史称"北大荒"。"棒打狍子瓢舀鱼，野鸡飞到饭锅里"，就是当时东荒围场的真实写照。

《黑龙江志稿》："江省大围场有二，一在东荒，一在索岳尔济山。东荒围场北逾通肯河、绥楞额山，东逾青黑二山，周围数千百里。索岳尔济山为内兴安岭山脉，周围一千三百余里。青黑二山多森林，产参、貂、金沙，游民窟穴其间时出剽掠。""道光十六年（1836年），将军奏请会合齐齐黑墨呼呼五城驻防官兵大举行围，以讲武事搜捕盗贼。嗣后五成官兵春季操弓练箭，秋季操枪，冬至大合围于东荒。将军及副都统城守尉咸莅围场，岁岁为常。光绪元年大行围后遂不复举行。"

东荒围场又称南山围场，大致在今松花江以北通肯河、诺敏河流域，相当于今海伦、青冈、兰西、绥棱、庆安、望奎、绥化、拜泉、通北等市县境内。

经过历任黑龙江将军的努力，屡屡奏请，直到光绪二十一年七月末（1895年9月9日），黑龙江将军恩泽和齐齐哈尔副都统增祺联名奏请才获批准。光绪皇帝谕示："黑龙江之通肯荒段，着即开禁，准旗民人等垦种。"同日，派驻藏帮办大臣延茂，驰黑龙江查办此事；光绪二十二年五月（1896年）查办大臣延茂制定《垦务章程十一条》；1897年派协领瑞麟到通肯荒段，主持通肯行局，开始堪丈。通肯荒段有毛荒99万垧；克音荒段有毛荒12.9万垧。划12行，142井，放出毛荒22.4万垧。之后大批垦户迁入通肯河流域，开始时是划设旗屯，实行旗领民佃政策。

光绪二十五年三月（1899年5月）光绪谕示，准设通肯副都统，四月光绪皇帝召见通肯副都统庆祺，因垦务初兴，暂驻绥化，督办荒务；1903年在今海伦河北"棒槌营"筑通肯城，副都统衙门设在通肯城西南角，庆祺府邸在北二道街，后来为海伦直隶厅办公地。通肯副都统管辖有今海伦、望奎、北安南部（原通北县境内）、青冈、明水、拜泉等县。至此关内大量移民，涌入通肯流域垦荒，史称"闯关东"。到1904年，通肯副都统辖境，开垦荒地总数为50.738万垧，使海伦步入了农业中兴时期。1905年1月29日设立海伦直隶厅；通肯副都统辖境划归海伦直隶厅，同年，通肯副都统衙门由绥化迁移海伦。1906年1月裁撤通肯副都统，海伦直隶厅管辖海伦、青冈、拜泉等县。1908年8月5日，海伦直隶厅升为海伦府；辛亥革命后中华民国时期，1913年1月8日，海伦府改为海伦县；1989年12月26日，撤销海伦县，设立海伦市至今。

第二章　海伦反压迫反侵略的斗争传统

一、海伦人民早期反帝反封建反剥削的斗争

海伦正式设治已是清朝晚期，正处于帝国主义入侵、清政府腐败无能的大环境之中。

光绪二十一年（1895年），清政府批准出放通肯荒段，除效仿古之"井田法"外，又增添了新措施，即按荒原逐段行绳，测出经界，以长宽各6华里之正方形为"井"，每井划分9区，每区划为4个方，每方纵横各360号，合毛荒45垧。根据上述地积之计算方法，每井为36平方华里，合毛荒1 620垧。

海伦一带土地肥沃，乃为全省菁华荟萃之区。从光绪二十三年（1897年）至三十二年（1906年），累计放出荒地730 100多垧。主要是皇族、官吏、土豪劣绅争先恐后来采占霸领，流弊多端。对膏腴肥美之地，争占不遑；对硗薄之田，弃之不顾。那时，当权者沿袭抽签法之名，貌似公开公正，却暗行冒名顶替、伪造涂改之举，大量侵吞土地，窃为己有，高价转卖出租，激起垦户的不满情绪。另外，清末，由于沙俄帝国主义的频繁入侵掠夺和一些封建官吏的巧取豪夺，激化了民族矛盾。一些贫苦农民生路断绝，逼上"梁山"，形成绿林武装。在海伦一带活动的绿

林武装有"打五省""天灭洋""猛着干""占中华""合北"等。1904年，"打五省""天灭洋"等绿林组织积极投入抗俄斗争。在抵御外族侵略的同时与封建统治者直面斗争。1906年11月，"占中华""打五省"等武装击毙了清兵管带傅岐标，又会合"天灭洋""猛着干""合北"等武装攻陷了海伦城，直捣海伦直隶厅，迫使当时的海伦知事黄钰挂印弃城而逃，使封建统治者惶惶不可终日，但绿林武装终以失败告终。1906年12月27日，清兵统领吉祥、恒玉败绿林武装于海伦城下；管带张永贵败之于镶黄旗十二井。

民国初期，海伦地方税种名目繁多。民国4年（1915年）9月6日，海伦县货牙公司建立，专门从事抽税行当，引起民愤。10月4日下午3时，四五千农民涌进县城，群起而攻之，将刚成立的货牙公司捣毁，致使该公司损失江钱27 000余吊。12月1日，黑龙江巡按使朱庆澜令海伦县解散农民群众之团体——农会。县知事王岳煊因临事退缩被撤职。省财政厅所推行的货牙公司也成短命之举。

民国6年（1917年）8月，海伦因货币贬值，全城各家商业联合起来罢市两天，迫使县知事辞职。

民国7年（1918年）10月，海伦县又兴起了抗击车捐风潮。10月1日，县派警察携带车牌，下乡征收捐税，限定15日内一律收齐。此举不得民心，遭到乡民强烈反对。7日，在信字地方19户乡民聚众反抗，张家店百余户乡民把已交付的车捐全部要回。同时，四乡民众纷纷进场，要求免除车捐。12日，进城乡民达7 000人之多，并联名上书致督军兼省长鲍贵卿，要求减缓车捐。后省政务厅复函海伦知事，也"不了了之"。

民国8年（1919年）3月，黑龙江各地举行了同盟罢工。俄国十月革命胜利后，沙皇垮台，俄币贬值，中东铁路工人的罢工斗争此伏彼起。1919年3月，海伦工人响应哈尔滨三十六棚工人联合会的号召，抗议物价日涨，纸币贬值，向中东铁路局当局提出增加工资的强烈要求，向当地资本家和厂主提出增加工资报酬的申告，并举行较大规模的罢工，称之为"同盟罢工"。这次罢工迫使资本家和厂主作出让步，取得了胜利。

足见，海伦人民反压迫、反剥削、反侵略的斗争精神由来已久，为后来取得抗日战争和解放战争的胜利，奠定了坚实的基础。

二、海伦在北满抗战时期独特的历史地位和作用

"九一八"事变以前，海伦属黑龙江省管辖，当时，省会设在齐齐哈尔；"九一八"事变以后，先归伪滨江省，后归伪北安省管辖。民国时期的海伦版图，有7 000平方公里（现在为4 600多平方公里），南边望奎县的全部，北边通北镇的大部，东边绥棱林业局的大部分地区，都在海伦管辖之内。

从1931年"九一八"事变到1945年"八一五"光复，在长达14年的时间里，海伦人民在中国共产党的领导下，与日伪进行了不屈不挠的斗争。北满抗联、海伦反日游击队及中共地下党员、抗日民众，有2 000多人牺牲在海伦这块神圣的土地；有100多人因为支持抗日部队，而遭到日伪屠杀和迫害。更为重要的是，海伦曾三度成为黑龙江省（北满）抗日中心，是世界反法西斯战争东方主战场的重要组成部分。其地位和作用令人瞩目。

（一）省政府移驻海伦，使之成为令全国瞩目的抗日中心

1931年11月22日，江桥血战后，马占山率领黑龙江省军政两署人员和部分军队移驻海伦城。从1931年10月12日马占山宣布就任黑龙江省政府代主席，到1932年10月停战息兵，计12个月时间。其间，假投降与日伪周旋近两个月，抗日时间共10个

月左右。而在海伦的前后两段斗争，就有6个月时间，占百分之六十。这两段时间，恰恰是马占山声誉最高、战绩最卓著的岁月，也是海伦抗日历史最辉煌的时候。马占山在海伦的时间虽然不长，但是他在海伦激起了抗战热情留下的抗日火种，让海伦成为东北抗联在最困苦时期的西征目的地，从而也奠定了其在全中国抗战的独特历史地位。

（二）海伦党组织发挥战斗堡垒作用，在周边县区一直处于领导中心

从1933年4月1日，中共海伦党支部成立。到1933年7月，经中共满洲省委批准海伦党支部升格为海伦特支，在绥棱及海伦城乡建立14个党支部，发展党员48人，并建立反日会、救国会、贫农会、工会等各类抗日组织和武装284个，参与者达3 400多人。在党组织的领导下，海伦抗日民众得到了充分的发动，形成了人民战争的汪洋大海。

特别是自1935年1月9日，中共满洲省委撤销海伦特支，成立海伦中心县委，负责领导铁力、庆城、绥棱、明水、通北、拜泉和海伦等几个县的地下党工作。直到解放初期，海伦始终居于这一区域领导中心地位。

这一时期，在海伦中心县委的领导下，建立党组织25个，发展党员125人。海伦中心县委组织各地的反日会、工会、贫雇农协会、妇救会以及游击队，积极支援和配合抗联西征部队，创建了海伦抗日后方基地，使东北抗联主力部队西征有了落脚点和大本营，同时，冲破敌人封锁，想方设法接应西征部队在海伦胜利会师，为开辟黑嫩平原抗日游击区，创造了有力的条件，同时也付出了惨重的代价。

（三）海伦是东北抗联西征部队会师地，成为北满的抗日指挥中心

从1938年6月至1938年12月29日，北满抗联第三、六、九、

十一军主力部队，分三批西征到达海伦八道林子胜利会师后，实现了伟大的战略转移，粉碎了日军把抗联部队消灭在下江地区的阴谋，保存了抗日的有生力量。至此，海伦一直是中共北满省委、东北抗日联军第三路军的指挥中心和后方基地。海伦南北河的八道林子、白皮营、白马石等地则成为新的抗联策源地。中共北满省委领导和东北抗联第三路军指挥部在这里领导和指挥全省的抗日斗争。

据史料记载，自1936年到1941年，仅东北抗日联军和游击队在海伦地区与日伪军进行的大小战斗共消灭日伪军1 500多人。将黑嫩平原抗日游击区扩大到40多个县区，纵横2 000多平方公里，给日本侵略者以极大的打击，增强了人民抗击日本侵略者的信心和勇气，牵制日伪军25万多人，为夺取全国抗日战争的胜利创造了有利条件，做出了重大贡献。

综上所述，海伦在北满（黑龙江省）的14年抗日战争中，一直居于举足轻重的战略地位。马占山在海伦抗战时，海伦成为东北地区的抗日中心，为全国瞩目，震惊世界；中共满洲省委在农村建党时，海伦党组织仍然居于领导地位，成为周边市县的革命营垒；北满抗联第三、六、九、十一军西征到达海伦会师后，这里又是西征的目的地、落脚点、大本营和新的游击区。中共北满省委和抗联第三路军在海伦抗战的峥嵘岁月里，海伦更是北满省委和第三路军的指挥中枢和运筹帷幄密营地。北满省委的主要领导人和第三路军的重要将领当年都在海伦战斗过：赵尚志、李兆麟、金伯阳、赵一曼、冯仲云、金策、许亨植、张兰生、冯治纲、戴鸿宾、周云峰、张光迪、常有均、郭铁坚、魏长魁、雷炎、王明贵、侯启刚、李景荫、于天放、陈雷、高继贤等100多名将领、2 300多名战士浴血奋战在海伦这块洒满烈士鲜血的神圣土地。在这一地区，牺牲的抗日将领20余人、战士1 200多人。那巍巍小兴安岭上耸立云天的青松，就是一座座无字的丰碑，几经烽火硝烟的洗礼，矗立在历史的天空！正如东北抗日联军史专家称："海伦是抗联第三路军和北满省委当年的根据地。"（《东北抗日联军史》）

第三章　海伦的历史荣誉与创新发展

一、海伦历史上获得的殊荣

海伦是全国知名的产粮大县，有"呼海巴拜、绥化在外"的粮仓美誉。20世纪五六十年代，全国6亿人口，海伦每年向国家交售6亿斤商品粮，超过牡丹江全区总数。于1958年荣获周恩来总理亲笔签发的"农业社会主义建设先进单位"奖状；1978年被确定为全国农业现代化综合科学实验基地县和全国商品粮基地县；1994年，粮食产量在全国100个产粮最高县中名列第13位；1995年，被评为全国粮食生产先进市，被黑龙江省委、省政府确定为14个经济实力较强、辐射能力较大的市县之一；先后被国家认定为"中国优质大豆之乡""中国高淀粉玉米之乡""中国甜菇娘之乡""中国甜菜之乡""中国民间艺术剪纸之乡""中国籽鹅之乡"。2004年以来，连续11年被国家评为粮食生产先进县。2013年以来，先后被国家和省确定为两大平原现代农业综合配套改革试点县、土地确权试点县、土地规模经营示范县及农产品质量安全示范县。海伦是畜牧业大市，曾经是国家瘦肉型猪生产重点市县、奶山羊生产基地县、黑龙江省奶牛和牛肉生产基地，1985年被黑龙江省政府授予"养猪先锋县"荣誉称号，2011年被列为全国生猪调出大县。

二、海伦创新发展战略

党的十八大以来，海伦市立足绥化市"寒地黑土"区域品牌优势，充分发挥位于松嫩平原黑土地核心区和松嫩平原富硒带核心区的两大"核心"优势，提出了打造"中国黑土硒都"的战略目标和"发展功能农业、开发富硒产业、打造高精产品、提升农业档次、促进富民强市"的开发思路，将富硒产业作为精准脱贫、竞进小康的重要抓手，建立了强有力的工作推进机制，全力开发富硒产业。海伦市经济社会发展的总体思路是：认真践行五大发展理念，戮力实施"一都五城"战略，全力打好打赢脱贫攻坚战，如期实现脱贫摘帽，向全面建成小康社会，实现乡村振兴目标迈进（"一都"就是黑土硒都，"五城"就是绿色食品之城、商贸节点之城、生态宜居之城、文化魅力之城、产业创新之城）。

第二篇 ★ 抗日战争时期

（1931.9—1945.8）

1931年"九一八"事变，是日本帝国主义妄图变中国为其殖民地的重大侵略步骤。早在1927年6月，日本内阁召开的"东方会议"上，就策划了侵华的新政策，宣称："惟欲征服支那，必先征服满蒙，如欲征服世界，必先征服支那。"

1932年6月1日，海伦沦陷。日本的侵略，日伪的残暴统治，激起了中国人民的强烈反抗，在十四年的抗日战争中，海伦三次成为抗日"中心"。海伦人民在中国共产党的领导下，不屈不挠，对日本侵略者进行了艰苦卓绝的斗争，终于迎来了东北的解放。从而，锻造了海伦革命老区人民伟大的抗战精神，成为鼓舞人们永远奋斗不息的强大动力。

第四章 省抗日政府移驻使海伦 成为东北抗战中心

当我们回顾"九一八"的伤痕、海伦人民的苦难，特别是那些抗日英烈们惊天地、泣鬼神壮举的时候，更不能忘记民族英雄马占山在海伦组建抗日省政府，指挥全省的抗日救亡斗争，使海伦一度成为黑龙江省乃至全国抗日中心的辉煌岁月，为中国的抗战史书写了不朽的悲壮篇章。

一、江桥抗战失利，黑龙江省政府移驻海伦

马占山领导和指挥的震惊中外的嫩江桥抗战唤醒国人，震撼世界，也拉开了海伦抗日救亡斗争的序幕。

马占山，字秀芳，1885年出生于吉林公主岭市（怀德县）一个农民家庭。绿林出身。1908年，"金盆洗手"，率弟兄从军，开始了他的军旅生涯。自1911年投靠吴俊升后，因屡立战功，由哨长逐晋五级，升为东北边防军骑兵师师长兼黑河警备司令。1921年吴俊生任黑龙江省督军，马占山任边防军团长，驻防海伦。1929年被张学良任命为黑龙江省骑兵总指挥兼黑河警备司令。

马占山生活照

1931年，震惊世界的"九一八"事变爆发。9月18日晚，日军阴谋自炸沈阳柳条湖附近南满铁路一段铁轨，诬陷中国军队所为，以此为借口，炮轰中国东北军驻地沈阳北大营。对此，蒋介石密电张学良："日军沈阳之行动，可做地方事件，望力避冲突，以免事态扩大，一切对外交涉，听候中央处理。"于是19日日军占领了沈阳。由于蒋介石"攘外必先安内"的不抵抗政策，致使日军长驱直入，很快占领了鞍山、本溪、四平、长春等地，继而向黑龙江省城齐齐哈尔进犯。

在这民族危亡的紧要关头，9月20日，中共中央发表了《为日本帝国主义强暴占领东三省事件宣言》，号召全国人民动员起来，武装抗战。在全国掀起了抗日爱国运动高潮，强烈要求对日作战。

10月10日，张学良在北平电令马占山为黑龙江省代主席（后为主席）兼军事总指挥，令黑龙江边防军参谋长谢珂为副总指挥兼参谋长，并嘱设防守住龙江。10月22日，马占山对外发表对日抵抗宣言，以示抗日之决心。

马占山临危受命，率部于1931年11月4日在嫩江桥打响抗日第一枪。他调兵遣将，亲临前线指挥，击退了敌人一次次进攻。浴血奋战16天，终因孤军无援、无力再战，又见省城无险可守，为保存抗日力量，做出有计划地撤退。于19日4时，马占山下令，驻军徐宝珍团长殿后，率军政两署人员撤出省垣，经泰安镇向拜泉、海伦进发，并对部队进行了防御部署。11月20日到达克山。21日，在克山召开军事会议，整顿军队2万余人，进行战略布防。命令程志远为骑兵总指挥，吴松林为副指挥，驻守克山；程旅朱凤阳团、程旅王克镇团（绥化保安队改编）驻守泰安镇；苑崇谷为步兵总指挥、徐宝珍为副总指挥驻守拜泉；其余各部由总指挥妥为布防；炮兵、工兵、辎重营驻防海伦；海伦警备司令由朴炳珊担任。

11月22日，马占山和谢珂率省军政两署到达海伦。海伦人民非常振奋，大街小巷贴满了欢迎的标语和誓死抗日的口号，全城老百姓夹道欢迎。

23日，黑龙江省抗战政府在海伦成立。省政府驻在海伦城内广信公司。内设教育、警务、实业、财政、军事、建设、秘书、情报等八大处和省府委员，分别在裕泰永、兴和公、兴合恒、等大商号办公。当即致电张学良："占山为国土大计、为民大计，不得不出正当防御之途，率军政两署人员及党部，暂在海伦办公。部队驻克山、拜泉等地，敬请候命。"同时命令驻防海伦的炮兵、工兵、辎重营、警卫营备军训练，进入战时状态。

11月25日，《天津大公报》称："马占山将军奉命守土，迄至今日，幸得保持海伦一部，同时，宾县之吉林省政府，锦州之辽宁省政府，亦因马占山之能尽力防御，始得努力维持，致使日人支配下之所谓东北新政权者，至今未能成立；其对我满蒙政策，亦未能完成。故马占山及黑省一般将领，将来纵因不能敌，终归失败，其丰功伟绩，在中国历史上，亦终有不能磨灭淹没者也。"

11月26日，马占山通电国内外，宣告海伦抗日省政府成立。同时致电全省各县："今后关于一些呈报及陈述文件均直接向海伦本省政府交送。现齐城已被日军占领，一切组织均为不法组织，一切命令与公事均无效。"

1931年12月28日，马占山在海伦召开黑龙江各县、各界民众代表大会，动员全省人民积极参加抗战。会议作出三项决定：第一，全体一致拥戴马主席为黑龙江省军民总司令；第二，一致拥护马主席抗战到底；第三，一致承认马主席为黑龙江省民众代表，并以民众名义发表宣言。民众的抗日热情给马占山以极大的鼓舞。

马占山把省府设在海伦并非随意而定的。海伦是马占山第二故乡。早在1920年马占山任东北边防军团长时，第一次驻防海伦，负责海伦一带的防务。他剿匪安民，维持治安，体恤民情，伸张正义，深得百姓拥戴和尊敬！

马占山在海伦城东四道街（现兴隆大家庭位置）兴建住宅，被世人称为马公馆。马公馆占地1.3万平方米，东西两院，东院正房5间，厢房7间；西院正房5间，厢房6间，一色的青砖瓦房。青砖铺砌的人行道贯穿院中，院内栽满各种杨柳树、奇花异草，环境优雅，庄严肃穆。

马占山住宅

马占山对海伦的风土人情及地理情况十分熟悉，在海伦有广泛的群众基础和较高的声誉。他对部下说："省东海伦，为我第二故乡，余阖目也能寻得进退之路，敌即使全力来逼，余亦不惧。"在马占山的决心和斗志的鼓舞下，政府所有官员行使职能，组织各方力量，筹措钱粮、物资、装备，准备继续抗战。海伦乡绅和民众抗日热情空前高涨，积极支援马占山抗日省政府。

二、整军备战，激发全国抗日热潮

为充实加强步兵的战斗力，马占山将屯垦军改编为步兵旅；为扩充各县武装力量，电令各县成立保安团。大县以300人为度，小县以200人或100人为度，编组待命。1931年12月上旬，各县组织保安团总人数达6万余人，后大部分补充到黑龙江抗日救国军中，在东北抗日战争中发挥了重要作用。

日军见马占山实力日渐强大，开始软硬兼施，采取了诱降的卑鄙手段。12月7日，在汉奸赵仲仁的引领下，关东军高级参谋坂垣征四郎率领关东军驹井德三、宫奇、福岛和汉奸韩云阶等随从，以及《朝日新闻》、《明新闻》和英、法、德等国记者，不顾马占山的反对，强行闯入海伦。当晚，马占山首先分别接见了中、外记者团。他对记者说："无论日人如何前来利诱威胁，我绝不能为降将军，或与日方妥协。""本人守土有责，不能不谋自卫。今后希望中、日、英、法等国记者不分界线，共同努力，使此类事件永不发生。则世界和平应能实现。"马占山采取"相机应付，缓敌进击"之态度，先让谢珂出面接待，直到午夜12时，才在板垣再三恳请"为亲善见面，别无他意"的情况下，接见板垣等人。板垣向马占山提出："双方以前冲突已成过去，此后当各不相犯，以保持东亚和平；东北地方在目前环境支配下，中日两方确应有彻底合作之必要……希望贵主席能变更抗日举动，对于关东军之真意，予以完全同意……仍将黑省军政权交由贵主席担任。"马占山回答说："关于贵代表所提第一项，本主席极端赞成……关于第二项，本主席亦极表同意，但必须尊重中国之主权，为诚意的亲善。东省为中国领土，黑龙江此次所采取之行动，纯属自卫，本主席只知中国中央政府，不知其他。"板垣诱惑说："如不反抗日军，则可为黑龙江省军政督办或警备司令。"并用命令的口吻说：应立即交出印信，由他带给张景惠，可到哈尔滨与张景惠商谈。马占山当即反驳说："印信名器，受之中央，无中央命令，不便私相授受。"马占山还警告说："不要再来海伦！"板垣征四郎无功而返。

会谈后的第二天，日伪报刊大肆渲染，用大型合影照片，证实马占山投降。对此，马占山于12月9日郑重向全国发出抗战宣誓之通电，澄清事实真相："马占山上感国家倚畀之殷，下凛同胞责望之切，守土保民天职，自卫斯为神圣，此身在誓不屈服。夫人孰不死，与其奴颜婢膝以苟生，曷若保国为民而早死。"铿锵真言足见其抗日救国之决心，为全国民众所赞叹！

举国上下援马热潮风起云涌。中共满洲省委和北满一些党组织发动工农群众和青年学生，组成慰问团或援马代表团进行战地慰问；上海、北京、广州、长沙、武汉等各地青年学生投笔从戎，自愿来海伦援马抗日；东北和关内的青年学生亦纷纷组成义勇军、援马团等来到马占山部队参战。此时省政府分别在海伦等地设立了接待站，接待各地投军学生。截止到12月24日，来马占山部队报到的仅全国各地青年学生已有500人之多，而且还在源源不断地增加。其中，海伦一中青年学生80余人。马占山为满足广大学生的抗日愿望，令苑崇谷旅长组建了1 500人的学生团，先负责宣传工作，后经训练再奔赴抗日前线。此一时间，海伦的邮电局成为全国最忙碌的县局，全国各地、世界各国往来电话、电报、信件、汇款成番论倍地增加。全国各地的爱国学生、各界人士、人民团体，一方面请愿，要求国民党政府对日宣战，援助马占山；一方面积极捐款，海外爱国华侨慷慨解囊捐助，大部分直接电汇海伦。肇东军、政、商、农界通电云：全境有七万壮丁，枪马齐备者15 000人，现已召并民众大会决议，甘愿到马主席前驱使；兰西县军民亦通电表示：团兵及勇敢乡民七八千人，枪马齐全，日夕操练，向马主席请缨。马占山深受鼓舞，一面整顿军事，将来自省内外自愿参加抗战的人员充实到作战队伍组编新军；一面印发传单、张贴布告，向全省全国发表宣言："占山一介武夫，谬主省府，守土系天职，自卫系神圣，此身存在，誓不屈服！……"此举更加得到了全国人民和爱国华侨的积极响应和支持，国内外的捐款、志愿抗日者纷至沓来。海伦火车站旅客猛增，尤其是来海伦的援马代表团、义勇军纷纷北上，应接不暇。昔日冷清的小城，变得熙熙攘攘，一时间，海伦已成为爱国民众的向往之地和全省乃至全国的抗日中心。

12月13日，日军以优势的兵力和装备向海伦逼近，妄图扑灭中国抗战之火种。马占山早有所料，沉着应战，指挥所属部队反击日军从呼海、齐克两路来攻之敌。激战6昼夜，打退敌人数次冲锋，日军尸横遍野，终不得进而败走。此战击毙敌人1 700多人，伤1 400多人，马部亦牺牲480人，伤210人。刚刚移驻海伦的抗日省政府打了一个大胜仗，鼓舞了将士们的斗志，百姓拍手称快。

三、保存实力与日军巧妙周旋

马占山江桥抗战失利，损兵折将三分之一，军械、粮饷、财经极度困难，虽有各界支援仍杯水车薪。日军见马占山内外交困，一边调军队步步紧逼围攻；一边不断地派人对马占山实施诱降攻势。开始，马占山希望得到国民政府蒋介石和张学良的援助和支持。可是，马占山多次电请，"立行救国之法，收复失地"，都没有得到国民党政府和张学良的任何援助和答复。这一切，迫使马占山处于矛盾和彷徨之中。他一方面通过抗日政府对部队加紧训练，严令备战抗敌练真功；另一方面，迫于海伦军政两署腹背受敌，困难重重的压力，不得不与日伪官员接触，机智应付，以拖延时间，秣马厉兵，寻求保存实力的办法。

正在日伪频繁地向马占山诱降时，依兰镇守使李杜，东铁护路军司令丁超及率部加入的抗日军冯占海部，在哈尔滨正式成立吉林自卫军，并派人联络马部共同对敌，保卫哈尔滨。马占山欣然赞同，答应派兵过江增援，并补助枪弹50万发。1932年2月4日，日军集中兵力，分两路向哈尔滨推进，吉林自卫军奋起抗击。马占山闻讯后，当即派苑崇谷旅前往助战，但苑旅行至何家为附近时，不意遭日军袭击，伤亡甚重，前进受阻。5日，丁、李二部得不到支援，亦受挫，被迫退至宾县，哈尔滨被日军占领。

马占山见丁、李二部失败，范旅伤亡甚重，部队有被日军包抄的危险，极为震惊，决心找个"急救法子"，保存抗日力量。后来他曾说过："我看不行了，非想法子不可，不缓和一下，全军有覆灭的可能。我于是决心假投降，同日本人较一较智能，以便整理部队与他们再拼。"

2月8日早晨，马占山突然过江到哈尔滨会见多门二郎，谈判息战和处理黑龙江省的条件。会见时，多门问马占山："你以前为什么和日军打仗，现在又因为什么来找我？"马占山理直气壮地回答："因为你们欺侮我们中国人，所以打你们，不管胜败，必教你们知道中国人不是好欺侮的。但是，众寡悬殊，打不过你们，只好同你们和。"多门问马占山对黑龙江省的处理意见，马占山直截了当提出了三个条件："第一，日本没有领土野心；第二，日本在黑龙江不得驻兵；第三，黑龙江的内政日本不得干涉。"多门立即答应履行条件，并向关东军司令部汇报与马占山会见的情况。日军认为马占山有被拉拢过来的可能，于是，日军暂缓了对马部的进攻，进一步对他施加逼降的压力。

这时，汉奸张景惠在哈尔滨叫喊成立"东北行政委员会"以自救；臧式毅在沈阳高唱"联省自治"。马占山即假意接受张景惠的劝说，响应臧式毅的"联省自治"号召，于1932年2月16日到沈阳，于当日晚在沈阳参加了"四巨头"（马占山、张景惠、臧式毅、熙洽）会议，即建国筹备会议。他见这次会议并没有讨论"联省自治"，而是通过所谓"新国家"建设大纲，知自己中了圈套，便声称头痛，抱病不起，没有参加起草所谓"满洲国"的"独立宣言"，并拒绝签字。但这次会议还是通过了伪国家建设大纲，立宪共和制，联省自治政体，成立伪东北行政委员会。马占山被任命为伪行政委员会委员，黑龙江省省长。

2月18日，马占山提前离开沈阳回到海伦。2月21日，召集营以上军官讲话："我决不投降卖国求荣。我回省后，你们要好好练兵，补充武器弹药，团结一致，听从我的命令。"并对日后东山再起做出了相应的军事部署。

马占山虽假意投降，但有谁知其苦衷？他悲愤交加，苦涩难偿。为了与国民政府保持联系，立即向全国人民和国民政府解释其行为，于2月21日通电云："于兹四月，环境情形，已变复杂，现进不能以救国难，退不足以全地方，真所谓力竭声嘶，莫可为计也。占山几欲绝然舍去，以图自爱自好，惟为部曲所不容，人民所挽阻。伏念个人之虚荣，无足轻重，人民之实害，如水益深。""现在唯有一面应付事机，一面另谋瓜代，在最短时间，接替有人，应即负咎隐退，以谢国人……"表达了他无可奈何的心理。

1932年2月23日，马占山率军政两署及卫队200余人赴齐齐哈尔屈任伪省长。至此，在海伦组建的抗战省政府，经历94天的血雨腥风后，宣告结束。海伦抗战省政府历时虽短，但它的历史作用和深远影响不可低估。它唤发了全国广大学生、民众和仁人志士以及国内外爱国者积极抗战的激情，对掀起全国性的抗日浪潮起到推波助澜的作用。

四、马占山海伦再举抗战大旗

马占山高尚的民族气节、铁骨丹心，天地可鉴。在国难当头，他置个人安危于不顾，坚持抗击倭寇的决心和壮举，对海伦人民的抗战斗争以极大的鼓舞和鞭策，并为国人所赞颂。

在马占山就任伪省长时，表面对日顺从，甚至亲自到长春（称新京）参加伪满洲国建国庆典，对加衔军政总长也不加可否，内心却筹划重新抗日，积极整顿军队，补充兵员，筹措军费。

日军企图通过条约，取得掠夺黑龙江经济之实权，先后炮制了《黑龙江省官员银号复兴借款合同》《中日合作航空运输营业契约》《呼海铁路经营合同》等，马占山既不反对，也不赞同，和其他事务一样拒不签字。

正当马占山加紧筹划出走时，关东军暗中调查江省财政。马占山发觉后拜访了日本特务机关长林义秀："我从去年十月至今年正月使用了七百一十万元，关东军方面对款项用途持不信任态度，使我夜不能眠……"林义秀安慰说："为了建设满洲，一两千万元钱没什么，一切由我承担，您就像坐大船一样，放心吧。"

为了解除后顾之忧，早在1月中旬。马占山就将家属从海伦经黑河、苏联，撤到天津。3月中旬又将女儿女婿经哈尔滨、大连撤到天津（1月撤离时女儿产后大流血，没走了）。

就在马占山处于委屈、愤怒、苦闷、彷徨交织、苦思出路的时候，年前被派往北京的韩立如潜回齐市，报告马占山，国联调查团将来东北调查的消息。马占山极为振奋，认为时机已到，决心寻机出走，脱离日窟，再举义旗。

　　为了麻痹敌人，马占山不露声色，连续三天"召妓侑酒，竹战连圈（打麻将），闹至深宵"，使敌人对其毫无防范。

　　1932年3月31日，马占山见日人对他放松警惕，便将黑省盐款1 400万元、呼海铁路借款金票700万元、收税款300万元一并提出，调用军用汽车20辆，轿车6辆，将重要物资和军马300匹悄悄运走。4月1日晨3时许，他率领第三旅官兵200余人，携带两署关防印信、重要文件、军饷、办公费及重要物资，"乘夜色迷茫，晨星未坠，渐趋北门，拔关而出"。为了麻痹日军，他事先派人到拜泉、海伦、黑河等地，按日发电给省城特务机关长林义秀，以迷惑敌人。就这样，马占山智脱日军掌控，远走高飞，直奔克山。

　　4月2日凌晨，他发电报给活跃于哈尔滨附近的吉林义勇军首领丁超、李杜、宫长海、冯占海、李海青、邢占清等将领，要求他们派代表或本人于三日内到拜泉会晤，讨论黑、吉两省抗日大计。4月2日抵克山后，马占山立即召开营以上军官参加的军事会议。他说："余因不甘心为亡国奴，特设计出脱日人之圈套，而与我甘苦共尝之兄弟，重聚于此间。余前此对日停战言和，实系顺应环境之一种权变手段。吾至此生死关头，亟宜痛下决心，团结一致，奋斗到底，贯彻初衷。益以强权世界公理正道昧而不伸，唯有铁血始堪自卫，徒恃哀叹，焉有人生。况分属军人，志在以身报国，苟有一线之机，自应鼓舞勇气，而为国家尽其最后之牺牲……至于个人之毁誉得失，实无暇顾及，且亦不必顾及。民族之保存始为骨头之归宿。有时官吏可以不为，但自身骨头不可以卖掉。余一生之道德观，有两言可以概括之，即生命付诸造化；名誉但问良心。昔日江桥鏖战之马占山固如此，今日退驻黑河之马占山仍如此，推而至于肝脑涂地之马占山亦莫不如此……"马占山言之切切，誓死报国之忠肝义胆，天地可鉴！到会全体军官一致表示："愿跟将军抗日到底！"

4月3日，李杜、丁超等各方代表均已会齐，在朴炳珊住宅立即召开会议，讨论抗日斗争形势，总结失败原因，商讨如何对日作战问题。马占山认为，东北各地的抗日浪潮，此起彼伏，日益走向高潮；但主要问题是分散作战，易被各个击破，只有联合行动，方能制服日军，保以自存。到会各方代表一致同意马占山联合作战的策略："决定分南、中、北三路军，统一指挥，主动进攻长春、哈尔滨和齐齐哈尔之敌，与日寇进行决战。"并制定了会攻哈尔滨的作战计划，史称"松浦会战"。

会后，马占山率部继续向黑河开进。途经克山、讷河、拉哈站、嫩江等地，对所属部队一一检阅并部署。4月7日，马占山在黑河重举抗日义旗，新组建黑龙江省军、政两署，并通电反正。通令各县："所有行政系统，一律听从黑省政府领导，违者以叛国论罪。"号召全省各地人民组织抗日武装，准备对日决一死战。

接着，他整编部队，布防武装，将绥兰路的部队调回，为加强黑河方面的联系，将原窦联芳5个保甲大队改编为3个步兵旅、电召潜居呼伦的苑崇谷和在齐市的暂编第二旅速至黑河待命。加之当时活跃在黑省东部的保安团、各地抗日义勇军及各县保安团统编成统一指挥的抗日武装，共7万余人，马占山直属部队亦近5万人，并组建了坦克和高射炮部队。成立了黑龙江省抗日救国军总司令部，自任总司令。命令吴松林为前线总指挥，坐镇海伦，前线指挥部仍设在海伦；命邓文为第四旅旅长，与吉省义军配合，择机进攻哈尔滨。至此，马占山再举武装抗日大旗，江省人民闻之十分振奋。

4月9日，马占山电告张学良："急来黑河，军政机关即时成立，照常办公。"并向国内外通电，揭露日本侵略者成立伪满洲国阴谋，讲述同日军虚与委蛇的原因、经过。最后表示：

"虽知势孤力薄，难支大厦，然救国情殷，义无反顾。不斩楼兰，誓不生还。"

4月12日、17日，马占山两次发表《致国联调查团，揭露日人阴谋电》，向到达北平的国联调查团，揭露日军侵略东北罪行、制造伪满洲国的内幕。5月初，又派员去哈邀请国联调查团到海伦会晤。这时，北平抗日救国会负责人车向忱从北平历经千辛万苦，送来了抗日救国会期望马占山将军抗日到底的信函和张学良嘱马占山坚持抗战，与日周旋到底的密令。马占山受到极大的鼓舞。

五、松浦会战失败，海伦沦陷

4月15日，马占山兼任前敌总司令，命令副总司令吴松林，前敌总指挥石兰斌一道统率三军，向哈尔滨方向挺进。

1932年4月16日，吴松林率骑兵第一旅向呼海路方向移动，作为先头部队向哈尔滨市进军。吴松林部抵望奎后，与新扩兵的骑兵第四旅邓文部、才洪猷部及绥化义勇军李云集、兰西义勇军李天德部会合，向哈尔滨逼近。

为了支援抗日义勇军反攻哈尔滨，相关地区军民积极投入作战的准备工作。海伦电厂工人帮助义勇军制造手榴弹，改装迫击炮弹。呼海路工人在装卸运输等多方面积极给义勇军以帮助。

1932年4月23日，黑龙江抗日义勇军集结后，准备先歼灭哈尔滨北郊的重镇松浦之日军。4月28日，义勇军邓文部得知日军准备从哈市经呼海路向北运兵，进攻马占山部义勇军的消息后，于当日晚，在海伦火车站站长陈大凡领导的海伦反日救国会的配合下，邓文部义勇军将士，将停在松浦机务段和松浦机车大修厂的机车、货车120余辆开往海伦。缴获了大批的军用物资，并迟滞了日本的运调兵员计划，打乱了日军的军事部署。

4月30日夜，邓文、才洪猷、李天德部向松浦马家船口之敌发起进攻，将松浦之敌围困在松浦呼海路局院和车站票房内。邓文部将马家船口之敌歼灭过半，残敌乘船向哈尔滨方向逃去。邓文部正准备渡江进攻，突遭日军炮舰攻击，且松浦之敌尚未被歼。为防止敌人两面夹击，邓文令各部撤回原驻地，伺机行动。

由于马部出敌不意，在呼兰地区将日军打得大败，一气将敌驱至松花江边，激战5日，打死打伤2 000余敌人。不料，作为内应的马占山旧部程志远，在关键时刻为日军收买，叛国投敌，率部反戈回击，切断了呼海路上的各支抗日部队，援救了退哈之日军。溃退的日军得到程部叛军的掩护后，即调天野旅团、平贺旅团、广濑师团和张海鹏伪军及叛军程志远部，在飞机轰炸配合下，向位于呼兰线的马占山部发动了强大的攻势反击。由于敌强我弱，马部死伤1 400多人，伤亡很大，突围后转入望奎、通北、海伦一带。丁超、李杜部退至宾县一带。

马占山指挥黑吉两省抗日义勇军会攻哈尔滨，战斗失利。所部向呼兰、绥化撤退，日军尾随追击。5月24日，呼兰、兰西、相继沦陷，5月27日，绥化失守。日军调集重兵向海伦步步逼近，遂使黑、吉两省义勇军联合反攻哈尔滨之"松浦会战"功败垂成。

在松浦战事期间，5月14日，马占山在黑河举行出征誓师大会，众将士慷慨悲歌，誓死共赴国难。15日，马占山率卫队200余人从黑河出发直奔海伦。5月28日，马占山一行到达海伦指挥部。此时正值松浦抗战呈败退之势。马占山调集部队在绥化以北阻击敌人。5月29日，日军骑兵一部向绥化以北阵地发起进攻，义勇军将士奋勇抵抗，多次将敌击退。为减少损失，义勇军撤出阵地向海伦转移。但日军尾随紧追，调集大量日军扑向海伦。马占山指挥部队，在海伦人民的支援下英勇阻击敌人，一次次地打退了敌人的进攻。敌人调集了5 000多人的日伪军，还有飞机的配合，企图一举围歼马部于海伦。马占山指挥部队，梯次布防，层层阻击，痛击敌人。

5月30日上午，日军6架飞机飞临海伦上空，向海伦城的十字街、东、西市场轮番轰炸，三架飞机一组，共分两组。顿时爆炸声四起，浓烟滚滚，火光冲天，海伦城成为一片火海。人们的哭喊声、呼救声四起，扶老携幼大逃亡，全城顿时乱作一团。大火燃烧一昼夜，直到31日晨始息。炸毁商号30余家，炸毁民房295间，炸死市民14人，炸伤市民18人，海伦东、西大街几乎全部被炸毁，数千人无家可归，绅士、商家纷纷外逃，贫苦百姓东躲西藏。这时住在海伦城内的马占山见大街起火，只身跑到大街上呼喊救火，卫兵劝其回室暂避，马占山执意不肯，继续指挥部队救火，同时抢救受伤的百姓。

空袭后，日军向海伦县城发起猛烈进攻，马占山指挥义勇军在海伦城南拼死阻击，打退敌人数次进攻，毙敌200余人，义勇军阵亡20余人，伤100余人。由于敌我力量相差悬殊，为保存实力，减少海伦人民的伤亡和损失，5月31日，马占山率义勇军撤出海伦城北进。海伦百姓洒泪送别。马占山说："占山一介武夫，得家乡父老拥戴，实感惭愧！日军气焰嚣张，为百姓生命财产计，不得不撤出海伦。"临行前他面对依依送别的海伦百姓悲愤地说："忠臣谋国，百折不回，勇士赴难，万死不辞。我马某置生死于度外，一定寻机与日寇决一死战！"慷慨激昂，令人振奋。

根据《中华民国史纪要》载："本日上午日机数架袭海伦上空，猛烈投掷爆炸弹，值南风大作，全市顿成火海，损失惨重。"另据5月30日《上海申报》："五月三十日晨七时许，日方飞机六架，自哈飞往海伦，狂投炸弹50余枚，致东西大街几全炸毁，当时火势甚炽，又值南风甚大，军队忙于扑救。火势燃烧一昼夜，三十日晨始息。全市精华殆全毁灭。"据《九一八全书》记载："三十一日上午六时，日机数架再飞海伦。但过泥河遭黑省义军轰射，两架受伤落于绥化北方，一架勉强驶还哈埠，坠于西马家沟民户院内，海伦遂免二度轰炸。"

6月1日，日军平贺旅团500人的先头部队占领海伦。日军各部队陆续进驻海伦，住进广信公司，同时占领马公馆。日军占领海伦后，对海伦城全面戒严，进行大搜铺，奸淫抢掠，抓捕抗日军民。

6月3日午前，日本关东军平贺旅团长来海伦，午后指挥部队举行入城仪式。自此，海伦城陷，海伦沦入日本帝国主义的殖民地。

自日军对海伦轰炸后，海伦人民提心吊胆熬过了两三天。6月3日，县政府接到日本人的通知，日本军队要在当日午后举行入城仪式，命令城内不许有中国军人；警察不许带枪；老百姓要挂"满洲国"旗、日本旗；大街商店要开门营业；县长及政府工作人员要到火车站迎接……。这天上午，海伦县长宋德玉、商会会长张树林等许多人举着满日国旗到车站迎接。等到下午1点多钟，从停在轨道上的一列装甲车上下来六七十个日本兵，还有几个军官，有翻译传话，哇啦一阵，队伍排好，向城内进发。队伍前面有两个骑马的军官，后面是迎接团。杀气腾腾，冷冷清清一直走到县政府。这些兵是从绥化调来驻扎海伦的。骑马的一个是日第二师团师团长多门二郎；另一个是第十四师团第二十八旅团长少将平贺贞藏。此时，在北满活动的日军有两个师团，第二师团师团长多门二郎；第十四师团师团长松木直亮。平贺属下有两个联队，第十五联队长甘粕重太郎大佐；第十九联队长冈原宽大佐。因海伦城外马占山的队伍还在与日军周旋，寻机打击日军。日军则在海伦设立指挥部，集重兵驻扎海伦，企图"围剿"马

部。（见《从七七到九一八》《九一八事变实录》）

日本人举行进城仪式后，在各处张贴关东军告示，派日本兵四门驻扎，雇佣几名当地百姓，穿上土黄布制服巡查过往行人。每天都有进步人士和群众被毒打、拘捕或以"反满抗日"的罪名惨遭杀害。被杀害的抗战义士、进步人士和无辜百姓100多人，白色恐怖笼罩了海伦城！

早在1930年，日本关东军就派遣女特务贺川良子潜伏海伦，与大汉奸习齐辉勾搭成奸，为日本人搜集情报。日军轰炸海伦城就是贺川良子提供的坐标；马占山率省政府入驻海伦后的行动，也在这个女特务的监视之中；支持马占山将军的进步人士和反日力量也被其掌握。所以日本人根据她提供的情报，对我反日人士进行了残酷的镇压。一时海伦城乌烟瘴气，风声鹤唳，很多人逃出了海伦城，或投亲靠友或加入了马占山的义勇军。

当汉奸告知日军，发现马占山夫人杜氏墓地（海伦城东南吕家沟）后，即掘坟毁墓，焚烧尸体，扒房砍树。海伦百姓对日本侵略者的暴行无比愤恨。

到端午节前后，局势趋于平稳，逃到乡下和外地的人们才陆续回城。当看到四门电线杆上都挂着四五颗人头，城内一片黄色"膏药旗"时，大家都感到既恐怖又绝望，从此开始做亡国奴了。回想起马占山在海伦领导全省军民浴血奋战的日日夜夜，人们禁不住在心灵呼唤："马占山将军你在哪里呀？何时能再打回海伦啊！"

六、会见国联记者，转变军事斗争策略

此间，国际联盟（简称国联）李顿调查团派美国记者海米斯、瑞士记者李恩特等人几经辗转于6月1日到达海伦，马占山在三门解家（今海伦市永和乡经建村）与其会晤。会见历时三天。

马占山控诉日军的侵略罪行，揭露日本制造伪满洲国的内幕，介绍抗战的经过，并将自己记录的日本罪行和阴谋的日记亲手交给了调查团，以佐证。调查团在东北长春、沈阳、吉林、哈尔滨等城市活动了一个半月，于1932年9月4日制作完成了一份《国联调查报告书》，共分十章，272页，14.4万字。报告书肯定"东北是中国领土一部分，主权属于中国，日本应退出'满洲国'，建议满洲国际共管"。

马占山要求上报给国联并向全世界公布日本的罪行。与此同时，东北三省的爱国将领、社会贤达、24个东北民众团体和学术团体、战斗在东北的抗日义勇军将领以及上海、南京、北京、天津等地的学生、市民等纷纷走访、投书、致电调查团，要求主持正义。

1933年2月24日，国联大会以42票赞成，日本1票反对通过了19国委员会关于接受《李顿调查团报告书》决议，重申不承认伪满洲国。日本于3月28日以抗议该报告书为由，宣布退出国际联盟。至此，日本帝国主义建立"满洲国"分裂中国的阴谋破产。"满洲国"不被国际社会承认。所以史料上贯称其为伪满洲国。这是马占山将军对中华民族所做的又一重大贡献！

会见国联记者后，马占山将邓文、吴松林、才鸿猷等将领召至三门解家开军事会议，决定采取游击战法，以灵活机动之战术实施袭击，待敌疲惫之时，集合全力反攻。在这次会议上，马占山委任邓文为抗日救国军第一军军长，将其所部扩编为7个旅；委任吴松林为第二军军长，指挥骑兵第一旅及才鸿猷部，并宣布："倘与总指挥部失去联络时，可单独作战，自由动作，不必请命。"临行所嘱，不仅定下了战略战术的基调，也更加坚定了部下的抗战决心。

七、开展游击战，沉重打击日本侵略者

6月5日，马占山派由黑河带来的骑兵第五十五团石兰斌部迅速赶赴四方台布防。在距离海伦30公里的张家店，遭遇日军步兵、炮兵的围攻。邓文军长派一部参加作战；马占山闻讯后，率卫队和手枪队亲往指挥，官兵精神振奋，勇猛冲杀，将日军击退。此役消灭日军200余人，马占山部亦伤亡70余人。

尽管马占山处于内外交困之境，他仍然转战海伦、北安、绥棱、庆安一带指挥对日作战。仅在海伦境内大小战役就达数十次。

6月11日，邓文军长率部从拜泉石泉镇出发，以一支200多人的队伍作正面进攻，另一支200多人的队伍潜伏在距海北镇天主教堂南18里的赵家店附近设伏。经侦察得知，海北镇西南城门守备薄弱，护城河较窄，水不深，且城壕外有一片芦苇荡，便于部队掩护偷袭。邓文率部夜深出发时，令官兵每人拿一捆谷草，到达地点后，令战士用谷草填平城壕，悄悄翻墙而入。快速解决了日军岗哨，割断日军与海伦连通的电话线，以迅雷不及掩耳之势包围了日军驻地天兴泉烧锅。日军发觉后，用机枪向邓部猛烈射击。邓部官兵冒着枪林弹雨伺机还击，英勇奋战。经过几个小时的激烈枪战，日军被打死80多人，其中击毙敌少佐奈良本音次郎、中队长中村太郎，其余100多人向海伦县城逃窜。拂晓，日军逃至赵家店时，原设伏在那里邓文的200官兵喊杀声四起，迎头痛击，杀敌100余人，缴获大批武器装备。此次邓部亦牺牲70余人，卫队团副张云亭殉国，战后迅速撤走返回石泉镇。

次日早晨6点多钟，侵占海伦县的日军第十九联队全副武装1 000余人，从县城乘汽车扑向海北镇。日军扑了个空，驻海北日军石川队长诬陷"海北居民均通马匪"，有3 000多百姓逃到天主教堂以祈祷为由避难，日军包围了教堂。法国神父陆平站在大门

口阻止日军搜查说："这里是法国租地，没有你们要找的人，只有天主的子民。"日军指挥官一看这里真的挂着法国的国旗，无奈之下只得撤军，使这些百姓免遭屠杀。可罪恶的日本侵略者还是对那些没来得及逃出的、手无寸铁的108名居民肆意屠杀，血染长街，哭声震天，制造了骇人听闻的海北惨案。

当时海伦日军指挥官平贺，派出炮兵部队开往海北，要炮轰灭镇。行至七星泡时，大炮陷入乱泥沟里，百拉不出。这时，县商会会长等人求情，才使海北镇免遭灭镇大劫。

6月12日，马占山率部在海伦与绥棱交界的双岔河边大榆树宿营时，遭到驻海伦日军平贺旅团的围攻，激战3个小时，马占山率部突围。此役，打死日军400多人，马部也伤亡300多人。

6月22日，驻海伦日军800余人向拜泉石泉镇进犯，欲报海北之仇。邓文部得知后，从双方实力对比出发，决定不打阵地战，靠出奇制胜。于是率部在通肯河南岸（今海伦爱民乡）柳条通里设伏。来敌毫无防备，待敌进入邓部埋伏阵地，突然射击，使来敌措手不及，进退不得，打得日军晕头转向，歼敌200多人，残敌狼狈逃回海伦。邓部取得此次伏击战全胜。

7月1日，邓文又从卫队中选出精通武术的80多名士兵，持大刀、手枪急行军夜袭驻海伦城内广信当驻军，趁日军熟睡之时，突如其来用大刀砍死100余人，其中，有思贤大尉等日本军官30多人。邓文退出海伦城，无一伤亡。仅此一个月内在海伦境内连战连捷，消灭日军官兵900多人，给日军以重创。

八、联合作战失利，退入苏联境内

1932年7月初，马占山面示邓文："将七个基干旅交给你，你率领潜伏呼海铁路两侧海伦、通北、拜泉、克山一带，伺机攻省城。"6月28日，马占山到兰西视察李海青部队，任命李海青为第三军军长，张锡伍为副军长，布置了破坏中东、洮昂铁路交通等任务后，率领吴松林部及卫队2 000余人东行下江，准备与李杜、丁超两司令商定再次会攻哈尔滨的作战计划。日军发觉马占山的意图后，出动平贺旅团，并有飞机配合尾追不舍。马占山越绥化，率部刚过呼海路，便在张维车站（绥化市境内）与敌小部队遭遇，其先头部队英勇迎击，毙敌50余人，俘12人，杀出一条血路，进入巴彦境内。之后，日军平贺旅团尾追而来，并派战船沿江封锁，马占山东行受阻，处于危险境地。于是马占山改变东行计划，派省参议李丕祖去见李、丁两司令，商讨联合作战计划，从铁力四合屯至东兴镇，向黑龙江省北部转进，到达庆城。此时，敌酋本庄繁飞抵绥化，亲自部署从西、南、东三面出击，企图将马占山部一举歼灭。马占山得知敌军分路扑来，便率部北上，在庆城七道沟子突遭暴雨，滞留3日。这时，海伦、望奎中学200余名青年学生跋涉而来，面谒马占山，请求参加抗日军。马占山见学生大则二十一二岁，小则十五六岁，各个衣衫褴褛，风尘仆仆，脸上却洋溢着坚定的神情，感动万分，热泪盈眶。马占山念其年少力单还是学生，劝其返乡。可是学生们执意不肯，马占山只好答应学生的要求，编成学生营，指定一名少校参谋妥善关照，非万不得已，不能让他们征战沙场。

马占山率部沿小兴安岭山脉继续北进，几乎每天与敌遭遇，敌机尾随扫射轰炸，使部队陷入困境。7月22日，部队行至七马架时，担任先锋的工兵二连被600余敌包围，激战5小时仍未能突围，马占山率部队救援，虽将敌击退，但工兵二连伤亡惨重。7月25日，马占山部行至扬考永河口，日军骑兵在3架飞机配合下突然袭来，马占山部背水迎敌，击落敌机1架。学生营手无寸铁，又无实战经验，这些血气方刚的爱国青年大多数牺牲在敌机的炸弹下。马占山目睹惨状，捶胸悲叹，伤感不已。直至黄昏，马占山部才脱离险境。

马占山部连日作战，极度疲惫。7月27日，马占山部骑兵第五十五团石兰斌，为解除日军对马占山主力部队的合围态势，率2 000多骑兵在刘家店（今永和乡忠厚村）南沟子阻击日军田中大队，战斗异常激烈，直追战到西北河畔山神庙，打死日军200多人。

7月27日，马占山在庆城的王荣庙又遭敌军400余人袭击，激战7小时，互有伤亡。7月28日，当部队行至十七井子时，敌步骑兵500余人扑来，激战到深夜，毙敌40余人，马占山部也伤亡100余人。这时马占山部只剩下1 000多人，押送给养的部队也被敌冲散，与大部队失去联系，粮草供应断绝。

7月29日，马占山率1 000多人行至海伦安古镇罗圈甸时，先头部队被阻折回。罗圈甸子在海伦东山里，南北三四十里，东西三十余里，是一片大草甸子，时逢雨季，泥水尤深，东、西、南均有连绵的树林和间断的山口。

日军在关东军司令本庄繁的亲自指挥下，调动10 000余人从北、西、南三面层层包围马部，在飞机大炮的配合下，欲将马占山部队一举歼灭。马占山见形势危急，即派部队在各山口抢占有利地形，与日军对峙。30日凌晨，战斗打响，各山口发生激战。午后3时，卫队营长王青龙率部170余人向西山口突围，日军疯狂围拢，卫队营与日军反复争夺拼杀，有的士兵与日军同归于尽，有的冲入日军包围圈内，拉响了捆扎的18枚手榴弹，炸倒日军一大片。卫队营士兵英勇不屈，前仆后继，战斗到最后一息，全部惨烈殉国。31日下午4时许，在弹尽粮绝的险境中，马占山在参谋长率队掩护下，带领卫兵20余人，终于在东南山脚下"撕开个口子"，突破了重围。可是前行不远，陷入丛林的沼泽泥塘中，这时马占山身边只剩旅长邰斌山，副官杜海山、张凤岐、张玉，卫士赵凤阁、张永发、孙守谦等8人，均隐伏在沼泽边的草丛中待机脱身。天已微黑，有日军12人前来搜索，待日军逼近，马占山带领7名卫士以迅雷不及掩耳之势从泥沼中跃起，将日军全部击毙，夺得了大枪、子弹，冲出包围圈，进入山林地带。是夜，马占山部下张广文、张艳春等冲出山口在山林中与马占山会合。8月1日晨，马占山率部向东南深山行进时，正要过南北河，敌人追至，马占山令张广文、张艳春等人携带两挺重机枪隐伏在山口小路上，见敌人密集时，再开枪射击。狭路相逢，经激战多时，敌军被打死的尸体几乎将河填平，后续之敌纷纷退下，马占山得以脱身，消失在夜幕中。

此役，马占山部与日军的遭遇战进行了两天两夜，歼敌2 000多，尸横遍野，血流成河。据当时海伦谍报称：敌阵亡官兵丢在阵地上的钢盔运回海伦8大车之多，受伤官兵运回哈尔滨治疗的络绎不绝。马部亦牺牲及失踪800多人，阻击部队参谋长以下的官兵全部壮烈牺牲。战争是残酷的，英雄们为了民族之解放，把满腔热血洒在了海伦这片土地上。

负责运输辎重的少将参议韩家麟在海伦七道林子被田中大队围歼。他的身上带有马占山的印信，田中少佐误认韩家麟为马占山，上报上司："在罗圈店击毙马占山。"关东军司令本庄繁高兴若狂，向陆军省和天皇请功，成为笑柄！

1932年8月5日，突围后的马占山，收集残部不到百人，脱离罗圈甸子，闯进大山林，向约定的集合地点绥棱的张家湾行进。在张家湾与吴松林部500多人会合，马占山令吴松林率400人在木营子阻击敌人，自率100余人继续北进，到达海伦八道林子，步入了人迹罕至的林海，潜入大青山，以草根树皮充饥，在密林中辗转50多天，才脱离险境。

脱险后的马占山，斗志不减。9月10日走出山林到达龙镇后，即派员同邓文、李海青、才鸿猷等联络苏炳文、张殿久等各路义勇军，于10月16日兵分三路攻打齐齐哈尔，终因敌强我弱，节节败退。他与苏、张又计划于12月初分六路进击齐齐哈尔日军，因计划暴露，日军集重兵分七路向马部进攻。马部与苏炳文部被敌分割，互不能应援。12月3日，苏炳文、张殿久部战败退入苏联，马部也孤立难支，为保存抗日火种，于16日被迫退入苏境。先后入苏境的马部官兵共有3万多人，后分八批借道新疆回国，被改编成新疆地方部队。

1932年12月，留在国内的邓文部9 000多人、李海青部3 000多人按马占山的部署，南下热河继续抗战。

1933年6月6日，马占山与苏炳文等高级将领经香港回到上海。马占山回国后，继续向蒋介石请缨抗战未允，蒋给他一个军委会委员虚衔。马占山报国抗日愿望难以实现，愤慨万分，1936年12月初赴西安，积极支持了震惊中外的"西安事变"，并在张、杨提出的《八项主张》上联署。

卢沟桥事变爆发后，蒋介石委任马占山为东北挺进军总司令，奉命"剿共"。马占山拥护共产党的抗日主张，与共产党合作，积极发展抗日武装，使部队发展到十万多人，参加了绥远保卫战、阴山血战，又为抗战写下了不朽的篇章。

1938年11月，马占山因负伤到延安就医，康复后，中共中央和陕甘宁边区举行盛大的欢迎会。毛泽东在会上致辞，称赞他是"始终如一、抗战到底的民族英雄"！

1949年平津战役期间，马占山为北平的和平解放而奔走，积极劝说傅作义与解放军和谈，和平交出北平城，并推荐邓宝珊为和谈代表，促成了北平的和平解放。

遗憾的是，1950年6月，马占山因病未能应毛泽东主席的邀请，参加政治协商会议一届二次会议。1950年11月29日20点零6分，马占山因肺癌病逝于北京，终年65岁，安葬于北京万安公墓。

马占山在海伦组建抗日政府，使海伦成为全省乃至全国的抗日中心，为国际社会所关注。这不仅沉重地打击了日本侵华的嚣张气焰，而且为推动全民族的抗战爆发起到了"导火索"作用，更为海伦武装抗日斗争播下了火种，拉开了序幕。海伦人民永远不会忘记，与马占山将军并肩战斗的铁血春秋！

第五章　党组织建立与发展，海伦成为区域抗战领导中心

海伦是黑龙江省建立中共党组织较早的县份之一；也是党的活动活跃、发展较迅速的县份之一；同时还是付出流血牺牲代价较大的县份之一。尤其是从马占山在海伦组建抗日政府、成立海伦中心县委、抗联西征到海伦等重要的历史转折阶段，长期居于领导地位，担负着组织领导指挥周边县份对敌斗争的重任。

一、海伦火车站党支部点燃抗日烽火

1928年12月15日，呼海铁路全线通车。海伦火车站是滨北线重要的交通枢纽；而海伦县地大物博，人口众多，西部平原与明水、望奎、拜泉、绥化毗连；东部是小兴安岭山脉，与北安、绥棱、伊春等林区接壤。其地理位置、战略位置都十分重要，中共满洲省委对海伦县的战略位置非常重视。

（一）海伦火车站党支部的创建

早在1929年7月，中共满洲省委就派遣中共地下党员胡起与夫人程远到海伦火车站传播革命火种。胡起以铁路巡检员的身份为掩护，在铁路工人中秘密活动。先后与机检工人老鲁（王大勇）、机修工人刘永海（大黑）、调度张开明、工务段工人白满金（老刘）、站长陈大凡（陈庸、陈锡勇）交上了朋友。

迅速发展了王大勇、刘永海、张开明、白满金等4名党员。1931年12月，海伦县第一个中共党组织——海伦火车站党支部正式成立。胡起任党支部书记，王大勇为组织委员，张开明为宣传委员，刘永海、白满金负责军事斗争，隶属中共呼海铁路特支领导。这是海伦的第一个党组织，胡起也是第一个把马列主义思想传播到海伦的革命先行者。

胡起，原名胡荣庆，曾用名胡忱冰，北京市人。1924年中学毕业，考入北京香山师范专科学校。1926年加入中国共产主义青年团，同年转入中国共产党。1927年，经组织派遣与妻子程远（中共党员）同来哈尔滨，并考入中东铁路技术传习所。1928年结业后，人任松浦车站站长；不久，在松浦车站建立了中共呼海路特别支部，任特支书记。1931年12月任海伦火车站党支部书记；1932年2月调任石人城火

海伦火车站党支部
书记胡起

车站站长、党支部书记。海伦火车站党支部由王大勇负责。

（二）组织领导呼海线上的抗日斗争

铁路党支部成立后，胡起领导全体党员秘密开展抗日工作。在铁路工人中宣传抗日救国的道理和主张，培养积极分子，在呼海铁路沿线发展党员11名；1932年2月，在海伦车站党支部和四方台特支的领导下组建反日救国会，由海伦车站站长、中共党员陈大凡同志任会长，会员有四方台站特支书记张适，站长张鸣武（张冠英、张飞鹏），绥化站货运列车长李荣军，海伦站副站长姚仪、孙永久，电报班王连璞，克音河站电报生天成考、王栋、李威等20多人。反日救国会成立时在海伦火车站员工宿舍召开了会议，制定了行动纲领。要求每位会员坚决抗日，保证完成抗日

军运任务。在军事运输方面，服从抗日救国会的统一指挥。反日救国会成立后，积极宣传抗日救国思想，发展新会员，并对马占山领导的抗日义勇军做了大量的支援工作。马占山部邓文军长表示支持反日救国会的对敌斗争，同意与反日救国会共同进行呼海铁路沿线的抗战。

1932年8月，为了配合马占山的军事行动，根据满洲省委的指示，赤色工会组织呼海铁路200多土木工人罢工，反对满铁机构克扣工资、打骂工人，要求补发工薪。斗争坚持一个多月，最终取得胜利。

胡起夫人程远以在海西小学任校长的身份作掩护，秘密从事抗日工作，在教师学生中宣传革命道理，培养进步力量。

火车站党组织，在白色恐怖下秘密接应、转送李兆麟、金伯阳、赵一曼等省委领导、抗日将领和地下交通员，在对敌斗争中发挥了重要作用。

（三）配合马占山部队抗击日军

1931年11月23日，马占山率黑龙江省军、政两署人员和部分军队，从齐齐哈尔转移到海伦。全国各地许多爱国人士和爱国学生纷纷到海伦从军或慰问，援马抗日。

按照满洲省委的指示，胡起组织党员和非党积极分子在海伦火车站，积极热情地接待全国各地到海伦来的慰问团、各地爱国人士和投军报国的青年学生；并亲自慰问马占山部队官兵，宣讲抗日救国道理，教唱进步歌曲，激励将士们同仇敌忾，奋勇杀敌。马占山耳闻目睹胡起的言行，对这个青年人十分敬佩。

1932年4月，马占山重举义旗，二次抗日。海伦火车站党支部大力支持马占山。4月7日在松浦会战前夕，为了配合马部义勇军会攻哈尔滨，海伦火车站抗日救国会在会长陈大凡的带领下，配合邓文军长所部，将停在松浦铁路线上，准备运送日军部队的

120辆机车和装满军用物资的7节军列开往海伦。打乱了日军向松浦战场增兵的计划，同时缴获了大部分军需物资。

4月28日夜，铁路党支部书记王大勇和党员王玉璞带领马占山所部的一个连，到松浦呼海铁路机车库，组织工人将6台机车和80节车皮连夜拉到呼兰河北岸，同时放火烧毁呼兰河上的木桥，破坏了万发屯、泥河一段铁路线路，造成呼海铁路全线瘫痪，迫使日军进攻马部的时间延迟了40多天，为抗日队伍安全北撤赢得了时间。

同年10月，铁路党支部领导呼海路工人配合义勇军战士，将日军准备运输部队进攻义勇军的十余列机车截获，摧毁。

1932年2月18日，海伦火车站反日救国会会长陈大凡带领呼海路反日救国会20余人，配合义勇军在中兴镇（海伦农场八队），与日伪军激战两昼夜，击毙日伪军60多人。

陈大凡，原名陈锡勇，字大凡，1906年10月7日生于辽宁省北镇县一个贫寒的塾师家庭。1925年冬，陈大凡经人介绍来到江省（黑龙江）呼海铁路（呼兰至海伦）局电报所。此后6年中，历任电报领班、列车长、海伦站长等职。马占山组织江桥抗战的时候，他带领铁路工人积极配合抗战，并随着海伦的失利，黑龙江省政府迁往黑河，陈大凡又带着一部分铁路工人成立了抗日宣传队，随部队来到了黑河。

1932年6月，马占山任命陈大凡到绥滨当县长，领导那里的抗日军民进行抗日活动，组建抗日武装。陈大凡虽然年轻，但是他表现出了非凡的领导能力，被马占山所赏识。

后来，陈大凡先后任聂荣臻司令员所属部队的军代表、独立旅政治部主任、军区特务团政委。1945年日本投降后，被分配到黑龙江省接收伪政权，成立黑龙江省人民政府，陈大凡任省主席、省委常委。1949年大军南下时，陈大凡带病到济南任铁路局长。1953年5月调任国家铁道部行车安全监察室主任。1955年开始病休在家。"文化大革命"期间受到迫害和诬谄。1980年中共铁道部党组决定为其彻底平反、恢复名誉。同年离职休养，享副部级待遇。因病医治无效，于1993年1月15日在北京逝世，终年88岁。

海伦火车站党支部还在铁路工人中成立赤色小组、赤色工会，宣传发动工人进行抗日斗争，常常打乱了日伪当局的军运计划，成为呼海铁路线上的尖兵。

1934年6月18日，由于叛徒出卖，石人城火车站站长、党支部书记胡起在石人城火车站被捕，滨北铁路沿线的党组织遭到严重破坏，海伦火车站已暴露的党员撤离海伦，党支部停止活动。

二、海伦党组织成为区域抗日斗争领导核心

海伦县党组织是在马占山领导的黑龙江省抗日政府撤离海伦，海伦沦陷，城乡一片风声鹤唳的白色恐怖环境中创建的；也是在满洲省委的直接领导下，经过中共海伦地下党员不怕牺牲、不畏艰险、共同努力，伴随着血雨腥风发展起来的。海伦的建党史，是一部艰苦卓绝的斗争史，也是一部感天动地的血泪史，更是一部英勇不屈的奋斗史！

（一）海伦县党支部的创建

1932年冬，中共党员雷炎和孙余久等受满洲省委派遣，离开抗日义勇军李海青部，回到家乡海伦县组建党组织，开展抗日斗争。

雷炎（李树、李辉），1911年出生于海伦县城，8岁入私塾，13岁就读海西小学，1928年求学于黑龙江省第二交通中学（今齐齐哈尔市第一中学）。1931年"九一八"事变后，他投笔从戎，参加了马占山抗日义勇军，被编入黑龙江暂编第一旅学生

团，随队在拜泉、昂昂溪等地与日军作战。在拜泉县赖马沟与日军交战失利后，雷炎与同乡孙余久等拉起100多人的队伍，进行武装抗日。后来与李海青合作抗日，编入李海青领导的东北民众自卫军华兴亚学生团，雷炎任排长。

　　1932年8月28日，华兴亚学生团随部队攻破安达县城，雷炎率部驻进安达站第八小学校，与在该校任教的中共安达站特支书记共产党人黄吟秋（李德言）结识。雷炎为黄吟秋的雄才大略、晓知事理、矢志抗日的理想所折服，视黄吟秋为良师益友。时隔不久，日军从哈尔滨、齐齐哈尔调动大部队围攻安达县城，雷炎等随自卫军撤至火石山一带。而后他派人在一天夜间，用马车将黄吟秋秘密接入军中，向黄求教抗日救国之前程，了解中国共产党的性质和使命。黄吟秋在火石山雷炎的军中住了20余日，宣传共产党联合民众抗日救国的主张，使雷炎深受教育，在共产主义思想的熏陶下，进一步坚定了跟着共产党抗日救国的决心和实现民族独立解放的信念。

海伦第一任党支部
书记雷炎

　　9月间，经黄吟秋介绍，雷炎、孙余久在安达火石山加入中国共产党，决心跟着共产党，投身抗日救国的伟大斗争中，共图抗日救国大业。

　　1932年10月，雷炎、孙余久受满洲省委派遣，回到家乡海伦县，秘密进行建立党组织、创建抗日游击队等工作。雷炎回海伦后，为了争取地方警备队的士兵，创建抗日武装，加入了海伦"警备队某中队当司务长"，利用群众（抗日会）的关系，建立士兵委员会、红军之友等组织，准备发动士兵哗变。

　　雷炎为了以合法的身份，隐蔽地开展工作，在县城里筹办了一所医院。考虑医院什么人都可以进进出出，接触群众面广，开展工作比较方便，有利于掩护。为开办医院，雷炎向父亲借了两间房子，医院很快就筹建起来。雷炎与李兆麟商量决定用年代定医院名，这所医院是1933年办起来的，就取名为"三三医院"。"医院"建成后就成了党的秘密交通站。后来，李兆麟、金伯阳、赵一曼等党的领导和地下工作人员都在这里住过。雷炎的爱人刘志敏（刘纯、刘淑琴，生于1910年，1930年与雷炎结婚）常为他们做饭、站岗放哨。医院的大夫是张显涛，护理员是张显涛的爱人。张显涛是海伦县人，为了抗战也与雷炎一起参加过抗日义勇军的学生团，受过训练。"因赖马沟战斗失利部队被打散，他回到庆城开药房。呼海路事变后他在庆城参加秘密抗日活动。"在白色恐怖下，张显涛离开庆城回海伦。后来经雷炎介绍加入党的组织，主要负责开展海克路土木工人和火磨工人的工作。孙余久则负责在红枪会、山林队和土匪中做策反工作，为组建海伦抗日游击队，对日开展武装斗争积蓄力量。在半年多的时间里，先后发展张显涛、顾旭东、郭振华、韩相国、朱玉珍、白启凤、李永祥等7名党员，并在伪西大营、海伦火磨、海西小学等地发展了抗日力量。

1933年4月1日，经满洲省委批准，中共海伦支部正式成立，雷炎任支部书记，组织委员孙余久侧重负责军事工作，宣传委员张显涛侧重负责发动群众工作。支部有党员9人，支部机关设在"三三医院"，直接归满洲省委领导。

中共海伦党支部成立后，即以加强对抗日武装斗争的组织领导为中心，发展和扩大党的基层组织，广泛深入地开展反满抗日宣传，组织工人、农民和学生进行抗日斗争。孙余久负责动员"全友队"、"红枪会"等绿林武装参加抗日斗争，并取得了成功。与此同时，还在工人、农民、教师和伪满警察中发展党员，播撒革命火种，组建抗日组织。海伦党支部在其领导的反日救国干事会及海伦中学、伪西大营、海伦火车站四处，发展党员18人。

（二）海伦县特支的建立

1933年7月，经满洲省委批准，海伦党支部升格为海伦特支，铁路党支部划归海伦特支领导。特支书记雷炎，组织委员孙余久，宣传委员张显涛，海伦特支支委没变，特支机关仍在"三三医院"。一年的时间里，海伦特支党的组织有了快速发展。到年底，发展党员23名，建立7个党支部，十几个抗日救国会，并组建、发展了120多人的海伦抗日游击队，战斗在海伦、绥棱、明水、拜泉等地，适时打击日军。

到1934年底，动员了30多个屯子，建立了48个反日会，有100多个会员，建立了8个党支部。此后，又先后派孙余久、老谢、老于、聂五刚、韩相国等党员到农村去开展工作，宣传抗日救国、反压迫、反剥削的道理，建立农军、农民赤卫队等各种抗日组织和武装284个，3 400余人。广大工人农民的抗日热情被极大地激发起来，形成了积极支持、参加抗日斗争高潮。

在中共满洲省委的直接领导和具体指导下，海伦特支在建设基层党组织和抗日群众组织，开展士兵工作、工人运动、农民运动和学生运动等方面都有了较快的进展。

（三）满州省委对海伦党组织建设及武装斗争的领导

海伦党组织的建设和武装斗争的开展，是与满洲省委强有力的领导分不开的。每到关键时候，李兆麟、赵一曼、金伯阳等党的领导干部亲自到海伦进行指导和帮助。

李兆麟，原名李超兰，曾用名李烈生、孙正宗、张玉华、张寿篯。1910年出生于辽宁省辽阳市，1932年入党，1933年8月调中共满洲省委负责军委工作。1933年9月到1934年1月，多次到海伦"三三医院"指导和帮助海伦特支，研究开展党组织的建设和发展，确立发展壮大游击队，开展武装斗争的总方针。1933年9月，李兆麟到"三三医院"向海伦特支传达中共中央发出的《给满洲各级党部及全体党员的信》（即"一·二六"指示信）和省委有关指示，研究发展壮大党组织和游击队。1934年4月间，李兆麟同志以省委巡视员的身份先后两次到海伦，代表省委巡视特支的工作，帮助指导该地区的党建和组建游击队，并巡视通北至绥化呼海铁路工运工作；

李兆麟

根据中共满洲省委的指示精神，检查各地农村的农会组织、农民协会、农民反日会、互济会、雇农会和农民游击队、农民义勇军、农民赤卫队等抗日组织和武装的建立情况；同时具体帮助游击队军事训练，提高战斗力。

　　1938年，他组织和领导了北满抗联第三、六、九、十一军主力部队向海伦西征。1939年在海伦东山里，南北河八道林子抗联根据地主持召开了西征部队团以上干部会议，通过了《东北抗日联军西北指挥部临时行动纲领及临时规则》。1939年1月28日在海伦召开北满临时省委第九次常委会议，总结党的工作，部署新的战斗任务，确定了依托小兴安岭在黑嫩平原地区开展抗日游击战争，重建根据地的活动方针。1940年4月中旬，李兆麟在海伦东山里八道林子根据地，听取了冯仲云关于"伯力会议精神"的传达。1940年底带领抗联主力部队到苏联整训，任东北抗联教导旅政治副旅长。抗日战争胜利后，以中共代表的身份任滨江省副省长兼任哈尔滨市中苏友好协会会长等职。1946年3月9日在哈尔滨被国民党特务暗杀，时年36岁。李兆麟将军在海伦组织领导地下党和北满抗联，进行了艰苦卓绝的抗日斗争，谱写了气壮山河

的英雄史诗。

赵一曼，1905年出生于四川省宜宾县。原名李坤泰，乳名淑端，学名李淑宁，又名李一超。1926年夏入党；10月入黄埔军校武汉分校，毕业于黄埔军校六期；1927年就读于莫斯科中山大学；1928年回国。曾任东北人民革命军第三军二团政委，率军民与日军浴血奋战在白山黑水之间，在与日军殊死搏斗中，于1936年8月英勇就义。赵一曼留有诗篇《滨江述怀》。其故里宜宾有"赵一曼纪念馆"，相关电影有《赵一曼》《我的母亲赵一曼》等。2010年被评为"100位为新中国成立作出突出贡献的英雄模范人物"之一。

赵一曼

赵一曼曾代表中共满洲省委两次来海伦检查指导工作。第一次是1933年5月，时任满洲省委总工会组织部长的赵一曼同志以女教师的身份，化名李淑宁，携带省委密信到海伦支部机关"三三医院"检查指导党建和开展工农运动工作。传达了中共中央和省委的有关文件，介绍了国内革命斗争形势，并深入到海伦火车站、海伦中学、伪西大营支部巡视检查指导工作，6天后离开海伦。

第二次是1934年4月，她以阔太太身份，到海伦特支"三三医院"向特支领导人雷炎、孙余久、张显涛等传达省委指示，介绍磐石游击队、延吉游击队、珠河游击队对日伪军的武装斗争情况和经验。指示发展壮大抗日武装，对日开展游击战，狠狠打击敌人。并策划了铲除汉奸、号称"西霸天"的自卫团长国占山的战斗方案，并取得了预想战果。

金伯阳，1907年出生于辽宁旅顺，毕业于旅顺师范附属公学堂。1925年考入南满铁道株式会社大连沙河口工场技工养成所做见习生，同年加入共青团。曾在大连中华工学会组织领导工人运动，参与组织过1926年4月27日的福纺大罢工。1927年赴哈尔滨，任北满地委交通员。1929年加入中国共产党。1931年12月任中共满洲省委常委、总工会负责人。1932年夏，两次去苏联参加远东赤色职工国际会议。1933年9月，与杨靖宇等领导东北人民革命军第一军独立师开展抗日游击战争。1933年11月15日，在与敌人战斗中英勇牺牲，年仅26岁。

金伯阳

2015年8月24日，金伯阳被列入民政部公布的第二批600名著名抗日英烈和英雄群体名录。

1933年7月初，中共满洲省委派总工会负责人金伯阳同志到海伦支部视察党的组织建设和工会组织建设及发挥作用情况，传达中共中央给满洲省委的《一·二六指示信》精神。雷炎、孙余久、张显涛同志分别汇报了党组织的建设和发展；海伦游击队的建设和对日伪斗争、以及工会、农会等组织的建设及发挥作用等工作情况。在金伯阳的指导下，海伦支部组成了干事会。干事会由4名干事组成，雷炎任干事会书记，李景生、孙余久、朱玉珍（工人）为干事。干事会组成后进行了工作分工，雷炎兼任组织工作，李景生负责宣传工作，孙余久负责反日会工作，朱玉珍负责工运工作。

金伯阳同志对海伦的工作予以肯定。并做出了"继续发展党的组织，在城乡广泛开展工农运动，组织工人罢工，反抗日本殖民者的压迫和掠夺，贯彻党的反日民族统一战线方针，策反伪军和山林队，动员土匪武装参加游击队，团结抗日"的建议和指示。

　　会后雷炎同志分别派党员深入到工人、农民、学生中去加强对抗日工作的组织领导，深入到土匪武装中动员其加入抗日队伍，做好收编工作。

　　金伯阳对海伦党支部的工作非常满意，回去后向省委进行了汇报。海伦支部升为海伦特支就是他在这次汇报中提出的建议。

　　1934年7月下旬，满洲省委调雷炎同志到满洲省委工作，随后其又奉调珠河同赵一曼一起开展抗日游击斗争。不久，又调往哈尔滨负责反日救国会工作，最后调入上海武装自卫会工作。

　　雷炎调出后，张修武（南方人，外号"张蛮子"）奉调海伦接任特支书记，支委没变，办公地点仍在"三三医院"。

　　1934年7月12日，中共海伦特支向满洲省委的报告中称："海伦特支有党员20名，组织了3个中心支部；滨北线1个车站的党支部，有党员5人；海伦西乡建立2个农村支部，有党员8人；共有反日会员62人，已组织起来的25名；妇女委员会建立了1个分会，有会员5人；并在农村建立了1个青反小组，有盟员3人；特支派孙余久到山林队和土匪武装中做工作，联络了200多武装队员，从中发展了40多名反日会员；在职工中发展了20个会员。在农村中有20多个屯子进行了抗捐、抗税、抗粮、抗债的斗争，发展农民反日会员近百人；并发动了10余个屯的贫苦农民反抗地主不许捡粮的斗争。"

　　1934年7月18日，中共满洲省委给海伦特支发来指示信，强调抗日游击工作。海伦特支根据当地工作和斗争的实际情况，按照省委的指示加强了对工人、农民、知识分子等各界民众和绿林武装工作的领导。

　　特别是特支在海伦城市警察队、陆军混成十四旅二十团一营二连、通北警察队和北安路警中有了工作基础，发展了反日会员。

　　通过深入开展抗日宣传和组织工作，到1934年12月，海伦特支党员发展到33名，建立党支部14个，1个党小组，分布在海伦火车站、干事会、中学、火磨、张家店（祥富镇）、敏字十井（海兴镇）、西大营、克音河（绥棱）火车站（先为小组后为支部）、秦家岗（爱民乡祥顺村）、山湾屯（百祥镇百信村）、北安、通北、肖永臻屯（东林乡文明村）、叶家窝棚（红光农场）等地。

1934年10月，海伦特支机关由"三三医院"迁到海伦西南街韩相国家。宋家麻花铺为秘密联络站。

1934年10月20日，中共满洲省委为粉碎敌伪的冬季大"讨伐"，向全体党员和部队指战员发出指示。中共海伦特支召开军事会议，落实省委指示精神，制定了新的军事计划：一是动员全体党员注意隐蔽斗争，继续发动群众防奸反特防止党组织遭到破坏；二是发挥党组织、工会、农会、抗日救国会的作用，搜集情报信息粉碎敌人的阴谋；三是海伦游击队、义勇军及各类抗日武装开展游击战争，避敌主力，分散袭扰敌人等一系列措施。

（四）海伦中心县委的成立

1935年1月9日，满洲省委根据海伦地区斗争形势发展的需要，撤销海伦特支，成立海伦中心县委，负责海伦、绥棱、铁力、庆城（今庆安）、通北等附近几个县地下党的工作。中心县委书记张修武，组织委员韩相国（韩子正），军事委员张云峰（化名老赵），宣传委员顾旭东，县委委员孙余久兼任海伦游击大队大队长。县委机关设在韩相国家，联络站是宋家麻花铺。县委交通员为屈万山、陈兴振等。

1935年5月，海伦中心县委书记张修武病逝，书记由兰志渊（李景生）担任。9月，兰志渊调往东北人民革命军第三军工作，满洲省委调王清志（王群）任海伦中心县委书记，县委委员没变。

韩相国是半个盲人，1913年生于海伦县西南乡骆家屯，7岁时失去父母，由姑母抚养，18岁时以卜命算卦维持生活。海伦党组织建立后，他在孙余久等引导下，加入党组织，负责农村工作。

顾旭东，1911年生于海伦县护林乡镇东村顾家屯，1929年入齐齐哈尔第一中学，1932年回海伦，开始以图书馆员和海西小学校长的身份，秘密进行抗日活动。1933年初，经雷炎（李辉、李树）和郭振华（郭正华）介绍加入中国共产党。

王清志到海伦后，正值中共中央、中华苏维埃中央政府发表的《为抗日救国告全体同胞书》（即《八一宣言》）传入东北。为了加强党对抗日运动的领导，海伦中心县委以加强对抗日武装斗争的组织领导为中心，广泛深入地开展反满抗日宣传，使抗日斗争形势出现了新的局面。

1935年7月16日，海伦中心县委在绥棱车站和扎音河车站建立党支部，李永祥任书记，支委3人。

11月，海伦中心县委贯彻中共满洲省委发出的《关于满洲人民革命政府纲领"给各级党部之秘密指示信"》，在各县开展了筹备建立反满抗日的海伦地方临时政府的宣传工作。

1935年12月，海伦中心县委先后又在张英屯、李刚烧锅、牛家屯、白家屯、华家屯、骆家屯、南毛屯、敏字十二井、前糖坊、东边井车站、乾字七井屯等地组建11个党支部或党小组，党员发展到78人。

1936年1月9日，中共驻共产国际代表团决定，撤销中共满洲省委，成立中共南满、北满、吉东省委和哈尔滨特委，海伦中心县委归哈尔滨特委领导。

此间，海伦中心县委集中力量开展"红五月"活动，其重点是抓好党的组织建设，把党员发展和党支部建设放在首位。全县发展党员100余人，建立党支部25个，成为抗日斗争的中坚力量。

1936年10月，中共北满临时省委根据工作需要对海伦县委领导进行调整，决定海伦中心县委书记王清志调往大连任市委书记，大连市委书记夏尚志（王福增）调往海伦任中心县委书记。11月，夏尚志与高洁到达海伦，住在县委联络点韩相国家。高洁为海伦中心县委妇救会负责人兼机要员。

中共海伦中心县委根据斗争需要成立了海伦抗日妇女救国会，由高洁负责。陆续发展邱兰凡、顾静华、张玉秀等20多名妇救会员。主要任务：一是宣传抗日救国；二是组织发动广大妇女开展妇运活动，支援抗联；三是做一些党的外围工作。

此时东北抗联第三、六军主力部队，在三军军长赵尚志等率领下，开始从松花江下游西征。11月，先遣部队已到达海伦，在海伦开辟黑嫩平原抗日游击区。

新任海伦中心县委书记夏尚志到海伦后重点抓了三项工作：一是千方百计与西征到海伦的抗联第三军部队取得联系，抽调党员和进步群众补充主力部队和扩建海伦的游击队；二是抓农村群众组织的整顿，使其巩固发展，为支援抗日联军主力部队和游击队打下基础，不断扩大抗日游击区；三是扩大和发展党的抗日救国会组织，全面开展反满抗日宣传，广泛深入地开展抗日游击战，为巩固抗日基地打下基础。由于"白色恐怖"和日伪军的疯狂"讨伐"，海伦中心县委工作的开展十分艰难。

1936年11月间，东北抗联第三军第九师到达海伦东山里，立即派联络员陈兴振带着原海伦特支书记兰志渊的照片和证明，绕过敌人的封锁和搜查，来到了海伦县秘密联络站韩相国家，告之九师已到海伦、绥棱一带活动，要求海伦党组织配合行动。海伦县委得此消息后，异常兴奋。为了配合抗联，创建抗日游击区，海伦中心县委认真研究布置了到农村进行发动、输送参军的党员和基本群众；建议主力部队如何与海伦游击队联系，如何壮大自己的游击队；地方党组织如何发动群众为主力部队解决给养和提供军事情报，如何做到地方和军队的密切联系，等等。

海伦县委决定由陈兴振回山里与抗联第三军九师联系。这时日伪军已得知有抗联主力部队西征到海伦东山里活动，于是调动重兵封锁山林，堵截抗联，对海伦县城也加强了防卫，严加盘查过往行人。陈兴振带着海伦县委的信件在出城到东山里途中，不幸被敌人逮捕（后被杀害）。海伦县委经过反复筹划，又派游击队交通员老屈（屈万山）化装成货郎去山里找抗联。1937年3月初，当老屈艰苦跋涉到了山边时也被敌人逮捕杀害。在敌人的严密封锁下，海伦县委和党员非常焦急。这时，克音河党支部做军事工作的一名同志，独自一人去山里找抗联，当他走到山边时又被逮捕杀害。三次严重的损失，使海伦县委不得不采取慎重的态度。

在海伦县委与抗联第三军进行联系的同时，活动在东山里的海伦游击队以及抗日山林队、大刀会、红枪会等与来到海伦东山里的抗联部队已经取得了联系。此间，孙余久率海伦游击队的400多人与抗联部队共同进行抗日游击战，连续打了几次胜仗，缴获敌人2门大炮，2架重机枪、4箱子弹及百余支大枪、十几支小枪。战斗的胜利，鼓舞了士兵的斗志，海伦一带的武装山林队及非武装队（大刀会、红枪会400余人）、土匪武装等大部分加入了抗日游击队，使海伦游击队扩展到700多人。

为了加强对工人工作的领导，1937年2月，海伦县委将由大连调到海伦的共产党员李玉春（原籍山东）派到工人比较多的海伦火磨去开展工人工作。在火磨中发展了3名党员。

在宣传发动群众进行抗日斗争，组建抗日组织上，海伦县委派顾旭东到中学和教育界开展工作。为了加强对抗日妇女工作的组织领导，积极向广大妇女进行抗日救国宣传，发动妇女做党的外围工作，进行站岗放哨、发放宣传品、秘密组织妇女为抗联做衣服和鞋帽等。

抗日联军来到海伦东山里后，日伪当局惊恐不安，一面加强防务，一面对共产党员和抗日群众进行疯狂的搜查和捕杀。对此，海伦县委只能采取更加稳秘的斗争策略。为了加强保密工作，防止敌人的破坏，1937年3月，县委机关从韩相国家迁至海伦县城东南街柴草市东头，夏尚志以开杂货铺为掩护开展工作。同时党组织内实行单线联系，对各支部的工作布置和检查由韩相国来负责。

1937年4月15日，由于中共哈东特委宣传部长傅景勋的叛变投敌，日伪军、警、宪、特在哈尔滨、滨绥、滨北各铁路沿线及各城市进行了有计划的大搜捕、大屠杀，哈尔滨特委所领导的地下党组织遭到严重破坏。有740多名党员和反满抗日群众被捕，其中198人惨遭敌人杀害。史称"四一五"事件。

4月中旬，中共海伦中心县委联络站宋家麻花铺以北的韩家小铺掌柜，被日伪警察以"政治犯"的罪名逮捕。县委得知后，分析研究认为形势严峻，当即决定，通知联络站宋家麻花铺，严密注意敌人的动向。事隔10天左右，宋家麻花铺被日伪警察搜查，我党地下联络员、掌柜宋福源被捕。县委书记夏尚志立即召开会议研究对策。夏尚志决定韩相国不能再回家，立即通知海伦城里、车站、克音河车站以及乡下的党员和抗日救国会会员等各有关人员，迅速隐蔽起来。并通知顾旭东和郭正华，晚间到夏尚志的秘密联络地点开会，要求他们立即转移。

高洁到韩相国家时，敌人正在搜查。高洁巧妙摆脱了敌人，将所有的文件从隐蔽处拿到一个妇救会员家掩埋。夏尚志决定亲自与高洁去找省委，然后再来信，如在五六天内接不到信，顾旭东和郭正华必须马上撤离，隐蔽起来。

夏尚志与高洁乔装之后，乘火车到了哈尔滨。此时的哈尔滨街头上到处贴着反共防共的标语，日伪警察、特务四处巡逻、搜捕，到处白色恐怖，已无法与组织取得联系。见此情景，夏尚志意识到哈尔滨不能久留，便与高洁一同转移到长春附近的乡下隐蔽。夏尚志到长春后，以伪新京图书会社名义给顾旭东发了一封信，称："你校所问的书籍已无，快设法他处去买。"暗示顾旭东等迅速转移。

1937年6月，哈尔滨特委机关遭到破坏，敌人发现了中共海伦中心县委的线索，马上进行了疯狂的大逮捕。10月，在海伦的顾旭东、郭正华和在克音河的李永祥等党员先后被捕。海伦中心县委以下的各党组织和抗日救国会等抗日群众被逮捕46人，其中有30多人惨遭杀害。海伦党组织遭到严重破坏，海伦县委停止了活动。有些党员转入隐蔽战线，年轻体壮的加入了海伦游击队或抗日联军。

中共海伦党组织，从1931年12月海伦火车站党支部的创建到1937年10月海伦中心县委遭到破坏停止活动，领导周边各县走过了6年多的艰苦卓绝的奋斗历程。对于宣传马列主义思想和抗日救国的主张；对于发动和组织群众积极参与抗日救亡的伟大斗争；对于发展党的组织，创建海伦反日游击队，开展武装抗日斗争等方面，都建立了不朽的功勋，为海伦及周边县区播下了革命火种，使之成为全省二类革命老区，留给后人以宝贵的精神财富。可以骄傲地说，海伦——是一座有着光荣历史的英雄城市。

三、海伦抗日武装力量迅速壮大

马占山领导的黑龙江省抗日政府虽然撤离海伦，使海伦沦陷为日伪殖民统治，但是海伦的抗日斗争烽火仍在熊熊燃起。中国共产党领导的抗日武装斗争，在血雨腥风中不断发展壮大，给日伪统治者以沉重打击。

（一）海伦地下党组建和领导的抗日义勇军

早在1931年，马占山在海伦组建抗日政府后，日伪蠢蠢欲动，诱降马占山时，中共满洲省委就对马占山的转向和海伦的抗日斗争形势十分重视，派遣中共党员李鸿儒等到海伦从事党的地下工作。

李鸿儒就职于县教育馆，以馆员身份作掩护，在群众中宣传抗日救国思想；组织动员青年学生和民众参加马占山抗日义勇军或支援义勇军对日作战；秘密发展、培养抗日力量等。在此期间结识了雷炎、孙余久、顾旭东等进步青年。

1932年5月，雷炎回到海伦探亲，找到李鸿儒，谈了马占山义勇军的情况后，说自己打算退出义勇军，回海伦建立一支自己的抗日队伍。李鸿儒表示正符合省委的指示精神。当得知顾旭东的堂兄顾凤是山林队的队长时，便找已秘密从事抗日工作、在县教育馆就职的顾旭东研究，策划顾旭东的堂兄顾凤起义抗日。通过与顾凤商谈，顾凤表示"国家兴亡，匹夫有责"，决心与日军战斗到底，于是将队伍拉了出来，举起抗日大旗。部队整顿后，改编成东北抗日义勇军第十一团，清一色的骑兵，5个骑兵连，队伍约220人。顾凤任团长兼一个连的连长；顾旭东任副团长兼一个连的连长；顾英、顾顺分别担任连长，还有一个连长是收编的一伙土匪和地主大排的武装，由一个土匪的头目担任的（顾凤牺牲后，这个连哗变了）。武器弹药不足，顾旭东父亲顾文山把自家的枪支弹药、粮食、马匹等支援给义勇军。这支队伍战斗在海伦、绥棱、通北等地，不断地袭扰敌人，连续打了十几次胜仗，大长了中国人民的志气，使敌人恨之入骨。日军派汉奸多次到顾家找顾旭东的父亲顾文山说服顾凤投降日本人。遭到拒绝后，日本人便设计消灭这支队伍，拔掉他们的眼中钉、肉中刺。

顾凤义勇军骑兵部队

1932年5月24日，马占山会攻哈尔滨失利后，日军第十旅团向呼兰、绥化、海伦进攻时，顾凤率领义勇军配合马部阻击敌人，与日军血战两天两夜。后马占山部撤回海伦城，顾凤部队也撤回海伦东山里密营休整。

由于战斗频繁而惨烈，武器弹药消耗太大，得不到补充，解决武器弹药成为这支队伍迫在眉睫的大问题。这时，海伦城沦陷。有两个自称是马占山副官的张、刘二人找到顾凤说："5月30日，日军轰炸海伦时，马占山率部从西大营撤走，我们家在县城马公馆院内，家属和钱财没有转移出来，我们不敢回去。马占山在我们家里藏了很多武器弹药，你们要是帮我们把家属和财物转移出来，枪支弹药归你们。"顾凤当时虽然想到，在日军占领的海伦城，把他们的家属安全转移出来很危险，但为了得到那批武器弹药，以解燃眉之急，还是一咬牙答应了张、刘二人。

1932年6月9日，顾凤派排长薛洪福带领17名义勇军战士，在张、刘二人的带领下化装秘密进入海伦城。到了张家一看，哪有什么枪支弹药，就是骗战士们去给他们搬家。薛洪福当机立断，带领战士立即撤退，可还是被日军得到了情报，在后面紧追不舍。到6月10日拂晓，薛排长带领战士边打边退，当撤到肖永珍屯时，被40多日军包围在肖家大院。薛洪福指挥义勇军战士与日军展开激战，同时派人给团长顾凤报信。顾凤得知部队被日军包围在肖永珍屯，自己上当受骗后非常气愤，立即带领全团官兵前去解围，准备消灭这支日军部队，可是，日本在海伦的大批援军也相继赶到，使义勇军再次陷入重围。经过惨烈的战斗，下午3时左右，顾凤带领队伍冲出了日军的包围圈。此次战斗击毙日军21人，其中大佐指挥军官1人。在战斗中，顾凤的老乡李跃先和周某某壮烈牺牲，更不幸的是顾凤胸部中弹，身负重伤，部队撤到绥棱六井子营地。由于缺医少药，顾凤负伤9天后，带着对日本汉奸的满腔仇恨、带着对尚未出生的儿子的无限眷恋与世长辞了。牺牲时年仅43岁。东北光复后，顾凤被人民政府追认为抗日烈士，家乡人民为他举行了隆重的追悼大会。

顾凤为抗日而献身不仅使顾家人痛心，满屯乡亲均为之动容。顾凤父亲顾文德当时在海伦农场警察署当警察，惊闻爱子牺牲，花甲之年的老人悲愤交加，为国雪耻、为儿报仇的决心促使他毅然投入到儿子尚未完成的抗日救国大业中，继续带领这支部队，并亲任团长，在绥棱、海伦一带与敌人展开艰苦卓绝的游击战。

1932年6月20日，顾文德率义勇军，同时联合绥化义勇军袭击双岔河和双泉镇的日军，消灭日军45人。

1932年6月下旬，顾文德指挥义勇军袭击绥棱四海店日军，毙敌28人，缴获大批枪支弹药。

四海店战斗后，乘我军士气高涨，大部日军出城"围剿"马占山部之机，顾文德率部攻入绥棱县城上集街，打死日军11人，缴获一大批枪支弹药，镇压了两名汉奸。伪县长和伪官吏逃匿。

因风餐露宿的艰苦环境，顾文德不幸得了中风，半身不遂。他为减轻部队负担，不得不潜回家乡休养。为避免走漏消息、被日本人抓去，其弟顾文山将其悄悄地隐蔽到已分家另过的西院叔伯五嫂家。但时间不长，汉奸还是听到了风声，时常到顾家骚扰。

顾文山觉得如此下去也不是长久之计，就趁人不备用马车将顾文德远送到呼兰县康金井镇高家（顾旭东爱人张玉秀的远房娘家），在他们的掩护下，改姓高，住在他家院外的一所泥房里长期隐蔽下来。就这样，宁死不屈的顾文德为躲避日军和汉奸的追捕，在背井离乡多年后，于1943年病逝在康金井。1946年春，顾文山将其遗骨接回家乡安葬。当时，海伦县委会还特派组织部吕永康部长，在顾家屯为顾文德主持了隆重的追悼大会，充分肯定了他们父子两代人抗日救国的伟大功绩。

顾凤的父亲顾文德患病后，其二子顾顺、三子顾英又重整队伍，继续战斗在白山黑水之间。1934年夏，在海伦义勇军担任负责人的顾英和顾顺潜回家中为部队筹集粮食等物资，不料被汉奸告密，兄弟两人双双被日军抓住，五花大绑押走，到唐家洼子屯的西沟子（今东林乡东胜村），被残忍地枪杀了。他们都新婚不久，没有留下后代。解放后被授予革命烈士。

顾旭东父亲顾文山被日军抓去，打得遍体鳞伤，顾家被折腾得乱七八糟，然而顾家人并没有屈服，继续同日本侵略者进行公开的或秘密的斗争。义勇军领导顾凤、顾英、顾顺相继牺牲；李鸿儒在一次战斗中身负重伤，下落不明；义勇军付出了惨重的代价。地下党员刘化南整合余部参加了邓文的义勇军队伍；刘桂衡奉调省委另行安排工作。刘桂衡解放后在外交部工作，曾与顾旭东妹妹顾静华有书信往来。

（二）海伦党组织创建反日游击队及进行的武装抗日

1932年10月初，海伦共产党雷炎、孙余久受满洲省委派遣，到海伦开展地下抗日工作。孙余久打入山林队和绿林武装全友队，进行共同抗日的宣传，取得了全友队头目徐海及队员的"相当信任"。共产党的主张在这支队伍中得到赞赏，拉起了有30多支枪的队伍，山林队10多人也自愿参加游击队，共同抗日。自此一支由53人组成的第一支抗日游击队成立。这支队伍在党内被称为"海伦反日游击队"。孙余久任游击大队长，白启凤任副大队长。

海伦游击队行军途中

1.夜袭广信当日军驻地

在筹建游击队的过程中，为了震慑敌人，激发人们武装抗日的斗志，雷炎与孙余久研究，决定通过做西南乡、拜泉县三道镇"红枪会"有爱国思想的杜大法师的工作，使其率领"红枪会"参加抗日。经过宣传党的抗日救国政策，杜大法师师徒同仇敌忾，愿意与中共党组织合作抗日。于是组织了300多"红枪会"会员，袭击在海伦城内的日军驻地。

1932年10月10日夜，参战人员集合在海伦城北门外，在孙余久的指挥下，跳过北门城壕，悄悄摸进岗楼，解决了守城岗哨，切断了电话线，偷袭了海伦县城北派出所，消灭了伪警察所长以下9人，缴获了伪警察的武器、弹药，武装了队伍。而后，乘着夜幕的掩护，迅速冲入城内，在裕泰永抓到一名伪军。他提供在广信当驻有一个日军中队，100多人，院子周围设有一丈多高的围墙，四角有炮楼，南大门设有岗楼，院内前后都有警卫。我方人员，避开日军的巡逻队，直逼日军驻地广信当（今立新小学）营房。摸掉了日军岗楼的4名岗哨，打开南大门，由4名勇士换上了日军服装，同时迅速摸进日军的4个炮楼，先解决值守的机枪手，日军没有反应过来是怎么回事时，就被抹了脖子。战士们夺了4挺机枪，还有几名日军在睡梦中见了阎王。控制日军炮楼后，孙余久带领战士分两组迅速解决了警卫，然后"红枪会"会员扑入日军营房，抢起大刀，凝聚着仇恨的力量大杀大砍，有半数的日军被枭首。有的日军惊醒后拿起武器，准备反抗，被我战士一排枪撂倒，此役仅用20多分钟就解决了战斗。杀死日军40多人，重伤日军40多人，消灭日军中队长一人，缴获了大批武器弹药，我方无一伤亡，取得战斗全胜。待住在"马公馆"的日军步兵第十五联队队长中村中佐闻报率部赶来救援时，孙余久已率队顺利撤出海伦城，向东山里转移。此役，有力打击了海伦日军的嚣张气焰，鼓舞了我抗日军民的斗志。日本关东军大本营闻讯后都非常震惊。

10月13日，"红枪会"又袭击了海伦南卢家屯日伪军驻地，打死打伤20多敌人。

10月29日夜，"红枪会"在戴家店附近与日军警备队一部遭遇，双方展开肉搏战，刺死日军3人，砍伤日军4人，红枪会迅速撤离阵地。此后，在杜大法师率领下，"红枪会"参加了抗联，成为正气凛然的抗日战士。

2.伏击"西霸天"国占山的战斗

1934年4月1日，赵一曼同志代表满洲省委到海伦巡视、检查、指导工作。通过听汇报得知，盘踞在南毛屯的伪自卫团长国占山，充当日本侵略者的走狗，迫害我抗日军民，对海伦地下党组织和游击队的活动形成严重的威胁。此人无恶不作，民愤极大，十恶不赦。她便与雷炎、孙余久同志研究决定，除掉大汉奸国占山，为民除害、以震慑为日军卖命的汉奸走狗，杀鸡儆猴，从而减少对我地下党和抗日游击队的威胁。于是，制定了详细的作战方案。

　　但游击队刚刚组建不久，缺乏武器弹药，遂研究决定先袭击海南乡伪警察所，解决装备问题。

　　于是，赵一曼与雷炎、孙余久带领十几名游击队员，于1934年4月1日在深夜突然闯入伪警察所，大喊着："中国人不打中国人，快缴械投降！"伪警察看到十几只冰冷的枪口对着他们，纷纷举起双手。伪所长说："弟兄们，我们投降，他们是打日本人的好人，快把武器弹药都送给他们！"就这样不费一枪一弹，机智勇敢地连续端掉两处伪警察所，缴获长枪35支，子弹20余箱，使刚刚组建的游击队增强了自己的武装力量。

　　乘着士气高涨，1934年4月3日，赵一曼、雷炎、副大队长白启凤指挥海伦70多人的游击队，在海伦西乡南毛屯（今前进乡光荣村）的公路两侧树林里埋下伏兵。大队长孙余久带领十几名游击队员主动出击，攻打国占山，边打边退，引蛇出洞。国占山想，游击队刚成立不久，人员都是杂七杂八的，又缺枪少弹，正是消灭的好机会，也能在平贺旅团长那立上一功。便急急忙忙集合起200多人的伪军，气势汹汹地在后面追赶。雷炎把战士分成两队，埋伏在南毛屯东伪军必经的公路两侧，以树林、路沟作掩护。当时屯子头公路边有一个土墙，安排十几名战士在墙壁上打洞作枪眼，在外墙上架起一挺机枪，待敌接近。上午10点多钟时，国占山乘汽车率队追赶到南毛屯东，进入了我游击队伏击圈。雷炎举枪高喊："同志们，狠狠地打！"两侧伏兵同时射击，对面的机枪直接扫射，毫无防备的伪军倒下一大片，其余伪军晕头转向，一部分伪军趴下还击，一部分伪军企图逃跑。国占山从车上下来，拿枪督战："不要怕，游击队没多少人，消灭他们，每人奖励10块人洋……"伪军又开始还击。就在国占山说话期间，赵一曼、雷炎同时举枪瞄准，他还没有把话说完，就被当场击毙。赵一曼被称为红衣女侠，出枪百发百中。雷炎在马占山的义勇军时，更是响当当的神枪手，国占山不见阎王才怪呢！有一个伪军突然惊恐地大喊："团长被打死了，快逃命啊！"这一声喊，失去指挥的伪军阵营大乱，不知所措，一些胆大的狼狈逃跑，部分胆小的趴在地上不敢动。雷炎率领战士冲出来，齐声大喊："缴枪不杀，举手投降！"余下的伪军纷纷缴械投降。就这样赵一曼、雷炎、孙余久采取"引蛇出洞"的战术，成功地伏击了国占山200多人的伪自卫团，歼灭60多人，当场击毙了外号"西霸天"的伪自卫团团长国占山，俘虏40多名伪军。雷炎说："你们都是中国人，也都苦大仇深，不要给日本人卖命当汉奸。"很多伪军说："我们也是被国占山逼迫的，这回国大汉奸死了，我们也解脱了，谢谢你们解救了我们。"有12名苦大仇深、家人曾被日伪汉奸迫害的青年直接参加了游击队。

此战，游击队虽然有3人牺牲，但这是海伦游击队组建后打的又一个大胜仗，也是以少胜多的战例典范，缴获了一大批武器弹药，武装了游击队。极大地鼓舞了游击队的士气，增强了抗日到底的勇气和抗战必胜的信心。彻底消灭了日军视为座上宾、百姓视为活阎王的国占山，粉碎了日军的以华制华的阴谋，令敌人气急败坏，海伦民众拍手称快。

3.袭击海伦县城的战斗

1934年7月，海伦特支动员40多农民准备参加游击队，在赵家油坊集结，并派人通知孙余久前去接收。送信人员延迟了时间，被敌人知道了信息，敌人派兵前去"围剿"。雷炎的同学、县警察署教官曹兴北传来情报："伪警务科将派大批警察去城西赵家油坊屯（今共合镇保安村），夜袭海伦抗日游击队。"雷炎得到情报后迅速制定了"袭击驻海伦城日军的作战方案"。派人通知孙余久，按雷炎的部署迅速将游击队撤至县城东，待日伪军赶到赵家油坊时扑了个空。这时孙余久已率领海伦游击队悄悄摸进了海伦城，突袭了毫无防备的日本宪兵队。这一仗速战速决，打死日军32人，打伤40多人。中了调虎离山之计的日伪汉奸惊呼："遇到神兵了！"

4.与伪警察及自卫团的遭遇战

9月16日，孙余久率领游击队下山寻机打击敌人，不料在乾字七井子被500多伪警察和自卫队包围。敌强我弱，情势危机。激战中孙余久高声喊话："我们都是中国人，我们的敌人是日本侵略者，早晚得把他们赶出中国去，你们得积德留后路啊！"听到喊话后，大多数伪警察和自卫团抬高了枪口。孙余久趁着敌人松动之机，在弹药几乎耗尽的情况下，率队冲出了包围圈，返回东山里营地。此战敌人死伤100余人，我部牺牲3人，伤5人。

（三）坚持贯彻反日统一战线方针，团结绿林武装共同抗日

1932年10月，雷炎、孙余久回到海伦后，在组建党组织的同时，就把收编绿林武装、创建抗日武装作为主要任务。孙余久深入到一支叫"全友队"的山林队，收编了50多人的队伍，组建了海伦第一支抗日游击队。紧接着又联系海伦西南乡、拜泉三道镇"红枪会"（也叫大刀会）300多人，夜袭了海伦城内日军驻地广信当。此战胜利后，又收编了一些哗变的伪军士兵和大刀会人员，使游击队扩大到70多人。

从1933年4月1日海伦党支部成立以来，满洲省委领导多次到海伦检查指导党组织建设和发展抗日武装工作。1933年7月海伦特支成立后，特别是伏击大汉奸国占山战斗胜利，极大地鼓舞了海伦抗日军民的斗志，使海伦的抗日武装斗争工作出现了新的高潮，海伦反日游击队发展到120多人。

1935年1月9日，海伦中心县委成立，孙余久任海伦中心县委委员兼海伦抗日游击队大队长；张云峰任海伦中心县委军事委员。为了加强党对游击队的领导，强化思想政治工作，中心县委派张云峰

（化名老赵）到游击队担任政治委员工作，同时负责海伦、绥棱、庆城（今庆安）、铁力、拜泉等附近几个县的抗日武装斗争。到1935年2月，孙余久收编了"明君""草上飞"两股绿林武装100多人，使海伦游击队发展到200多人。孙余久率领游击队战斗在海伦、绥棱、明水、拜泉等地，使抗日游击区不断扩展。他们袭击日伪军和伪警察所，打击了20多名地主恶霸、土豪汉奸，打了几次胜仗，使游击队的武器弹药、军需物资得到了补充。

1935年7月，在海伦中心县委领导下的海伦抗日游击发展到400余人。其中城里和铁路42人，农村67人，县委直接领导的300多人，游击队中有党员20多人。

1935年10月，海伦中心县委为了壮大抗日队伍力量，按照中共满洲省委的指示，采取各种形式与各拥护抗日的绿林武装进行联系，携手并肩，共同抗日。海伦中心县委于1935年冬就开始派赵云峰等人，联络在海伦、北安、铁力等大青山脉附近活动的山林队。这些队伍按照装备枪支计算，大约有七八百人，其中最大的，如"大龙"号称三四百人（实际武装人员200多人），还有"老北风""黑雕""青山""老来好"等大股武装各有100多人，其他还有十多个小股，每个小股都有几十人。这些人大部分是在日伪统治下贫困不堪的农民，也有一部分是从伪满军警中哗变出来的军人。他们反对日伪统治，反对日伪军警的"讨伐"和"围剿"，决心抗日到底。这与共产党的抗日主张是一致的。为了联合各山林队共同抗日，1935年冬，中共海伦中心县委给各山林队发出一封公开信，开宗明义，分析了当时的政治形势，阐明了共产党联合抗日的政策和主张，说明联合抗日、共同对敌的必要性，提出了联合进行抗日武装斗争的具体意见。接到公开信后，各山林队都表示拥护。因为在日伪军大肆"讨伐"下，小股抗日武装面临着全军覆灭的危险，只有联合起来，互相策应和支援，才能坚持同日伪军进行长期斗争。有鉴于此，一些山林队的头目非常积极。山林队"黑雕"主动找其他山林队的头目，商议与共产党联合抗日的有关事宜，并动员他们参加海伦特支将要召开的会议。

1936年1月28日，海伦反日游击大队同东北抗联各军和东北反日总会联合发出了《东北反日联合军等告全国海内外同胞及国内军政委员书》，呼吁各界"应即停止一切内争内战，应即坚实团结，集中一切力量于反日救国"，阐明了东北抗日联军和民众"在东北各地与反日义勇军结成一气，与日军拼命厮杀，誓为收复领土，达到民族自由解放而斗争"的宗旨和决心。

1936年2月20日，以东北抗日联军第一至六军军长和汤原游击队、海伦游击队具衔，发表了《东北抗日联军统一军队建制宣言》。从此，海伦游击队改编为东北抗日联军海伦游击队。

1936年夏，中共海伦中心县委书记王清志，在海伦大青山主持召开了由各抗日山林队和土匪武装头目参加的联合抗日会议。会上，王清志阐明了在民族危难、大敌当前的紧急时刻，要坚持抗日，必须联合起来，互相支持，团结抗日的道理；宣传中国共产党团结民众和各种武装力量进行抗日的号召和主张；讨论研究了联合行动共同抗日的具体问题。会上决定武器弹药的来源主要是从敌人手中夺取；军用财物可采取募集的办法获得；抗日宣传的材料由海伦党组织负责编印发放；各山林队的联络，暂时由海伦党组织派人负责。自此，海伦抗日游击队迅速发展到700多人，在游击队中发展党员20多人。由于日军对我抗日武装力量实行疯狂的"围剿"，汉奸、特务、伪军、伪警察遍布城乡，实行"保甲制""编大排"等法西斯统治，为了避开敌人的"围剿"，我抗日游击队平时采取分散行动的对策，以东部海伦、庆城、铁力、通北广大的山区为落脚点，适时打击日伪军。

　　1936年7月，张云峰带领60多游击队员，准备奇袭叶家窝棚伪警察署。队伍驻扎在侯家屯附近的一个屯子里，不幸被汉奸发现了，报告了叶家窝棚警察署。日本守备队80多人尾追上来，包围了游击队。游击队因为60多人住在一个孤立的三间房里，不可能分兵几路互相支援，处于被动挨打的局面。当岗哨发现日军时，日军的机枪已经架在墙头上开火了，主要出路被火力封锁了。老赵同志听到枪声后，立即组织战士突围，为了掩护战友们，老赵同志命令队员们冲出去，他掩护，战斗从午夜12点，一直打到早晨4点钟，老赵同志当场牺牲。游击队员从房里冲了出来，一面还击敌人，一面突围，经过奋力拼杀，冲出重围，撤回东山里。这次战斗使海伦游击队遭受重大损失，不仅牺牲了20多位战友，海伦游击大队政治负责人张云峰同志也在掩护同志突围中壮烈牺牲，使游击队失去了一位优秀的指挥员（张云峰，1894—1936年，海伦人）。

　　1937年7月7日，卢沟桥事变爆发，揭开了中华民族全面抗战的序幕。此时，东北抗联西征部队陆续到达海伦八道林子、南北河等密营地会师，开辟黑嫩平原抗日游击区，给予日伪军以沉重的打击。日本关东军为了尽快实现侵略全中国的战略意图，急需增兵关内，可是东北抗联及游击队等抗日武装久剿不下，对关东军大本营形成了致命的威胁。为此，日本关东军本部调集大批的关东军，在飞机大炮的配合下，尾随抗联西征部队，扑入海伦地区，使这一地区的抗日斗争形势进入白热化程度，斗争环境异常尖锐、惨烈、英勇悲壮。

　　面对新的斗争形势，为了坚持抗日武装斗争，海伦中心县委委员、游击大队长孙余久不得不改变斗争策略，与先期西征到达海伦的抗联第三军第六师师长张光迪队伍取得联系，积极配合抗联，在海伦一带打了几次胜仗，缴获了一批日军的钢炮、长枪、机关枪及弹药，使游击队得到了军需补充。

1938年6月，海伦抗日游击大队长孙余久带领4名战士到海北侦察敌情时，被十几名日伪警察包围在一个饭店内。孙余久带领战士奋不顾身地冲出敌人包围，打死4名敌人，在突围时右臂中弹负伤，撤回东山里驻地后不久，因伤势恶化不幸牺牲。孙余久为了抗日救国的伟大事业，献出了年仅28岁的生命。（见《海伦县志》大事记篇和《海伦革命斗争史》）

孙余久，1911年出生于黑龙江省海伦县，少年读私塾，后考入省城齐齐哈尔中学，与顾旭东、雷炎同在齐齐哈尔就读。1931年11月，同雷炎、张显涛一起参加马占山义勇军在华兴亚学生团，随军作战。1932年10月，与雷炎在安达火石山加入中国共产党，随后被满洲省委派回海伦从事秘密建党和组建抗日武装工作。1933年4月1日，中共海伦党支部成立，任组织委员，负责军事工作，兼任海伦游击大队大队长。1933年7月，海伦党支部升格为海伦特支，其委员任职没变。1935年1月9日成立海伦中心县委，孙余久任县委委员兼任游击大队大队长。1938年6月在海伦海北镇侦察时与敌遭遇，在突围战斗中负伤后，不幸牺牲。孙余久同志抱着抗日救国的坚定信念，积极投身到抗击日本侵略者的伟大斗争洪流中，对海伦党组织建设，抗日游击队的组建及发展，领导工人、农民反抗日本殖民主义等斗争中，做出了杰出的贡献！孙余久同志的牺牲，给海伦的武装抗日斗争造成了无法弥补的重大损失。至此，海伦游击队失去了坚强领导，部分游击队员转入抗联，大部分由绿林武装改编而来的人员离开抗日队伍。

海伦反日游击队自1932年组建以来，经历了从小到大，从弱到强，从盲目斗争到有组织领导、有口的斗争的发展过程；经历了7年多血雨腥风的战斗洗礼。在维护党组织建设；开展工农运动，统一各类绿林武装，反日锄奸以及反讨伐、反围剿的残酷斗争中都发挥了无法替代的重要作用。海伦抗日游击大队，虽然非常遗憾地结束了它的历史使命，但值得欣慰的是，还有一些战友仍然在抗联部队或其他抗日绿林武装队伍中不息地战斗。游击将士们浴血兴安，拼搏沙场，挽救危亡，抗日救国的英雄壮举，书写了海伦英勇悲壮抗战史的辉煌篇章。

第六章　北满抗联西征，海伦成为全省抗战指挥中心

　　1936年冬到1938年春，日伪军最高当局为了扑灭抗日烽火，频频对我三江地区的北满抗联部队进行"军事大讨伐"，妄图消灭我抗日的有生力量。1938年以后，由于敌人"围剿"力度不断加大，游击区逐渐缩小，根据地遭到严重破坏。为保存抗日力量，决定开辟敌后新的游击战场，在运动中歼灭敌人，牵制日伪军入关，配合全国的反侵略战争。我北满抗联第三、六、九、十一军在生死存亡的危急时刻，在中共北满省委的领导下，实行了战略上的大转移，西征到海伦。此次西征，使北满抗联主力得以保存下来，开辟了海伦等新的抗日后方基地，为开辟黑嫩江平原抗日游击区创造了有利条件，奠定了胜利基础。

一、北满抗联西征，海伦面临的形势

　　1937年正当抗联主力西征的关键时刻，震惊中外的"四一五"惨案发生了，海伦中心县委及所属各县的地方抗日组织，遭到了严重的破坏，有46名同志被捕，有30多人牺牲，幸存的同志或转移或隐蔽，基层组织失去党的领导，中心县委基本停止活动。而农村的党支部、救国会大部分还没有遭到破坏，还在自发地组织秘密抗日活动。

中心县委被破坏前，先期派出联系接应抗联西征部队到海伦的县委交通员屈万山、陈兴振（又名陈兴真）等人先后被捕牺牲在东山里，使接应西征部队的任务落在了海伦游击队的身上。

此时，日本关东军得知抗联西征到海伦一带的情报后非常震惊，一面调集兵力加大对下江地区的"围剿"力度；一面派飞机侦察，调集兵力追击、堵截西征部队；一面调集15 000多日伪军直扑海伦地区，妄图一举歼灭东北抗日联军，稳定伪满洲国东北大本营，增兵中原战场。抗联部队借日军调兵之机，在时任北满抗日联军总司令赵尚志的指挥和领导下，已逐步改变了在下江地区被合围的态势，转为主动出击，分兵突围，分三批陆续踏上了千里跃进海伦的艰险征途，使日军"围剿"抗联的计划彻底落空。

当时，仍在海伦地区有孙余久领导的海伦抗日游击队700多人；有张光迪领导的第六师官兵200多人；有许亨植领导的先遣队600多人驻扎在海伦农场六井子；有戴鸿宾领导的西征部队500多人，活动在绥棱一带；有蔡近葵领导的抗联部队200多人，计2 000多人，活动在庆城、绥棱、海伦、通北一带。而日本平贺旅团驻军1 500多人；伪军、宪兵、警察2 000余人；周边县市日伪军5 000余人；抗联西征途中还有15 000多敌人尾随追击。敌我力量相差悬殊。北满抗联就是在这种十分严峻的斗争形势下，实施西征的伟大战略转移的。这也是为粉碎敌人企图把抗联主力消灭在三江地区阴谋的正确抉择。

二、赵尚志决定在海伦建后方基地

赵尚志，1908年生，辽宁省朝阳县人。早年参加学生爱国运动。1925年加入中国共产党，是东北地区最早的党员之一。同年冬，入黄埔军校第四期学习。1926年回东北从事革命活动。曾两次被捕入狱，严守党的机密，坚贞不屈。后经组织营救出狱，任中共满洲省委军委书记。1933年10月领导创建珠河反日游击队，任队长。1935年1月任东北人民革命军第三军军长。1936年1月任北满东北抗日联军总司令。同年8月任东北抗日联军第三军军长。后任中共北满临时省委执委会主席、东北抗联第二路军副总指挥。他是个传奇人物，曾有"南杨北赵"之称。南杨，即杨靖宇；北赵，即赵尚志。他曾率部远征松嫩平原，作战百余次，挫败了日伪军的重兵"讨伐"。日本侵略者的头目曾惊呼："小小的满洲国，大大的赵尚志。"可见其威名远震。

1940年夏，赵尚志被错误地开除中共党籍，撤销军职，他忍辱负重，仍率小分队坚持抗日斗争。

1942年2月12日，赵尚志在率小分队袭击鹤立县梧桐河伪警察分驻所的战斗中被特务刘德山打黑枪致重伤，昏迷后被日军逮捕。被俘后，痛斥敌人，拒绝医治，悲壮牺牲，年仅34岁。日本关东军将其头颅由黑龙江空运至伪满首都新京（长春），同杨靖宇首级一起陈列、示众、领赏。

党的十一届三中全会后，1982年中共黑龙江省委根据中央组织部的指示，对赵尚志同志在1940年遭受党内处分一事进行认真复查。同年6月8日，黑龙江省委做出《关于恢复赵尚志同志党籍的决定》，决定指出："撤销1940年1月中共北满省委《关于开除赵尚志党籍的决定》，恢复赵尚志党籍，推倒强加给赵尚志的一切不实之词，恢复名誉。"

赵尚志从长远的战略格局考虑，为反围剿，保存抗日力量，必须开辟新的抗日游击区，建立后方基地，以求发展。1935年9月7日，赵尚志率领150多人的警卫部队，从汤旺河出发，在小兴安岭林区一路侦察北进，通过铁力、伊春、庆安、绥棱向海伦进发。

赵尚志率部一路宣传发动群众，开展游击活动，适时打击敌人，并为部队筹集给养。当部队来到海伦二区四八旦屯时（今前进乡李兴业后屯）发现敌情，这里有日军尾山部队和伪军100多人。赵尚志命令部队隐蔽在路边树丛中，准备战斗。敌人在明处，我部在暗处，当敌人进入埋伏阵地时，赵尚志一声令下，战士们枪声四起，以迅雷不及掩耳之势对敌发起围攻。火力猛烈，目标集中，敌人被突然袭击打得晕头转向，仓皇逃窜。此战，打死打伤日伪军80多人，我军无一伤亡，缴获了一批武器弹药，补充了军需。

此役后，赵尚志了解了海伦情况，认为："海伦日伪军统治相对薄弱，群众工作基础好，游击队作用突出，地理位置进可攻退可守，是一个打游击的好地方。"遂决定，"在海伦地区建立新的后方基地，开辟黑嫩平原抗日游击区"。为了参加在汤原召开的东北民众反日联合军军政扩大会议，率部一路征战后，返回汤原基地。

三、赵尚志开辟抗联主力西征通道

1936年2月间，赵尚志部署在小兴安岭海伦、朝阳等地区，建立后方军事基地，要求各部队由第九师师长李振远、政治部主任雷炎率部掩护其他主力部队西征，作为留守部队，巩固汤原、珠河根据地。其他各部迅速筹集军需、给养，做好西征准备。

紧接着，赵尚志率第三军直属部队政保营、少年连和第五、六两个团300多人，从汤旺河出发，沿小兴安岭丛林，向通河、木兰、东兴、铁力、绥棱、海伦等地开始第二次远征。4月13日率远征部队攻克日伪军重要军事据点——舒乐镇，4月19日袭击了松花江岸边敌据点——竹廉镇，5月上旬在通河县"洼大张"与敌激战，歼灭日伪军100多人。5月中旬率远征部队经通河进至木兰县境，5月13日袭击木兰县太平河屯"集团部落"，破坏附近的通信线路和桥梁。5月20日左右袭击东兴西河镇伪警察与自卫团武装。6月1日联合义勇军袭击了大河沿伪警察署。6月9日收缴木兰县城北钱家店伪自卫团武装。6月12日攻袭木兰县太平桥"集团部落"，解除自卫团武装。7月13日率队摧毁木兰镇伪警察署。7月30日指挥远征部队在木兰县三千吊屯与日军涩谷部队小谷队交战。

8月初西征到木兰时，赵尚志留下了第六团团长张光迪带领19名战士，并指示他们在木兰蒙古山一带开展抗日游击斗争，发展壮大队伍，做好到海伦开辟军事基地的准备。经过一段时间的艰苦努力工作，收编了一些民众义勇军和抗日山林队，组建了东北抗日联军第三军第六师，张光迪任师长。此时抗联第三军第六师在师长张光迪的带领下，已将抗日活动区扩大到铁力、庆城、海伦一带。赵尚志命令张光迪率领200多名战士，依托小兴安岭，在海伦创建后方基地，随时准备接应抗联主力西征部队到海伦。

赵尚志率军西征，连打胜仗，使日本关东军十分震惊，从哈尔滨、佳木斯等地抽调重兵集结在滨北线一带，妄图消灭赵尚志率领的西征部队。赵尚志得到情报后，采取灵活机动的战略战术，避敌锐气，不与其正面交锋，放弃了原来征战到海伦修整部队的作战计划，与敌迂回，顺利返回汤原。

此次西征，途中与日伪军发生多次战斗，艰难辗转推进，摧毁敌人许多据点，扩大了抗日队伍。开辟了巴彦、木兰、东兴、通河、铁力、庆城等抗日游击区。一路上宣传发动群众，在地方党组织的配合下，在各游击区建立了秘密联络站，为抗联主力西征创造了有利条件。赵尚志通过一系列的战斗和周密部署，开辟了抗联主力向海伦地区西征的通道，奠定了具有战略意义的西征胜利的基础。

1936年9月18日，中共"珠河、汤原中心县委，抗联第三、六军党委召开联席会议"，成立了中共北满临时省委，赵尚志当选为省委执行主席，省委书记冯仲云。会上，赵尚志作了《日本在东北的法西斯统治与北满反日运动的新形势及吾党新策略之运用》的主报告及《三军西征的经验》的副报告。会议决定，抗联第三、六、九、十一军，除留下一部分部队坚持原有的游击区外，主力部队向庆安、铁力、海伦一带西征，在黑嫩平原开辟新的抗日游击区。

1936年10月初，为保证第三军主力部队西征胜利，赵尚志派遣第三军一师、第四军一师二团为远征先遣队，在第三军一师政治部主任许亨植（李熙山）、五师师长蔡近葵的率领下，从汤旺河出发，渡过松花江，奔铁力、庆城，向海伦进发。历经一个多月的艰苦行军和激烈的战斗，冲破敌人的重重封锁，许亨植于11月末率部到达海伦六井子（海伦农场六队）修整。蔡近葵一部活动在铁力、庆城绥棱一带，接应西征部队。

四、赵尚志沉重打击日伪军

1936年11月末，东北人民的抗日斗争进入残酷的第六年。中共北满临时省委执委主席、北满抗日联军总司令赵尚志为了突破日军的"讨伐"和封锁，率第三军司令部直属部队，政治保卫师一部分、一师、五师、六师部分官兵混合编成500余人的骑兵部队，再次向黑龙江、嫩江流域的海伦地区进行远征。经过一路血战，先后与蔡近葵、戴鸿宾部会合。1937年2月，远征部队到达海伦境内。日伪军派出1 500多兵力，对远征军不断跟踪追击，围堵阻击，妄图把赵尚志西征部队消灭在海伦东北部山区。但赵尚志巧妙与敌伪军周旋，出其不意地施展游击战术，摆脱敌人的"围剿"。这次远征异常艰苦，部队常在零下三四十摄氏度的严寒中行军，征途中，夹杂着雪花的凛冽寒风像刀割一样打在官兵的脸上。夜间露宿在冰雪之中已是家常便饭，野外烤火取暖，战士们穿的衣服烧得破烂不堪，许多战士被冻伤。不仅如此，远征部队还经常遭到敌人的围追堵截，飞机轰炸。敌人的严密封锁，给部队给养造成极大困难。粮食吃尽，只好宰杀心爱的战马为食，"马肉吃光吃马皮，马皮吃完吃橡子"。但是远征的指战员们不畏艰险，情绪十分饱满。为了迷惑敌人，我军声言是要打呼兰县和哈尔滨市。日军急忙把2 000多人的正规部队和1 500多人的伪军，调到巴彦县城、呼兰等以西地区布防。而我军却突然挥师北上，向绥化、海伦方向挺进，将敌人甩在了后边。这时，日军又调动北面各县的日军守备队和伪"讨伐"大队对我军进行阻截。当我军到达绥化县北时，已经是前有阻截、后有追兵了，情况十分危急。

2月28日，在海伦东赵家堡子附近与堵截的驻海伦80多人的日伪军警遭遇。赵尚志指挥战士，勇敢冲锋，奋力杀敌，击毙日伪军20多人，打退了敌人，摆脱"围剿"。部队继续向海伦东部山区进发。3月5日，在海伦开创后方基地的张光迪率六师部队接应于哈拉巴山西麓，并给战士们带来了给养。

1.赵尚志首战李刚烧锅

1937年3月5日，当部队行进到海伦境内扎音河北岸，今双录乡李刚烧锅屯南时，赵尚志发现此地两侧密林丛生，中间沟壑纵横密布着柳条通，北侧是一个凸起的山坡，距李刚烧锅屯大约一公里左右，这里有一条通往县城海伦的必经之路。赵军长观察地形后，用棍子指着两侧山林和北面的山坡说："这是个很好伏击地点，我们要在这里把追击尾随之敌消灭。"于是，他指挥部队分东、西、北三面埋伏起来，张光迪负责北面的正面阻击；蔡近葵和戴鸿宾分别负责东西两面伏击，并将马匹牵到山后隐蔽起来。依附树丛、山坡、沟壑、雪窝子作掩体，迅速用积雪构筑好工事。赵尚志军长就坐在工事后面指挥。他命令："各部队听小张的机枪打响后再开火。"然后对机枪手张祥说："你的机枪由我指挥。"下午1点多钟时，日本关东军驻海伦田岛部镰贺大尉，指挥他的守备部队120多人和一小队伪军追上来，前面是一小队骑着摩托车的伪军，首先进入了埋伏圈，赵尚志说："放过去。"等到日军开着三辆汽车进入埋伏圈时，赵尚志果断地命令："狠狠地打！"张祥的机枪首先开火，一梭子子弹，把第一辆汽车的日军撂倒十多个，赵尚志的盒子枪同时击毙了驾驶员，汽车抛了锚。此时，三面埋伏的战士各种武器同时开火，手榴弹狂轰滥炸，伪军大部分在开火后钻入树林逃跑，日军跳下汽车，以汽车为掩体拼命抵抗，激战一个小时后，日军丢盔弃甲溃逃。

此役打死日军80多人，打伤日伪军30多人。缴获机枪3挺、步枪80多支、弹药11箱、手雷31个，还有粮食、罐头、皮袄、棉衣等物资。炸毁汽车2辆，摩托车3台，进一步补充了部队的武器弹药和军需。激战中，我军受伤6名战士，无一阵亡。我军就地休整，补充枪支弹药。李刚烧锅屯地下党员秘密组织群众慰问抗联战士。

2.海伦冰趟子伏击战

为了摆脱敌人的追击，赵尚志率部继续向海伦东山里（小兴安岭西麓）抗联密营行进。1937年3月7日，寒风凛冽，冰雪层层覆盖着海伦东山里小兴安岭松涛起伏的山林。为打破敌人的"讨伐"计划，北满抗日联军总司令赵尚志，率领骑兵和第六师张光迪部、戴鸿宾部、蔡近葵部共700余人，踏着没膝深的积雪，艰难地向东山里行进。已近傍晚，看到战士们疲劳过度，走路十分艰难，赵尚志命令部队在一个山坳处休息。

可就在这时侦察兵送来情报，李刚烧锅战役，惊动了通北、北安、海伦的日军，他们迅速抽调集结日本关东军第一三五旅团北黑联队一部，伪军伪混成第十四旅驻通北县城警备队，海伦平贺旅团田岛部共1 500余人并在附近村屯抢劫了大批马车和爬犁向我部追来。敌人前阻后追，军情十分紧急。在敌众我寡的情况下，赵尚志当机立断，马上集合部队，连夜火速向海伦东山里密营进发。他决定，把敌人引进山里，寻机设伏，狠狠打击一下敌人的嚣张气焰，以摆脱敌人的追击。

当部队来到一个叫"冰趟子"的地方时，赵尚志看了看地势，立即命令部队停止前进，决定借助冰趟子的自然地理优势再打一场伏击战。

为了做好战斗准备，赵尚志在冰趟子伐木工人住的架子房内召开连以上干部会议。他说："我们此时所在地叫冰趟子，这里地形易守难攻，是设伏的好地方。""冰趟子"原名"黑风口"，原属于海伦管辖，新中国成立后划归通北林业局，1956年建冰趟子林场。是通往小兴安岭密林深处的必经关隘，南北河从南至北流经冰趟子西侧，冰趟子沟因有常年不断的山泉水流出，一到冬季就形成一道冰川，冰面宽1.5公里，长约3.5公里，故称冰趟子。冰趟子沟是进山的道口，南北走向，两侧小山环抱。西侧高地海拔345米，东侧高地海拔360米，中间形成一片开阔地，两侧山林间有4处伐木工人住的木营房。当时寒风呼啸，气温在零下30多摄氏度，北风卷着清雪，使原本光滑的冰面，涂上了一层润滑剂，一片片衰败的蒿草点缀在冰面上，互相攀附着，发出瑟瑟哀鸣。赵尚志解说了伏击阵地。他说："这4座大木营很坚固，可以固守；沟的两侧是山林，可以设伏；沟口很窄，可以截住敌人的退路，又可以打敌人的援兵。总之，这里是一个进可攻、退可守的好战场。"赵尚志决定在这里布置一个口袋阵，重创敌人，让日本侵略者再尝尝抗联战士的铁拳。他部署军部教导队100多名战士隐蔽在入口的半山腰上；二师的200多战士隐蔽在东面山上，由戴鸿宾负责；三师的100多人隐蔽在东南面的山上在出口狙击敌人，由蔡近葵负责；六师张光迪部埋伏在北侧的木营内；赵尚志带领少年连，把指挥部设在了冰趟子东北角的小山上，利用有利地形，进入阵地。他让大家抓紧在这里抢修工事，以迎接新的更大的战斗。干部、战士分头行动，张光迪命令战士在每个木营的墙上都挖了一排排枪眼，院套的矮墙上也构筑了工事，还用冰雪垒筑了交通壕，在山路南的沟林旁也布置了伏击阵地。战士们严阵以待。

3月7日晚，日军竹内部队守田大尉率日伪军1 500余人，有骑马的，有乘马爬犁的，沿山沟口从"冰趟子"的唯一入口进入我军的伏击圈。

先上来的一群伪军首先被打退，接着约200名日军在机枪和炮火的掩护下向木营区凶猛地扑过来。

山路、冰层上布满了敌人。我军6挺机枪同时向敌人开火，子弹、手榴弹雨点般地从四面八方射向敌群。日军倒下一排，又一排冲了上来。受伤的日本兵也趴在冰面上继续射击。战斗异常激烈。敌人随着后援部队的不断到来，更猛烈地发动了第二次、第三次进攻。由于有利地形都被我军占据，敌人想反击突围只是做梦，只能趴在冰趟子上负隅顽抗。由于冰面光滑，他们站不起来，一时又跑不了，所以，山沟里的冰趟子上到处都是敌人，趴着不敢动，有的掉头就跑，日军指挥官狂舞战刀逼其冲锋。为了牵制敌人，减轻正面部队压力，赵尚志派多股小部队，从两侧密林和北部河沟中拦腰突袭敌人。敌人仗着人多势众，武器精良，集中攻打正面木营。20多名日军一度占领了左侧一个木营。赵尚志大声命令少年连，趁日军立足未稳，坚决夺回这个阵地。少年连两个班战士，在排长赵有财的带领下，与敌人展开激烈的搏斗。左侧木营终于失而复得。

战斗一直打到夜里，气温迅速下降，枪支冻得打不响，士兵的手指冻得麻木不能弯曲扣扳机。战士们就轮流到木营屋内火炉旁烤手、烤枪，然后继续投入战斗。天慢慢地黑了下来，趴在冰雪中的日本兵冻得无力还击，有的被冻死。加上冰上又滑，不敢前进，枪声渐渐稀落。此时，赵尚志估计敌人将要撤退，于是命令部队加强沟口堵击力量。果然不出所料，敌人停止攻击，开始撤退。赵尚志命令第六师师长张光迪全力出击，切断日军退路。战斗一直打到翌日清晨，日伪军在其炮火掩护下仓皇败退突围。

战斗结束后，敌人尸横野岭，冰雪被染红。赵尚志命令部队打扫战场，搜集敌人丢下的枪支弹药、棉衣等战利品，然后率队转移。这次战斗击毙日伪军200多人，打伤、冻伤日伪军100余人。其中日军守田大尉、津田庆一准尉、曹长高山五朗、天野松治、伍长三井勇三等日军军官7人被我军击毙，还活捉了十几个钻在雪堆里装死的日军。这是一场漂亮的伏击战，缴获7挺歪把子机枪、6个掷弹筒、300多支三八式步枪及大批子弹、马匹、粮油、服装、军毯等军用物资。另外，我军从敌人死尸身上扒下棉衣、棉鞋穿到自己身上，改变了部队缺少棉衣的困境。我军以牺牲7人的较小代价，夺取了此次战役的全胜。

冰趟子战斗是赵尚志指挥抗联第三军远征队进行的一次较大的战斗，是抗联第三军建军以来与日军作战取得最大的一次胜利，也是抗联斗争史上以少胜多的著名战例之一。这次战斗打击了日本侵略者的嚣张气焰，极大地鼓舞了我抗战军民的斗志。就连日本关东军"讨伐"司令官岩越中将，在得到报告后不得不感慨地说："小小的满洲国，大大的赵尚志！"

冰趟子战斗后，赵尚志命令抗联六师师长张光迪率200多将士，在通北、海伦、绥棱、铁力一带继续进行抗日游击战，建立巩固海伦八道林子后方基地；命令戴鸿宾部配合张光迪，开辟海伦抗日游击区；命令蔡近葵部到庆城、铁力一带活动，继续打通抗联主力西征通道，策应西征部队。与此同时，先遣部队在海伦及当时海伦管辖地方开辟了抗日游击区。多次寻找有利战机，展开游击战，痛击日伪军。

为了拓展海伦一带抗日游击区，赵尚志率部继续北上，于3月27日到达北安境内。4月下旬，由逊河返回汤原根据地。这次远征纵横数千里，开辟新的抗日游击区域，取得辉煌战果。

1938年1月，赵尚志受命赴苏联，争取苏联远东军的援助，结果被无理羁押。

五、张光迪创建海伦抗联后方基地

张光迪部在海伦八道林子和南北河建立了多个后方基地，其中最闻名的有八道林子和白皮营等密营，以接应抗联西征部队。"火烤胸前暖，风吹背后寒，壮士们，精诚奋发横扫嫩江原……"著名的《露营之歌》就出自"白皮营"密营地。

张光迪，河北省广宗县人，1906年出生，1933年12月参加抗日游击队，1934年加入中国共产党。时任抗联第三军第六师师长。

张光迪率领200余人的第六师，与先期在海伦、绥棱开展游击斗争的戴鸿宾部取得联系，通过交通员联系到海伦中心县委，取得了大力支持，经过战略侦察，决定在海伦东山里南北河地区、八道林子和白皮营等地建立后方基地。

南北河是讷谟尔河支流，发源于海伦市井家店林场东南部，主河道从南向北流入讷谟尔河，故名南北河。民国时期的海伦版图上，通北林业局的东部、绥棱林业局的北部、望奎县的全部，都是海伦的疆域，总面积7 000多平方公里。这也是党史军史上"海伦冰趟子战斗"、"海伦白马石接应李兆麟"和"海伦八道林子后方基地"的由来。

张光迪为了摆脱敌人，创建密营地，采取了边战斗边营建的战术。

首战宋家店。离开赵尚志率领的第三军主力后，张光迪为了迷惑敌人，声东击西，指挥部队袭击宋家店伪警察所，缴获了一批军需物资，并大造声势，向群众宣传抗日救国的道理，发动群众驱逐日本强盗。日军果然中计，调集大队人马清剿宋家店地区，而张光迪却率领六师部队转兵向南，渡过通肯河，进入井家店林场以北南北河地区，建立秘密营地。

南北河建密营。海伦党组织和游击队，联络农村党员，在救国会员中秘密组织木瓦工50多名带着斧锯、铁锹、洋镐、挖筏子用的大铁锹等工具，由游击队长

海伦南北河抗联密营

孙余久等护送到东山里，用木头、土筏子、苫房草等材料，搭建库房、营房等。并组织农民救国会、妇救会做衣服、鞋和被褥等；动员爱国乡绅、堡垒户，开辟密营通道，在游击队和抗联的掩护下，向密营地运送粮食、药品、棉花、布匹等物资。张光迪利用难得的机会，经过几个月军民共同努力，团结协作，在南北河两岸建立起了多处密营地。后来缴获了3台缝纫机，并办了被服厂，后勤人员达到8人。在八道林子和白皮营等地，建立了秘密仓库、被服厂、医院、营房，储存粮食5万多斤。在敌强我弱

的环境里，抗联的密营与密营之间都有很大的一段距离，以防止日伪破坏，一旦一处有敌情，另一处也有转移的时间，也可以相互策应，协同作战。正是："烽火联营几百里，浴血兴安战顽敌。"

新中国成立后，抗联老战士李敏同志几次来南北河寻找抗联遗址。在海伦双河林场八道林子的山坡上，发现了当年抗联的行军锅，这口锅的锅底已腐烂掉了，中间长出了一棵白桦树，锅套到树根上，已经深深地镶嵌在了树干上了。李敏同志断定，这是抗联六师被服厂的遗址。20世纪70年代，曾出土过枪支、钢盔、苏制缝纫机头等遗物。

日本侵略者为了"围剿"我抗日军民，在通往东山里的主要交通路口，都设立了检查站，有伪军或伪警察昼夜把守，盘查过往人员。同时在海伦城乡，各个村屯街道都布置了特务汉奸充当情报耳目，妄图隔离我抗日军民的血肉联系。为了打破日伪警特的层层封锁，海伦抗日游击队和张光迪部，对敌人展开了一系列针锋相对的斗争。

捉放伪团总。驻防在徐家围子屯（扎音河乡扎音河村）的伪自卫团与日军狼狈为奸，甘当鹰犬，在海北、扎音河通往双录、海伦十三井子和东山里密营的主要公路设置障碍，昼夜盘查，打骂勒索群众，堵截为抗联和游击队运送物资的通道，严重阻碍了抗联的活动。

1937年9月，在海伦游击队孙余久的配合下，张光迪率领部队在夜间包围了伪自卫团部，被自卫团哨兵发现鸣枪报警，偷袭变成了强攻。机关枪班长陈明是个神枪手，他用机关枪压制住敌人火力，埋伏在墙外的战士搭人梯翻过大墙，一阵排子枪和手榴弹，伪自卫团丁死的死，逃的逃，伪自卫团团总朱兆祥被俘。在张光迪的教育下，慑于抗联的军威，朱兆祥乞求饶命，决心痛改前非，为抗联出力，张光迪释放了他。以后，朱兆祥明着效忠日军，暗地里帮助抗联，为山上抗联送去一些粮食和衣物，对老百姓的态度也大为好转。

争取伪满山林警察队中立。在一次反击伪满山林警察队围剿战斗中，敌我双方凭借树木山石对峙，激战两个多小时没有胜负。山林警察队喊话："张师长，今天你们能放我们一马，让我们过去，以后你们在山里活动我们绝不打扰。"张光迪回答："中国人不打中国人。我们互不侵犯，保持中立。"山林警察队说："好！一言为定。"张光迪放山林警察队下山，从此这支山林警察队再没有和抗联打过仗。

马家岗拔钉子。马家岗（扎音河乡通泉村）警察所的伪满警察不但狗仗人势，欺压百姓，嚣张一时，而且不自量力地在进山的路口设卡，搜捕支援抗联的群众，破坏抗日活动。张光迪决定拔掉这颗钉子。他带领小分队夜袭马家岗，3名战士乘着夜幕摸进岗楼，掐住哨兵脖子，用毛巾堵住嘴，绑在岗楼里。张光迪率领小分队冲进屋里，迅速缴获了枪架上的40多支步枪。在战士们"不准动，缴枪不杀"的喝令声中，睡得死猪一样的伪警察才醒过来，面对抗联战士黑洞洞的枪口，纷纷跪在炕上，磕头求饶。张光迪对伪警察们进行了训诫，警告他们如果再为非作歹，抗联定要严惩不贷，然后登记释放。此后这个警察所再也不敢与抗联为敌了。

说服伪军身在曹营心在汉。侯大老爷屯（今二良种场）驻有伪警察所，卡住了抗联出山入山的道路。1937年7月初，抗联第六军戴鸿宾军长率队西征到海伦，后与张光迪部会师。二人商议分别攻打侯大老爷屯和叶家窝铺。张光迪率领部队打进了侯大老爷警察所，俘获了伪警察所长等17人，缴获了一批枪支弹药。本屯大户侯大老爷受到张光迪的教育感召，愿意为抗日救国出力，从此侯家就成为抗联的秘密联络点，来往人员在侯家休息食宿。侯大老爷还利用他伪屯长的身份，把进山"围剿"抗联的伪军请到家里，杀猪宰羊设宴款待，劝说伪军身在曹营心在汉，为自己留一条后路。受到教育的伪军遇到抗联时，朝天放枪，撤离时把剩余子弹扔到阵地上，让抗联捡回。

通过大小十几次战斗，扫除了军民联系的障碍，保证了海伦南北河抗日密营的成功创建，为反讨伐斗争重新开辟了稳定的后方基地。

张光迪采取声东击西的战术，打击、迷惑敌人，在海伦东山里南北河八道林子、白皮营等地创建了抗联后方基地。为抗联主力部队西征到海伦创造了有力的条件。八道林子，也叫八道梁子，位于通肯河北，南北河西，十道河子南，距海伦城80多公里，是小兴安岭西麓纵深区。此地山林茂密，树木丛生，河流交错，人迹罕至。八道林子密营地是南北河诸多抗联密营的重要一处，处于枢纽地位，是抗联三军张光迪师长在海伦抗日群众的大力支持下营建的，一度成为北满省委和抗联的政治、军事指挥中心。海伦八道林子等密营地，也因北满省委和抗联第三路军总指挥部曾驻扎此地，指挥全省的抗日斗争而名垂青史。

六、北满抗联主力西征，海伦开辟黑嫩平原游击区

1938年五、六月间，中共北满（临时）省委在通河小古洞密营、鹰窝密营连续召开第七、第八次常委会议，决定除留少数部队在原地坚持斗争外，抗联主力迅速撤离旧区，突破敌围向小兴安岭西麓的海伦、通北远征，史称"西征"，决定分三批行动。会师海伦，开辟新的游击区。

（一）李兆麟领导抗联主力部队浴血西征，实现伟大的战略转移

第一批远征部队。1938年7月，由第九军政治部主任魏长魁、第九军第二师师长郭铁坚、新编第三师政治部主任常有均率领第二师的第四、第五团共100多人和第三军的常有钧部，共150多人，一起踏上了向海伦西征的漫漫征途。

魏长魁带着部队从洪洼出发时，只带了半个月的给养，再加上不断遭到敌人的袭击，所以没多久就陷入了困境。当他们过了呼兰河，向庆城、铁力前进时，在苇子沟遭到敌人的袭击。魏长魁因为在后面照顾病号，不幸被流弹击中，负了重伤。在双腿不能行走，身边又没有人照顾的情况下，艰难地向前爬了好几里路。眼见着队伍越走越远了，归队已经无望，魏长魁为了不泄露党的机密，不为敌人所俘，他在烧毁文件后，毅然自刎殉国，何其悲壮！

魏长魁牺牲后，常有钧、郭铁坚带着部队继续远征。6月底，他们在庆城九道岗附近再一次遭到敌人包围。突围后，常有钧与郭铁坚失去联系。第九军第四团的王团长借口他不属于第三军系统而与常有钧部分开，逃走当"胡子"去了。常有钧率部于9月下旬到达目的地。在海伦密营休整后，奉命向通北一带开展游击战，于10月4日在通北一撮毛地方，被叛徒、第二师参谋长韩铁汉杀害，如此悲惨！

郭铁坚率第九军第二师60多名战士从九道岗突围后继续前进。当行至张家湾河附近时，因河水暴涨被围在山上，一连20多天断炊，只能靠野菜、树皮充饥。洪水退后，郭铁坚带队退到山甲。就在部队面临着饥饿、疾病严重威胁的时候，他们在一个名叫偏脸子张的地方遇上了一位张大嫂。张大嫂在丈夫死后带着两个孩子在山边起早贪黑地种了两垧苞米，这是她全家的活命粮。但当她知道抗联战士们因为断炊而无法前行时，便主动将这两垧

地的苞米送给了他们，使得部队得以脱离险境，继续西征。

11月份，当郭铁坚带队到达海伦县八道林子与第三军六师会师的时候，看着身边仅有的那20来个瘦弱不堪的战士，这位人如其名的汉子禁不住泪流满面。

第二批远征部队。有两支：一支是由第六军参谋长冯治纲和第六军二师师长张传福率领的军部教导队、第二师第十一团、第一师第六团共200人组成。1938年8月上旬，从萝北梧桐河畔老等山出发，到8月下旬，行至汤原县黑金河西沟岔口宿营时，遭遇200多日伪军的攻击，第二师师长张传福在指挥部队突围时，与战友共8人壮烈牺牲，给养被敌人截获，大部分马匹失散。冯治纲率部继续远征，经一个多月艰苦行军，拼死搏杀，到达海伦东部的八道林子密营，与张光迪部胜利会师。

另一支是由抗联第三军政治部主任金策和第六军三师师长王明贵、第三军第三师政治部主任侯启刚率领的第三军第三师及第六军第三师第八团、第二师第十二团等300多人组成。8月17日从宝清出发，至汤旺河分兵前进，经过一个多月的艰苦行军，金策、王明贵、侯启刚率部于在10月上旬分别到了海伦县白马石，与第六军张光迪部会师了。

第三批远征部队。是由北满抗联总司令部总政治部主任李兆麟（张寿篯）和第十一军第一师师长李景荫率领的，第六军军部教导队和第十一军第二师共100人组成的。

这时天气寒冷，战士们还穿着单衣。为解决冬装，李兆麟令小股部队奔袭了鹤岗，缴来了一些棉花、布匹和麻线等物品，战士们自己动手用了3天时间做了些棉衣，部队又继续前进，等待他们的当然是一天冷似一天的恶劣天气和敌人的围追堵截。12月18日，部队在跨过汤旺河后，进入到白雪茫茫的小兴安岭密林。战士们手拄树棍，脚踏没膝积雪，冒着零下40多摄氏度的严寒艰难行进。宿营时，指战员们拢起干树枝，点燃篝火，围着火堆取暖；给养断绝时，就用雪水煮橡子、榆树皮，甚至牛皮乌拉充饥。这支西征部队在张家湾河口与敌人进行一场战斗后，于12月29日在王明贵的接应下，到达海伦县八道林子与抗联第六军三师胜利会合。

至此，北满抗联各军终于冲破敌人重围，胜利完成了此次西征任务，到海伦八道林子胜利会师，实现了伟大的战略转移。抗联第三、六、九、十一军西征部队在中共北满临时省委的领导下，在战胜日伪军围追堵截的同时，又突破了人类生存的极限，用生命和鲜血谱写了我党我军历史上一段最为艰苦卓绝，特别值得讴歌的胜利篇章。北满抗联主力部队的西征，历时6个月，行程千余里，胜利到达西征的目的地——海伦。

这次西征的胜利，粉碎了日伪当局妄图"聚歼"抗日部队的阴谋，保存和发展了抗联的有生力量，为下一步开展黑嫩平原游击战奠定了坚实基础。

（二）浴血西征与响彻兴安山脉的战歌

李兆麟将军在组织领导北满抗联、艰苦卓绝西征的过程中，在艰难困苦的战斗环境中，仍然充满革命乐观主义精神，与他的战友们共同谱写了气壮山河的东北抗联战歌——《露营之歌》：

1.铁岭绝岩，林木丛生/暴雨狂风，荒原水畔战马鸣/围火齐团结，普照满天红/同志们！锐志哪怕松江晚浪生/起来呀！果敢冲锋/逐日寇，复东北，天破晓/光华万丈涌

2.浓荫蔽天，野花弥漫/湿云低暗，足溃汗滴气喘难/烟火冲空起，蚊吮血透衫/战士们！镜泊瀑泉唤醒午梦酣/携手吧！共赴国难/振长缨，缚强奴，山河变/万里熄烽烟

3.荒田遍野，白露横天/野火晶莹，敌垒频惊马不前/草枯金风疾，霜晨火不燃/战士们！热忱踏破兴安万重山/奋斗啊！重

任在肩/突封锁，破重围，曙光至/黑暗一扫完

4.朔风怒吼，大雪飞扬/征马踟蹰，冷气侵入夜难眠/火烤胸前暖，风吹背后寒/壮士们！精诚奋斗横扫嫩江原/伟志兮！何能消减/团结起，赴国难，破难关/夺回我河山。

东北抗日联军在中华民族危亡的时刻，奋起反抗，在长达14年极其艰难困苦的抗战岁月里，同日本帝国主义侵略者进行艰苦卓绝、不屈不挠的浴血奋战，歼灭和牵制了大量敌人，为东北和全国抗日战争的胜利做出了重要贡献。《露营之歌》就是在这个时期，抗联浴血西征的特殊环境中诞生的。它表现了中华民族不畏强暴、英勇不屈的精神和夺回我河山的坚强意志。这首歌在新中国成立后被人们不断传唱，还一度被编入东北小学课本。其中"火烤胸前暖，风吹背后寒"这两句歌词也成了脍炙人口的名句。

《露营之歌》是一首军歌，作为军队文化的一个重要组成部分和大众音乐文化的一个特殊品种，以其特有的品质和影响力，在特定的文化历史阶段中发挥着无以替代的作用。毛泽东主席曾这样高度评价抗日歌曲在抗战中发挥的作用："一首抗日歌曲抵得上两个师的兵力！"战斗力的强弱始终是军队的生命。纵观古今中外，鼓舞士气，激励战斗精神，一直是军歌最重要的功能。在部队，唱一次军歌，就等于上了一堂政治课；唱一次军歌，也等于磨砺了一次钢刀，激励了一番情怀。音乐以号角的形式鼓舞士气，凝聚军心，提振部队战斗力。《露营之歌》已广为人知，但《露营之歌》的创作过程，这恐怕就少有人知了。

1938年，东北抗日游击战争进入了最艰苦的时期。为了粉碎日军"围剿"、保存实力，北满抗联第三、六、九、十一军主力撤离三江地区向松嫩平原转移，分三批进行了千里西征。在这个缺衣少食、风餐露宿、与围追堵截的敌人浴血搏杀的险恶情况

下，部队能否生存下来并完成西征壮举，思想教育和政治宣传起了关键作用，这就是《露营之歌》诞生的历史背景。

1938年6月30日，李兆麟组织第六军部分将士从依兰县东白石砬子渡松花江西征。在他们经过丛林赶赴白石砬子时，天色已晚，还下起了大雨。李兆麟当即和下江特委委员高禹民（原依兰县委书记）组织船工协助渡江。战士们的衣服被暴雨和浪花打湿了，面对"狂风呼啸，战马嘶鸣"的景象，船靠岸后，李兆麟和战士们一起拾柴，艰难地生起一堆篝火烘烤衣服。陈雷根据当时的情景套用古曲"落花调"填词，在河边的一块石头上创作出了《露营之歌》的第一段歌词。

"七七事变"的消息传来，更加激发抗联战士的斗志，戴鸿宾军长率二师、三师、四师沿汤旺河进军，逐渐进入人迹罕至的小兴安岭原始森林和平如明镜的大小湖泊地区。为了掩护部队，要在密林中行军。当时正是伏天，森林里闷热异常。人多马多，坡陡路滑，每前进一步都很困难。丛林中的蚊蠓多得出奇，大得吓人，而又非常凶狠，能把两层单衣叮透。用手拍打，蚊蠓的血把衣服都染成了红色，马匹的身上也被蚊蠓叮得流出鲜血。晚间宿营，战士们点起烟火熏赶蚊蠓。

大约经过一个月的艰苦跋涉，终于走出小兴安岭。根据这段经历，回忆"烟火冲空起，蚊吮血透衫"场景。李兆麟谱写了《露营之歌》第二段歌词。

经过李兆麟的修改，《露营之歌》前两段已经在西征部队中开始学唱。胜利的凯歌和嘹亮的军歌同时传回老营，鼓舞着待命西征的将士们。11月初，正是进入深秋时节，"黄田遍野，白露横天"，留在伊春老白山第六军营地的高禹民按照前两段的风格和曲调，续写了《露营之歌》第三段歌词。

1938年12月，李兆麟率部队到达海伦八道梁子，完成西征任务。正要着手赶写第四段歌词，得知龙北王钧和常有钧两支部队受挫，常有钧遭到不幸，李兆麟就把写作任务交给时任一师政治部主任的于天放来完成。李兆麟徒步赶往北安找王钧部队。时值数九寒冬，北风怒吼，大雪飞扬，冰坚似铁，山石破裂，树木折断，鸟兽倒毙。八道梁子密营的窝棚在严寒里失去了御寒的功能，战士们只好篝火取暖。虽然环境艰苦，条件恶劣，但将士们杀敌报国的雄心壮志更加坚定。于天放面对此情此景，挥笔写下《露营之歌》第四段歌词，取名《冬征曲》。等到1939年3月，李兆麟带着胜利的喜悦返回了海伦的八道林子，接过于天放豪情迸发的手稿，略加修改，便谱曲教唱。密营里回荡着高昂雄壮的歌声。

原东北抗联第六军第三师师长王明贵同志回忆说："1938年，李兆麟带领第十一军一师和第六军教导队到达海伦后，他委托于天放同志起草了《露营之歌》第四段。"就这样，一边行军一边宿营，在战争的间隙中和战士们一路切磋一路修改一路传唱。从1938年5月写到1939年2月，经历了春夏秋冬四个季节和很多不同的地方，每段歌词都记载着每段战斗生活的背景。第四段歌词中"朔风怒吼，大雪飞扬"，正是海伦隆冬的写照，在这个季节，所有的生物似乎全部冬眠，唯有抗联战士跋涉的脚印久久印在寒冷的雪地上，铺展一串串信念，书写一路路忠诚。海伦的冬天，给作者以灵感，给抗联战士以激情；西征的战斗环境，是产生《露营之歌》的历史背景，那亲身经历的体悟，引发震撼世界的呐喊："全民族，各阶级，团结起，夺回我河山！"

回顾历史，我们不难看出，哪里有战争，哪里就有经典的战争歌曲。它以思想性和艺术性高度结合的特点，在军人核心价值观培育方面显示出独特的魅力，在引领军人精神生活，增强部队凝聚力、战斗力方面发挥出巨大的作用。无情的战争往往能毁灭一切，却毁灭不了战争中流传的战歌。在这激越的歌声中，我们感受到的不是伤感，不是悲痛，而是革命英雄主义精神，是忠诚于党的崇高信念所释放出来的壮美之情。由此可见，军旅歌曲源于艰苦卓绝的战斗历程，来自于健康向上的军营生活，同时又着眼于锻造军人的战斗意志，作用于培养军人的战斗作风，建功于强化军人的战斗精神。归根结底，服务于我军使命任务的圆满完成。

《露营之歌》是东北抗联西征的战歌，也是海伦历史的见证。它已成为中国抗战史中的宝贵财富，被纳入中国人民解放军军歌体系，成为东北抗联辉煌战争历史的重要组成部分，也必将成为海伦历史上浓墨重彩的一道靓丽风景。如今，透过历史沧桑，《露营之歌》至今仍然回响在巍巍兴安山脉、回响在海伦大地。

（三）抗联部队在海伦地区广开抗日游击战场

抗联西征的部队自1936年先遣部队进驻海伦，至1938年12月西征队伍全部到达西征的目的地海伦八道林子后，在海伦广开打击日本军国主义的游击战场，组织大小战役229次，有效地消灭了敌人的有生力量，有力地支援了全国抗日斗争。

1.袭击叶家窝棚日伪军

1937年7月，抗联第六军军长戴鸿宾率领第六军二师、四师、保安团、特务连等700余人的西征部队，于8月初胜利抵达海伦八道林子，与在这一地区开创后方基地的第三军六师张光迪部会合后，开始运筹抗击日军计划。戴鸿宾与张光迪认真分析了当地的敌情，决定由戴鸿宾率第六军部队攻打海伦的叶家窝棚（今黑龙江省红光农场址），张光迪率第三军六师部队攻打海伦侯大老爷屯。两处战斗同时打响，使敌首尾无法呼应。

按照统一部署，戴鸿宾率部接近叶家窝棚屯，向该屯守敌发起进攻。由于敌情不详，向导领错了路，误了进攻时间，敌人有了准备，负隅顽抗；加之带去的炮不管用，叶家窝棚久攻不下，抗联伤亡数十人，其中牺牲23人，被迫撤出阵地，向西转移到李钢烧锅屯伏击日军。

为了纪念牺牲的抗联烈士，1947年海伦县人民政府在县城东25公里的叶家窝棚西南山上、海红公路旁建立了抗联烈士纪念碑。

2.二战李钢烧锅，伏击鹰林、栗元部

1937年7月，东北抗联第三军第六师师长张光迪、第六军军长戴鸿宾率部队在海伦东北的李钢烧锅屯南（今双录乡双兴村），伏击了日本侵略军。这就是海伦抗日斗争史上有名的李钢烧锅战斗。

李钢烧锅屯位于哈拉巴山西麓、扎音河北面，从扎音河大桥到该屯有一条30度坡度的斜长公路。戴鸿宾军长和张光迪师长谋划定计，将抗联部队埋伏在公路两侧的柳条林子里，派伪屯长王文德去伪县警察署报告。海伦城里的日伪军接到报告后，立即纠集了日本守备队鹰林部、栗元部和一部分日伪警察共170人，分乘7辆军车，发疯似的扑向李钢烧锅屯。狂妄的日军自恃兵强、武器精良，企图一举歼灭抗联部队，一路上毫无戒备。当敌人进入伏击圈时，只听"砰"的一声枪响，第一辆车的司机丧了命，后面的汽车随之相互碰撞，停在公路上。张光迪喊："打！"激烈的战斗开始了。在我军猛烈射击下，车上的日军乱成一团，有的被打死在车上，有的从汽车上往下跳，脚还没落地就一头栽在地上。在我军突如其来的火力攻击下，日伪军抱头鼠窜。几十分钟后，抗联将士发起冲锋，枪上刺刀，闯入敌群，展开了白刃战，使敌人的机枪也无能为力了。经过半个多小时的拼杀，击毁日军汽车3辆，打死日军80余人，缴获"九二"式重机枪1挺，各种步枪70余支，子弹10余箱。为了纪念李钢烧锅战斗，海伦市人民政府于2011年在李钢烧锅屯战斗遗址建立了赵尚志、张光迪抗日纪念碑。

3.肖家沟子屯战斗

1938年8月4日，抗联第三军第九师师长王德富奉命到"三肇"地区开辟抗日游击区，当他率部行到海伦肖家沟子屯（福民乡万福村）时，与日伪军100多人遭遇，激战2个多小时，打死打伤日伪军40余人，余敌逃窜。

4.出奇兵制胜，夜袭日军军列

1938年6月13日，雷炎得到侦察员张全的报告，根据海伦车站交通员的情报，日军强征100多批好马做军马，打算夜里在海伦车站装上火车运往新京（长春），送给日本关东军。夜里11点发车开往新京，随车还有粮食、弹药等军需物资。雷炎同志经研究决定打一次劫火车夺军马的战斗。经过侦察地形，把80多人的队伍埋伏在东边井车站南，选择一处铁路两侧是山丘，火车前行是上岗的地段，作为阵地，布下伏兵。是夜，进入阵地后，安排5个战士扒铁轨，安排张全带领十几名战士控制军马，其余战士分两队埋伏在铁路两侧伏击敌人。

这时，就见一列混合军车沿着轨道向南开来，车头亮着灯，越来越明亮，前几节车厢有灯光，从敞开的窗户可以隐隐约约看到荷枪实弹的日本兵的身影。后边是敞篷货车，没有灯光。到近处时能听到马打响鼻的声音和用蹄子刨车厢的声音。正在战士们集中精力观望时，忽然轰隆、咣当一阵巨响，紧接着是一连串的噼噼啪啪的撞击声、爆裂声和人喊马叫声……就见那辆混合军列车头出轨，撅起了屁股，有的车厢上了撺，有的车厢翻进铁路旁的深沟里。有几个日本兵，正在从翻倒的车厢里往外爬，一边爬一边胡乱打枪。这时，雷炎挺身站起挥起匣子枪撂倒一个敌人，同时大喊："同志们，打！"早已迫不及待的战士如猛虎下山，一瞬间，把20多个晕头转向的日军全部干掉。100多匹军马连砸带撞，死伤不少。有的脑袋砸碎了，有的腿撞断了，有的肚子开了膛，战士们见到这个情况，很心疼！在翻车撞击时大部分军马被甩了出去，漫山遍野打转转，到处乱跑，咴咴直叫。张全带领十几名战士，一边撵一边吁吁地吆喝着。果然，这些军马还真听召唤，没到10分钟的工夫，全都抓住了，除了死的伤的还剩61匹军马。这时雷炎指挥战士也打扫完了战场，缴获了大批的枪支和十几箱弹药及衣物和粮食等物资。雷炎指挥战士把大部分战利品，用战马驮着、用人背着，迅速撤出了阵地，返回了东山里营地。

5.袭击张家湾警察所

1938年12月上旬，第三师师长王明贵、政治部主任于天放率部袭击了张家湾警察所。击毙了负隅顽抗的伪所长，俘虏了20名警察，缴获长短枪16支、弹药5箱及其他物资。

6.夜袭"一棵松"，端掉日本伐木公司

日军占领海伦后，疯狂掠夺粮食、木材等资源。在日本关东军的操纵下，在景家店林场南500多米的"一棵松"处，由日本特务机关株式会社在此建立了木材采伐公司，把小兴安岭原始森林的红松、槐木、柞木等珍贵木材大肆采伐，源源不断地运往日本国内。我

雷炎骑兵部队行进中

抗日军民对此掠夺行径非常愤慨，抗联第三支队长王明贵、政委于天放决定捣毁这个伐木公司，保护森林资源。遂派出了侦察排

长王志刚带领两名侦察员，到"一棵松"侦察日本伐木公司的日军兵力部署和武器装备情况，以便制定作战方案。

我侦察员接到命令后，在地下交通员的配合下，以伐木工人的身份，借日军运送木材之机，混入木材公司。秘密侦察后，回来汇报："伐木公司里约一个小队日军，100多人，常驻的日军有80多人，其余的做押运和采伐，不常驻这里。大门设有两个岗哨，4小时一换班。东南和西北设两个炮台，每个炮台配2挺重机枪，3人一班，4小时一换班。日军住宿在北屋的营房，西厢房是日军的仓库，东厢房是日军的食堂，有6名厨师是中国人。有120多中国的勤劳奉仕人员，晚间4个日军轮流看守。有8名日本株式会社的职员，负责采伐运输等事宜。"侦察的情报非常详细，并画了草图。"情报很详细，你们的任务完成得很好！"王明贵、于天放听完汇报后对侦察战士予以表扬。随后一个夜袭一棵松的完美作战计划形成。

1939年1月9日黄昏，王明贵、于天放率领抗联第三支队全体官兵120人，从海伦八道林子抗联根据地出发，借着夜幕的掩护，一夜雪岭急行军，于10日拂晓前到达了景家店"一棵松"日本伐木公司。按照既定作战方案，由二班长李铁带领3名战士摸掉敌人的岗哨；由一班长蒋全、六班长史治国各带5名战士端掉日军的两个炮台；由侦察排长王志刚带领一个排，袭击北屋日军营房；小队长郭成章带1个班的战士迅速控制株式会社的职员；由二班长刘海带领6名战士解决看押劳工的日军，并安抚好劳工，战斗打响后别乱跑；王明贵和指导员姚世同带领大部分战士从正面进攻；于天放和大队长白厚福带领一部分战士负责后面堵截，防止敌人逃脱。待摸掉敌人岗哨后，负责端敌人炮台的两组战士隐蔽接近炮台，后各部同时出击，要以迅雷不及掩耳之势干净彻底全部消灭敌人！王明贵详细做出布置后，立即下达了作战命令。当解决了敌人的岗哨后，攻击炮台、袭击日军营房和控制株式会社职员的战斗同时打响。王志刚带领战士如下山猛虎，冲入日军北屋的兵营，端起机枪猛烈扫射，有的日军在梦中被送上了西天；有的日军鬼哭狼嚎，不知所措，瑟瑟发抖；日本龟田小队长伸手去墙上想拿挂着的枪，被姚世同一枪毙命；有六七个日本兵逃到院中被王明贵等人逐一击毙；有几个日本兵从后窗逃了出来，也被于天放等人干净利落地送上了西天。与此同时，6个熟睡在炮台里的日本兵也分别被解决掉，史治国和蒋全居高临下用日军的机枪，向逃跑的日本兵扫射。住在东厢房的日本株式会社的8名职员听到枪声后翻身起来想摸枪，被8支枪口顶住了脑门，束手就擒。整个战斗前后不到20分钟，胜利结束。共消灭日伪军84名，俘虏株式会社职员8名，日军无一漏网。缴获重机枪4挺、轻机枪3挺、步枪100多支、弹药无数、各类医疗药品若干；马120多匹，大米、白面等粮食10 000多斤，猪肉、小鸡、罐头等副食品若干和一些大洋；还有大批的衣物、军帽、军鞋、军毯、钢盔、利斧、钢锯等物资。炸毁敌人运输汽车、卡车16辆，倒套子用的爬犁若干个。这次战斗的胜利，不仅武装了抗联，解决部队棉衣、武器弹药等急需问题，提升了部队的战斗力，而且有效地保护了我们的森林资源。

7.荣任支队长，雷炎首战告捷

荣任抗联第四支队长的雷炎，与政委关树勋、参谋长郭铁坚，带领第四支队活动在黑嫩平原东部、小兴安岭西麓的海伦、绥棱、庆城、铁力、绥化一带开展对敌斗争，沉重打击了日本侵略者的嚣张气焰。

1939年1月16日，雷炎率第四支队到达依吉密河支流小黑河。山外交通员刘大伯报告：庆城、铁力两县日本守备队和伪警察组成"讨伐"队进山"围剿"抗联。雷炎召开连以上干部会议，商议确定部队隐蔽待命，选派9名机智战士，扮成农民接近"讨伐"大队，先后被捉进"倒背队"，为敌人扛弹药、粮食等军需，同时留心侦察"讨伐"队员装备及行踪情况。"讨伐"队到张家湾宿营时，其中4位侦察战士半夜溜回第四支队营地，向雷炎报告："讨伐"队有30多名日军、100余名伪军、几十名"倒背"农民。敌宿营地离第四支队宿营地不足10里。雷炎当机立断，亲自率领经过挑选的50名骑兵战士把马蹄子用麻袋片包上，以减少雪地行军的声音，连夜急行军奔向张家湾。他指挥战士对敌突然袭击，里面的5名战士立即夺取武器，开枪射击，里应外合。惊醒的日伪军惊慌失措，乱作一团。雷炎率领众战士冲入敌营拼杀，打死30多名日伪军，余者逃窜。这次战斗解救了60多名倒背农民；缴获3挺机枪、50多支步枪、一大批食品和弹药，充实了第四支队的装备。

8.李老卓屯突围战，雷炎壮烈牺牲

1939年2月17日（农历腊月二十九），雷炎与郭铁坚率领第四支队80多名骑兵战士从海伦与绥棱交界的东山里密营地出发，沿崎岖山路奔向西南"大界"（指平原地区）。下午5点多跨过滨北铁路，在一个大屯子吃过晚饭，继续向西南进发，半夜来到海伦县李老卓屯（今共荣乡民强村）宿营。饱受日伪欺压的村民们，早就听说抗联专打日军汉奸，终于盼来，异常高兴，家家亮起了油灯，烧水做饭，拿出"年货"慰问第四支队将士。

由于该屯汉奸王成才告密，18日凌晨5时许，哨兵宋殿选发现四五辆军用卡车满载日伪军，开进屯西北二里外的张家油坊，要围歼他们所在的李老卓屯。当时雷炎和顾铁坚考虑到我方在暗处，敌人在明处，当天是大年三十，伪兵只想回家过年，没心思打仗，斗志不会强等有利条件，打胜这场反围歼是可能的。于是雷炎按屯东、屯西、屯南、屯北四个方向部署了兵力，要求大家选择好隐蔽物，沉着、勇敢痛击敌人。

到上午8时，敌人又从海伦、望奎、庆城、绥化等县调来日伪军、警察和自卫团近千人，从四面包围了李老卓屯。8点半敌人发起进攻。当敌人冲过离屯100多米时，雷炎下令"打！"隐蔽在暗处的战士打出几排子弹，冲到前面的日伪军倒下一片，后面日伪军乱了阵脚，纷纷卧倒。接近黄昏的时候，日军又从哈尔滨和肇东调来100多名日军骑兵。一小部分忙着运送伤兵，大部分进入阵地，枪声紧一阵、松一阵，看来，他们也是在等天黑。雷炎发现这一情况后，提前部署突围，将战士分为两部分，让郭铁坚参谋长带一部分战士第一批突围。第一批突围成功后，郭铁坚指挥突围成功的战士掉转马头与第二批突围战士里外夹击，扩大了缺口。这时，日伪军从屯西攻进屯里，雷炎领7名战士断后，第二批战士骑马往外冲，肖指导员负伤，忍痛挺起身来射击，吸引敌人火力。第二批战士突围成功，雷炎却不幸腰部中弹摔倒。警卫员把他扶到自己马背上一起冲出去，与战友们会合在克音河畔柳条通。雷炎因流血过多，悲壮牺牲在冰雪覆盖的克音河畔。临危时，雷炎对战友说："我死后把我的尸体扔到冰窟窿里，不能让敌人得到。同志们要继续战斗，直到把侵略者赶出中国去！"按照他的遗嘱，战友们把他安葬在老百姓打鱼凿开的冰窟窿里，上边盖上一层冰块和松树枝。大家眼含热泪，怀着极其悲痛的心情，向烈士鞠躬告别了。这次战斗，我方队伍虽牺牲了8名将士，伤7名战士，但敌人却付出等于我们十几倍的代价，毙、伤100多敌人。后来听附近老百姓说，仅敌人的尸体就载回几大卡车。

年仅28岁的雷炎烈士把全部精力和美好青春献给了家乡，

献给了党的地下工作、抗日武装斗争和民族的解放事业。海伦人民没有忘记他。为了缅怀烈士，解放初期，当地政府将海伦镇内雷炎曾就读的一所小学命名为雷炎小学；东西一条主要大街命名为雷炎大街；1968年，把海伦镇的一个派出所命名为雷炎派出所。1984年，在城西公园内修筑了雷炎烈士纪念碑，还在他的战斗和牺牲地（李老卓屯）建造了"雷炎抗日壮举碑"。1994年，将一公园命名为雷炎公园，并为雷炎烈士雕塑铜像。1999年，黑龙江省烈士事业基金会在雷炎小学为雷炎塑像。2016年，在纪念中国人民抗日战争暨世界反法西斯战争胜利70周年之际，雷炎被列为国家民政部第二批抗日烈士英名录。2017年，海伦市里投资480万元在雷炎公园内，建11 000平方米的雷炎烈士纪念广场。雷炎烈士纪念碑矗立在广场东侧的青松翠柏中，西侧雕塑的雷炎烈士跃马疆场、英勇杀敌的铜像高高耸立，以此告慰英灵！

9.王明贵三战连捷，震慑海伦日伪军

1939年2月初，抗联第三支队支队长王明贵、政治部主任于天放率领第三支队120多人的骑兵部队，从白皮营密营地出发，长途奔袭，袭击了董凌阁屯（东方红乡平安村）伪警察所，击毙负隅顽抗警察10余人，教育释放10多人，缴获了20多支长短枪、四箱子弹及其他物资，使这个扼守海伦东大门，为虎作伥的日本据点消失。

2月14日夜，王明贵出奇兵突袭绥棱孙炮营130多人的自卫团，打死打伤日伪军70多人，余者溃逃，缴获60多支枪、三挺轻机枪、若干弹药及其他军需物品。在日军援兵的追剿下，王明贵、于天放会师西进，甩开了敌追兵。正值春节前夕，趁日军防范松懈之时，发扬连续作战的精神，继续寻机袭敌。

2月17日晚，王明贵指挥部队，突袭了三圣宫（共合镇共祥村）伪警察署。经过激战，消灭伪警察30多人，有20多人投降，缴获了大批的武器弹药和大米白面等物资。共合镇伪警察署是日军镇守西南重镇的重要棋子。平贺旅团得到信息后，异常震怒。由于一部分部队已调往李老卓屯"围剿"雷炎部队，他抽调宪兵、警察和伪军气势汹汹地向共合镇扑来。可我部仅用40多分钟就结束了战斗，早已撤离阵地。

10.独立一师师长吴世英打掉日本开拓团

1939年4月，北满抗联独立师师长吴世英率队袭击了当时海伦境内安古镇日本群马开拓团。当时，吴世英从一位樵夫口中得知，该"开拓团"的主要兵力已被调外地去"讨伐"抗日联军，团部只有少数人留守，那里有许多粮食和军用物资。吴世英请示领导批准，率队去袭击"开拓团"驻地。当接近敌岗哨时，被敌发现，吴世英冲上前与敌哨撕抱在一起，敌哨先用匕首将吴世英刺伤，但吴世英死死抱住敌哨不放，其他抗联战士赶上来，将敌哨刺死。吴世英不顾伤痛，带队冲入敌营房，将18个日军缴械，砸开仓库，缴获枪100余支、子弹数千发，还有面粉、苞米、衣物等大批物资。

11.痛击伪警察大队，高继贤殉国

1940年7月，抗联第六支队副支队长高继贤率57名战士在海伦西南新立屯（今共荣乡民生村）与伪海伦警察大队80余人交战。高继贤身先士卒，手持轻机枪，指挥部队打退敌人多次进攻，将敌击溃，活捉了海伦县伪警察大队长王玉玺及警长等10余人，获枪10余支。在追击逃敌中，高继贤不幸中弹牺牲，时年30岁。

12.肖家沟子突围战，百姓修筑"红军坟"

1940年8月4日，抗联第六支队第十六大队队长隋德富，带领20多名战士奉命去明水执行任务，部队到达海伦县肖家沟子屯时已经是晚上，便在屯子东头老高家吃饭后住下。不料被汉奸报告了日本人。两个日军带领60多伪警察，摸到了屯子外，用机枪和步枪爆豆似的打了过来。抗联战士听到枪声，从梦中惊起，在隋连长的指挥下，摆开战斗队形向敌人还击。敌人人多火力猛，我方牺牲了2名战士，敌人死了10多个。抗联战士边打边撤，撤到屯南的麦地里，日伪咬住不放，又开始打，随后抗联战士撤退到前面的八撮房屯，甩开了敌人。有一名战士腿部中弹。连长找到李贵双家，给他留下了一些钱，委托他照看伤员，给治伤送饭。日伪警察经常搜查，加上各个屯子都有日军的汉奸和耳目，不敢把伤员留在家里，只好藏在苞米地，后来这名战士因治疗不及时，流血过多也牺牲了。等敌人撤走后，百姓们把这3名战士遗体抬到屯南的路边小树林里掩埋了。后来，人们都管这儿叫"红军坟"。

2015年，海伦老促会会同民政部门为红军坟修建了"三烈士纪念碑"，使九泉下的先烈得到了安慰。

13.夏家围子屯伏击战

1940年8月初，抗联第六支队在支队长张光迪、政委于天放率领下，在夏家围子屯（今永富乡连生村）伏击从海伦县城赶来"围剿"的日伪军，击毙50多名敌人，余敌20余人乘车逃回县城。

14.乌龙沟聚歼日伪军

1940年8月，抗联第六支队长张光迪、政委于天放率领官兵60余人，从夏家围子转移到海伦西南张铁脖子屯（今永富乡连生村）乌龙沟时，与日伪军100余人遭遇，发生激战，打死日伪军40余人，抗联战士于文波等2人牺牲。

15.郭铁坚智取一日伪警察分所

1941年8月28日，趁着月色，抗联第九支队参谋长郭铁坚率领十几名战士袭击了勤俭村（今爱民乡勤俭村）伪警察分所，击毙伪滨江省警务厅日籍警察3人。其他10余名警察被教育释放。

16.陈绍宾率四勇士力战群寇

1941年10月27日，抗联第六军第二师师长陈绍宾率4名战士，袭击了海伦伪西北警察分所（今爱民乡利民村），毙敌伪警长2人，打伤3人，缴获5支"九九"式步枪、子弹100多发。在转移途中发现2辆汽车运着伪军和警察，陈绍宾带领战士们埋伏在道路两侧，突然袭击，消灭了20多名敌人，但终因寡不敌众撤离阵地。伪军发现抗联战士只有4人，便在后面紧追不舍，最后在当地群众的掩护下，突破敌人包围，渡过通肯河，安全转移。

七、抗联西征会师海伦

从1938年6月到1938年12月29日，为粉碎敌人"大讨伐"的阴谋，北满抗联第三、六、九、十一军部分主力部队，分三批西征。历尽艰难险阻，冲破日伪军的围追堵截和重重封锁，先后到达海伦八道林子胜利会师，实现了伟大的战略转移。从而，使海伦成为北满的抗日斗争指挥中心和抗联聚散地。

1938年10月15日，中共北满临时省委常委、抗联第三军政治部主任金策率队到达海伦四块石后方基地，便开始召集各远征部队师以上干部联席会议，作出了在黑嫩平原开展抗日游击区的战略部署。为了加强对各军部队的领导，提议成立了江省西北临时指挥部。从此，以海伦为中心，开始了为期三年多的黑嫩平原抗日游击战。从1938年初到1941年底，海伦一直是北满省委和东北抗日联军第三路军的指挥中心和后方基地。

1939年1月2日，李兆麟在海伦八道林子密营召开抗联军事会议，决定成立西北临时指挥部，李兆麟任总指挥，冯仲云任政委，许亨植任副总指挥，冯治纲任参谋长，统一指挥到达海伦地区的西征部队。

指挥部成立后，接着召开了师、团以上干部会议。西北临时指挥部将已经西征到达海伦的抗联各部队统一编成了4个支队和2个独立师。同时为了便于分散作战时的领导指挥，确定了龙南和龙北临时指挥部。

龙南临时指挥部负责人徐亨植（兼）。

龙北临时指挥部负责人张寿篯（兼）。

第一支队支队长：张光迪、政治部主任：陈雷（由第六军一师六团、第三军三师八团一连组成）

第二支队支队长：冯治纲、政治部主任：赵敬夫（由第六军二师十二团、第三军三师八团二连组成）

第三支队支队长：王明贵、政治部主任：于天放（由第六军三师八团一连、第十一军一师某团一连、第九军一师余部组成）

第四支队支队长：雷炎、政治部主任：关树勋。参谋长：郭铁坚（由第六军三师八团二连、第十一军一师某团二连组成）

独立一师师长：任永富。政治部主任：周庶泛（由第三军一师组成）

独立二师师长：马光德。政治部主任：朴吉松（由第三军三师七团组成）

第一、二、三支队为龙北部队，归龙北指挥部领导。主要活动在海伦、嫩江、讷河、通北、龙门、克山、克东、德都、北安等地。第四支队和两个独立师，为龙南部队，归龙南指挥部领导。主要活动在绥化、绥棱、庆城、木兰、铁力、巴彦、东行等地。

为进一步加强对嫩海地区抗日游击运动的领导，中共北满临时省委决定成立中共北满临时省委嫩海地区代表团，代表由李兆麟、许亨植、侯启刚、王明贵组成，直接对省委负责。西北临时指挥部和嫩海地区代表团的成立，使西征到海伦地区的抗联部队有了统一的指挥和领导，更适应了抗日斗争形势发展的需要，在组织上为开展黑嫩平原游击战争做了充分的准备。

1939年1月28日，北满临时省委第九次常委会议在海伦八道林子密营召开。临时省委书记金策作了《关于北满抗日游击运动新方略》的报告。确定依托小兴安岭山区，在黑嫩平原地区开展抗日游击战争，建立巩固根据地的方针。这次会议是在北满抗联主力部队转移到黑嫩平原后的新形势下召开的一次非常重要会议。

1939年4月12日，以海伦为中心的黑嫩平原抗日游击区正向周边地区广泛开展，为重整抗日阵容，以适应新的斗争形势，召开了第二次执委会议。会议决定在党内撤销赵尚志北满临时省委执行委员并开除党籍处分；在军内撤销其北满抗日联军总司令及第三军军长职务。临时省委改为中共北满省委，会议选举金策、李兆麟、冯仲云为新省委常委，省委书记金策，组织部长李兆麟，宣传部长冯仲云，第三路军参谋长许亨植。对抗联进行整编，正式组成抗联第三路军。第三军军长许亨植，政治部主任张兰生。第一师政治部主任周庶范；第二师师长兰志渊，政治部主任吴景才；第三师师长许亨植，政治部主任常有钧；第四师师长陆希田，政治部主任于保合（代）。警卫团团长姜立新，政治部主任朴吉松；政治保卫师师长常有钧。整编后的各部队很快就在黑嫩平原开展了广泛的抗日游击活动，对日伪军给予沉重的打击。

1939年5月，北满抗联部队组成抗联第三路军指挥部，总指挥李兆麟，政委冯仲云，参谋长许亨植。第三军由许亨植担任军长、张兰生任政治部主任；第六军由李兆麟兼任军长，冯仲云兼政治部主任；第九军由郭铁坚任军长兼政治部主任；第十一军由李景荫任军长兼政治部主任。总指挥部仍设在海伦南北河八道林子后方基地。

1939年11月9日，李兆麟在海伦"四块石"密营地，召开龙北部队干部会议，部署龙北部队战斗任务。

黑嫩平原抗日游击区的开辟，使抗战烽火从海伦迅速地向周边的铁力、木兰、通河、庆城、绥棱、绥化、依安、呼兰、青冈、兰西、明水、望奎、肇东、肇源、巴彦、北安、拜泉、克山、克东、逊克、讷河、萝北等40余县轰轰烈烈地燃起，把北满东部的抗日游击区连成一片。最广泛地发动了人民群众，积蓄了抗日武装力量，使抗日救国、挽救危亡的思想深入人心，播撒了革命火种，形成了新的抗战高潮。

1940年4月1日，中共北满省委和抗联伯力第三路军总指挥部在海伦后方基地，部署了开展"红五月"纪念活动，要求所属部队以胜利战斗成果纪念富有革命意义的"红五月"，各部队响应号召，抗日武装斗争在各个地区广泛活跃开展。

1940年4月中旬，参加在苏联伯力召开的吉东、北满党代表联席会议的北满代表、中共北满省委常委、宣传部长、抗联第三路军政委冯仲云返回东北，到达海伦地区抗联第三路军指挥部后方基地八道林子，马上会见了省委常委、第三路军总指挥李兆麟，传达了伯力联席会议的基本精神。根据抗日游击运动以保存实力为主、逐渐收缩的方针和抗联部队改编的原则，抗联第三路军总指挥部决定，废除原来各军、师、团和临时编成的支队番号，将北满部队编成第三、六、九、十二4个支队。李兆麟、冯仲云首先到龙北部队，将龙北部队编成第三、九支队。第三支队长王明贵，政委赵敬夫，党委书记兼参谋长王钧；第九支队长陈绍宾（后由边凤翔接任），政委周云峰（后由高禹民接任），党委书记兼参谋长郭铁坚。随后，冯仲云南行，在东山里与北满省委书记金策会晤，将活动在绥棱、海伦地区的抗联第三军、第十一军一部合编为抗联第三路军第六支队，支队长张光迪，副支队长高继贤，政委于天放，党委书记朴吉松。随后，冯仲云到庆城、铁力交界的安邦河上游，会见第三路军总参谋长许亨植，将活动在这一地区的抗联第三军一部改编为抗联第三路军第十二支队，队长李景荫（后为戴鸿宾），政委由许亨植兼任，党委书记韩玉书。至此，东北抗日联军第三路军所属部队，按照统一编制原则，改编成第三、六、九、十二支队。第三、六支队以海伦为后方，活动于海伦、明水、青冈、绥化、兰西等地；第九、十二支队以庆城为后方，活动在庆城、铁力、绥棱、望奎、"三肇"等地。

北满抗联在海伦的抗日斗争坚持到1941年12月，李兆麟、王明贵、张光迪率领第三路军大部分队伍进入苏联教导旅整训。

1942年2月20日，于天放以省委特派员的身份，带领小分队从苏联返回东北，在海伦、绥棱一带开展抗日活动。

1942年8月，第三路军六支队政委于天放率5名战士在海伦县八方屯（东风镇八方村），宣传抗日救国，发动群众，扩大我党领导的抗日武装斗争的影响。

1942年10月，中共北满省委书记金策在庆城山里召开抗联第三路军龙南抗日联军干部会议，决定将第三路军在东北的各小部队50多人统一编成三个小分队。于天放、张光迪小队在海伦、绥棱山区活动；朴吉松小分队在铁力、庆城山区活动；张瑞麟、鈕景芳小分队在巴彦、木兰、东兴活动。

1944年8月10日，抗联第六支队政委于天放在海伦县马场（东林乡长荣村）宣传抗日。

1945年8月9日，东北抗联教导旅随苏联红军返回东北，接收三省各地人民政权，迎接解放曙光。

北满抗联西征到海伦，在这片洒满烈士鲜血的神圣土地，集中了北满省委的全部领导人和第三路军的所有指挥员，并多次召开党政、军事会议，指挥全省的抗日斗争。我们说在那个特殊的历史时期"海伦是抗联第三路军和中共北满省委当年的根据地"（《东北抗日联军史》下册），是响当当的革命老区，名副其实。从1936年到1941年，在四年多残酷的战斗岁月中，北满抗联以海伦为指挥中心，以南北河抗日基地为大本营，从南到北、从东到西拓展了40多个县的抗日游击区，使抗战烽火覆盖2 000多平方公里。此种荣光与辉煌已载入民族解放斗争的史册。

第七章 党领导人民反抗日本殖民主义统治斗争

　　1932年6月3日，是海伦人民耻辱难忘的日子。日军平贺旅团以"入城式"的狂放行为占领了海伦。从此，海伦沦为日本帝国主义的殖民地，人民过上了亡国奴的生活，饱受日本侵略者的残酷统治。

一、日本殖民主义统治体系的确立

　　日本侵略者在实行殖民主义统治的同时，十分注重各项殖民体系的建立，实质也是实行法西斯专制的罪恶手段。

（一）强化军事统治体系

　　日本侵略者在海伦不仅驻有守备队、宪兵队和伪军，同时还建立起庞大的伪警察机构。伪县公署在县城设警务科（开始称警察局），在海伦城内、海北、伦和、三圣宫、海南设5个警察署（1932—1944年）。在县城四门和十字街设5个警察分驻所，在农村设24个分驻所，5个警备中队，全县共有警察700多人，开始时有570人。到1935年建立特务情报网，县警务科增设特务股，各警察署增设特务系，收买、利用一些民族败类分子充当日本特务，搜集我地下党、抗日游击队、抗联及反满抗日爱国群众活动的各类情报。

除地方警察机构，还设许多专业警察，诸如经济、森林、铁路等警察。在关东军保安局的指挥下，严格监督、控制抗日军民的一切行为。

1932年6月1日，日军500多人的先头部队进入海伦城；6月3日，日本平贺旅团举行入城仪式，2 000多人入驻海伦城；随后日本守备队1个中队，官兵214人；伪国军混成旅第十四旅步兵第二十四团第一营官兵350人；日军步兵300多人进驻海北镇；伪警察队骑警5个队、步警2个队，设伪警察署5处、伪警察所12个，共有伪军警590人，总计3 954人。

1932年12月，伪黑龙江省高等法院第一分院所属海伦地方法院成立，统管地方司法审判事务。日本侵略者利用军、警、司法等专政工具，维护其殖民统治的社会秩序。维护地方社会治安的伪警察机构为虎作伥，作恶多端，动辄就抓"思想犯""经济犯""国事犯""私通共匪犯"等。

（二）稳固政权统治体系

1932年7月，伪满洲国海伦县公署成立，谓1署3科，即总务科、警务科、教育科，此外还设立农务会、商务会、警备队、电话局和金融机关。按伪满洲国规定，各县实行参事官制度。参事官由日本官吏充任，美其名曰"参事官辅佐县长"，但实质上是日本参事官统揽县政一切大权。1932年秋起，绥化地区各县先后派来了日本警务指挥官。

1933年8月，伪满洲国民政部按照日本侵略者的旨意，对各县发出训令，严令重建县政，实行官吏的正式委任令；将各县分为甲、乙、丙、丁四级，依此公布官吏定员；对其他县政进行调整，以图刷新、掩人耳目。按其训令，伪海伦县公署成为适应日本帝国需要的统治工具，将海伦的县级政务纳入殖民主义统治的轨道。1933年12月，伪满洲国颁布了《暂行保甲法》。伪海伦县公署对全县实行保甲制。即每10户为1牌，以1村或相当区域内划定的牌数为1甲，一个警区域内的几个甲为1保，下设5区9保83甲，保和甲设立自卫团。牌之居民如有犯罪者，伪警察对该牌各家长课以连坐，以此确立日本侵略者对地方的统治地位。

1934年3月1日，日本侵略者将伪满洲国执政制改为君主制，溥仪被推上了"皇帝"宝座，同时改国号为"满洲帝国"，改其年号为"康德"。溥仪身居皇位，其实是彻头彻尾的日本侵略者之傀儡。1934年10月，日本向海伦派了经理指导官，1935年又配置了产业指导官，全面掌控了县级政治、经济、警务、司法大权进一步强化了对海伦县的殖民统治。

1939年1月7日，伪满洲帝国实施街村制。伪海伦县公署将原5区9保83甲改为31街村，即海伦街、海北街和29个村。1941年又实施大街村计划，改成26街村，即海伦街、海北街和24个村，共有372区屯1 146部落3 621牌。其中街设街长、副街长，下设庶务股、行政股、财务股；村设村长，下设庶务系、行政系、财政系。街村的改变，其基本目的就是加强日伪基层政权的统治力度，自下而上筑牢日本殖民主义统治的根基。

（三）建立健全"协和"意识体系

1932年7月15日，伪海伦县"协和会"成立。日本侵略者为了抵制中国人民的反满抗日意识，采用了"思想战"，通过伪协和会组织进行欺骗性宣传。伪协和会的宗旨是进行"王道乐土""日满一德一心""民族协和""忠于友邦""忠于天皇"之类的思想意识教育，用以泯灭中华儿女的民族意识。它又是配合日伪推行伪政权法令，在政治上迫害和屠杀中国人民的政治组织。

1936年7月，伪县"协和会"改名为伪"满洲帝国协和会"，在全县各街、村建立分会，以从事"策反"、"招降"和搜集情报为主要活动。1938年4月，伪海伦县公署设置"青年协和团"、"协和少年团"、"协和义勇团"和"青年训练所"，对青少年进行奴化教育，实行"王道乐土"之类的殖民主义思想控制。1941年4月1日，伪"满洲帝国"建立"协和会"，伪县政府实行"二位一体制"。

从伪"协和会"初建到实施"二位一体制"，从奉行专职"亲善""教化"之名到在伪县公署成为执政的"二位一体制"，足见其殖民主义统治野心，借"协和"之名，行殖民主义统治之实。

（四）强化殖民主义奴化教育体系

1932年，日本侵占海伦后，极力推行"日满亲善，共存共荣"的奴化教育。伪大同元年，海伦有初、高级小学共35所。1933年，县立中学只有2个班。

1938年10月，伪海伦县公署按伪满洲帝国的要求，实施新学制，把原"六三三"学制，改为"四二四"学制，缩短两年。小学分为"国民学校"，学制为四年；高级小学称"国民优级学校"，学制二年；中学改称"国民高等学校"，学制四年。通过缩短学制的伎俩，控制民族子弟成材，其用心十分险恶。

按照日本侵略者的规定，一律废除原有中国教材，采用日式新教材。新教材的"国民课"占全部课程的一半，其内容是宣扬"大东亚共荣"之类，并有一半课程用日语传授。新学制、新教材成为殖民主义奴化教育的有效措施，学校成为奴化教育的驯服工具。学校领导权操纵在日本人手中。在"国民优级"以上学校，由日方派出主事的副校长、军事训练官，日本派往学校的人员逐年增多。在学校里，日本人说一不二，唯我独尊。1941年，海伦县成立"女子国民高等学校"。至1942年，全县有"国民优级学校"18所、"国民学校"114所、"省立国民高等学校"、"省立女子高等学校"各1所。1933年到1942年间,海伦小学由1 633名在校学生发展到11 700多名在校生,中学由一处50名在校生发展到两处528名在校生。教育虽有发展,然而,奴化教育使学生受到精神摧残是非常严重的。秉承日军旨意,培养学生忠于日本天皇,忠于伪满洲国。不让学生知道自己是中国人,每天早晨遥拜日本天皇,背诵《国民训》及以傀儡溥仪的《即位诏书》《回銮训民诏书》《时局诏书》等。每周还有两节"建国精神"课。其内容无非都是颂扬忠于日本天皇和伪满洲国皇帝以及"建设王道乐土""大东亚共荣圈"等。日语占课时三分之一以上,各科教材内容多选亲近日本感情的材料,以趋向日本国体精神,使原有的中国传统民族文化如"五经""四书"等历史经典几乎被销毁殆尽,完全使用新编的"国民义塾"教材。总之,把中小学校变成日本奴化中国人、培养日本"顺民"的阵地。

随着新教育制度的实施,法西斯奴化教育措施的完善,日本殖民主义者将教育作为基地,培养其为"侵略圣战,安邦治国"所需用的人才。

日本教师对学生非打即骂,遂以体罚,同时在学校实施"勤劳奉仕"制,强迫学生从事体力劳动。小学生每年两个月的劳动时间,中学生每年四个月的劳动时间,强迫学生种地、修北门外飞机场,按人分配劳动任务,限时完成,由日本人或警察监工,完不成任务,不但遭受打骂,还不给饭吃,严重摧残学生的身心健康。

国高教师郭正华、郭文元、杜效白谈论对日本奴化教育不满情绪,愤慨日满侵略罪行,被特务告密后三人被捕入狱;小学教师王某某宣传、参加抗日活动,被特务告密遭到逮捕后杀害。

日本军国主义在东北,从学校教育入手,对中小学生灌输殖民主义理念,从小培养日本顺民,为其长期占领中国、奴役中国人民做战略上的准备。

二、日伪时期的殖民统治

从1932年6月3日到1945年8月15日光复，日本侵略者对海伦的殖民统治，罪行累累，罄竹难书。

（一）政治压迫

日伪时期，只准讲"日满协和"，不准说是中国人。警察署对各村实行"十家连坐制"，即一家有事十家同罪。经常稽查户口、巡夜、检查行旅，对"犯嫌者"以"思想犯""国事犯""沟通共匪犯""政治犯"等罪名，逮捕坐牢，甚至杀害。1939年日军还颁布了《经济保安法》，对大米、白面等实行经济统治，不准市场自由交易，违者以"经济犯"惩治。伪警察、特务和村公所的伪职员，为日军抓劳工、催"出荷粮"，穷凶极恶。当时海伦流传："时气点低遇见吕明溪，不是打掉魂，就是扒层皮"，"时气操蛋碰上王汉"，"不怕天旱水涝，就怕王汉来到"等顺口溜。这是两个汉奸所作所为的真实写照。伪警尉吕明溪外号"吕大绝后"，当三圣宫警察署长时，打死百姓11人，打伤致残的30多人。王汉是百祥伪村公所动员系长、情报员，外号"王大巴掌""北霸王"。全村16个屯，30至50岁的男人，没被他们打过的人几乎没有。抓劳工、催"出荷粮"时打死数人。类似他二人的伪警察、伪职员不在少数。

被日本人豢养的特务遍布海伦城乡，无孔不入，无恶不作。他们四处乱串，搜集与反满抗日有关的情报，逮捕和杀害我同胞40多人。日本侵略者在海伦14年的统治，罪行累累，难以尽述。

义勇军领导顾英、顾顺，抗联第三支队参谋长陈树波，县委机要员陈兴振，县游击队交通员屈万山，小学教师王某某都是因特务告密而被日军杀害的。日伪统治的14年，海伦处于白色恐怖之中，老百姓提心吊胆，度日如年。

（二）经济掠夺

为了掠夺北满的资源，日军首先修海克铁路，连接齐（齐齐哈尔）克（克山）路与呼（呼兰）海（海伦）路，还修主副两线的公路690多公里，当然是以中国百姓为苦力。其目的是为他们的军需和掠夺资源创造运输上的方便。

1.掌控流通

1932年，伪满洲国中央银行在海伦设立支行。1934年6月30日，伪"满洲帝国"政府公布：自7月1日起，东北旧币停止流通，必须兑换伪"满洲帝国"新币；9月1日起，伪"满洲帝国"货币与日本货币等价。1938年11月，成立伪"满洲帝国"兴业银行海伦支行，掌控民族工商业货币流通。以此控制了海伦乃至东北的金融流通。1942年7月8日，对工商产业实行"组合制"。当时全县共有工业企业116户，商业企业955户，用贷款组合、粮栈组合、专卖品组合、马铃薯加工品等44种组合，通过各种组合，对工商业品种均限价出售，控制县经济命脉。伪县公署还特设立"经济整备委员会"，负责完成44种组合的硬性指标，以实现其经济掠夺的根本目的。

2.掠夺木材

1934年，日军在海伦设置森林事务所，1936年改为营林署。在陈家店、景家店等地开设伐木公司、伐木场，拔毛式地砍伐优质树木，累计一亿立方米以上，加工成材运往日本国内，使海伦80%的森林地带变成了秃山。

3.掠夺亚麻

1934年起，亚麻厂开始由伪哈尔滨亚麻股份有限公司管辖，后来垄断为隶属日本关东军。廉价收买原料，把每年生产出千吨以上的长麻、短麻全部运往日本国内。

4.掠夺畜产品

1938年至1940年间，日军在海伦先后设立马匹防疫指导所、种马场等机构，1942年还建立马籍。从1939年起，直到1945年8月15日无条件投降，日军每年从海伦强行征用军马1 000余匹、军用肉食牛1 000多头。还有禽类产品无法计数。

5.掠夺粮食

1939年，日军颁布"满洲特产物专管法"，对粮谷、油料实行严格统治。以低廉价格强迫农民签订出荷粮谷契约，春订秋出，不管收成好坏必须完成指标，以支援"大东亚圣战"。1940年至1944年，因天灾人祸，粮食产量下降，而出荷粮反增不减。军、警、宪、特齐出动，使用暴力迫害手段，横征暴敛，威胁农户完成指标。据史料载：1940年全县出荷粮2亿斤；1941年1.8亿斤；1942年2亿斤；1943年2.5亿斤；1944年3亿斤。平均年交粮2.3亿斤，占年平均产量的60%以上。每年冬季，对完不成任务的农民，伪警察、伪职员组成"搜荷班"，持枪、带刀、拿着棒子和铁钎子，挨门挨户搜查粮食。翻箱倒柜、刨炕洞，翻柴草垛、土豆窖、猪圈，翻出粮食一粒不留，全部拿走。交不出粮食的农民惨遭毒打、出苦役，甚至坐牢。粮谷出荷后，许多农民吃糠咽菜，饥寒交迫致死者村村皆有。粮谷出荷成为全县农民的一大灾难，百姓不堪重荷，苦不堪言。

6.掠夺土地

日军为了缓解本国地少人多的矛盾以及"圣战"的军需，疯狂地强占土地建立"开拓团"，以种地掠夺粮食。1939年，在十三井子（今海伦农场）和双录乡归屯并户，强行驱走居民2 966户，设立了群马（安古镇）、叶家（红光农场）、万顺、三井（海伦农场）、红布（双录乡红布屯）等5个开拓团。还有对店大训练所、万顺小训练所、海风屯开拓民一处以及水师营（今永和乡腰窝棚屯）开拓团，共强占土地111 490垧，占全县土地20%左右，其中既耕地1 482垧。1935年5月，日本拓务省制定的《关于满洲农业移民的基本方案》，计划从1936年起，五年内向东北移民10万户，足见其妄图逐渐长期侵占我国领土的狼子野心。

（三）思想奴化

经济上的掠夺仍饱和不了日军的贪婪欲望。为牢固其长期统治的根基，还制造"精神鸦片"，从思想上奴化人民。在社会上，大肆宣扬"日满一心"、"日满亲善"、"建设王道乐土"、"大东亚共荣圈"、"大和民族是世界优秀民族"，等等。旨在把人们教化成俯首帖耳、任日本人摆布的亡国奴。

（四）鸦片毒害

日伪当局在1932年公布《鸦片法》，设立鸦片专卖公署，1937年颁布鸦片断禁方针，规定不登记不售鸦片，既断禁，又纵毒。同年8月，海伦设救疗所，后称康生院，劝人戒烟是假，贩卖鸦片是真。海伦城乡有较大的烟馆11处，40多家妓院也是贩毒、吸毒的场所，全县年售鸦片5 377两。1938年统计吸鸦片的多达16 468人，占全县人口的4.8%。吸鸦片残害身心健康，破坏家庭，许多吸毒者倾家荡产，卖儿卖女，甚至沦为乞丐，惨死街头。

（五）实行"勤劳奉仕制"

1942年11月，伪满洲国公布《国民勤劳奉公法》，规定国兵体检连续三年不合格者为"国兵漏子"，编入勤劳奉仕队。勤劳奉仕队按军事编制建立大队、中队和小队。伪县公署奉行日伪政府的"勤劳奉仕制"，由伪县公署劳工科管理。队员连续服役三年，不给任何报酬，除进行军事训练外，每年要做四到六个月的苦役。

日伪当局把国兵漏子、流浪汉抓起来进行集中训练，从事修筑工事、飞机场、挖矿背煤、采伐木材、种地等繁重的体力劳动。随着日本侵略者战争的不断扩大，现有劳力难以满足维持法西斯专政统治的需要，后来把中小学生也纳入"勤劳奉仕"序列，以补充劳力的不足。据不完全统计，仅从1942年到1945年日本投降，海伦被强迫"勤劳奉仕"的5 328人，被累死、打死、病死的约1 300人。

（六）实行劳工制

1940年，日伪当局制定《统制劳务》，实行"劳工制"，规定14岁至50岁男性国民都有劳工的义务，即日本人的苦力。穷人不想去也得去，有钱人家摊上也不去，雇人顶替，去的都是穷人。实际上，劳工不是派去的，而是抓去的。1940年至1942年间，海伦县被抓去的劳工8 804人。劳工九死一生，能够生还的是少数。劳工为日军挖山洞、修军事工程或修公路及上矿山背煤等，活重、劳动时间长、住冷屋、吃橡子面，遭受非人的待遇，不是冻死、饿死、病死、累死，就是事故致死、被监工打死，更残忍的是军事工程竣工后为了保密被集体处死。尤为令人发指的是，有些劳工患病没等断气就被扔进恶狗圈，或扔进坑里活埋。日军残害劳工，惨无人道，严重违背了国际公法。

三、党领导海伦人民反抗殖民统治

"哪里有压迫，哪里就有反抗和斗争。"日军的欺压行径，点燃了广大民众奋起反抗的怒火。在中国共产党的领导下，海伦各界民众站在了反殖民统治斗争的前沿。

（一）领导海伦工人进行抗日斗争

中共海伦党组织针对日军对工人的压榨行径，深入到工人群众中做宣传发动工作，组织以罢工为主要形式的反抗斗争，并从中培养和发现骨干力量，发展党员和游击队员。

1933年4月，海伦党支部宣传委员张显涛组织发动海克路200多名建筑、土木工人举行罢工，提出反对押薪、克扣工资，成立伙食管理委员会，反对打骂工人等5项要求，最后取得了胜利。在斗争中组建了工会、工人联合会和工人反日会等组织。

海伦建筑工人罢工

1933年6月14日，中共海伦支部派党员发动土木工人进行罢工斗争。二三十名土木工人在铁路站台上召开了棚工工人的露天大会，因"把头"对工人克扣工资，毒打工人李福，激起工人义愤。工人要求公布各种账目，拿出由公司下发的物品发放单。这一举动使"把头"惊慌失措，答应到月头算账时一定把所有发放单发下去。从此公司不敢再克扣工人工资和辱骂殴打工人了。

同年7月，中共海伦特支派有组织能力的朱玉珍负责工人运动。他深入到土木工人群众中进行宣传活动，很快发展了20名工会会员，并在会员中发展了1名党员。

同年，中共海伦特支在领导脚行工人增资的斗争中很快发展了7名工会会员，其中三菱脚行有3名工会会员毅然地参加了抗日游击队。在土段工人中，海伦特支派党员参加了20多天生产劳动，发展了3名工会会员。同时领导50多名工人开展了反抗走狗二掌柜和监工随意打骂工人的斗争和索薪斗争，工人们据理力争，均取得了胜利，使200多名土段工人看到了团结起来就是力量，增强了对日斗争的勇气。

1933年9月在党的领导下，呼海铁路2 000多名建筑工人举行大罢工，要求增发工资。海伦铁路150多人参加，罢工10天，日伪当局不得不答应工人的要求。

1934年秋，中共海伦特支派顾旭东到建桥工人中进行抗日宣传和发动工作。不久，几十名建桥工人在顾旭东的领导下举行罢工，要求增加工资。日伪当局对工人实行了种种诱惑和威胁手段，企图把罢工斗争压下去。海伦特支立即增派党员到工人中进行宣传鼓动，使工人们团结一致，坚持斗争。罢工持续了10天，日伪当局无可奈何答应了工人们提出的要求，工人取得了罢工斗争的最后胜利。

1934年冬，日本侵略者在海伦县南门外建立了海日亚麻株式会社，生产半成品亚麻原料。所招募的工人在系长及其御用的监工监管下劳动。工人劳动条件太差，常常受系长、监工的打骂，稍有不服，就投进厂内小监狱，如若反抗，就送去外地做苦役。日方强迫工人每天劳动12小时，没有假日。在党的宣传发动下，于1935年3月初，工人李国珍、"关秃子"率领100多名工人举行罢工，要求厂方减少劳动时间，增加工资。罢工坚持了3天，日方只好答应工人每天工作10小时，并增加工资，从打每斤麻1分5厘增到1分8厘。

1936年8月，海伦中心县委与绥棱火车站党支部共同组织工人，配合抗联第三军六师刘团长所部，拦截日军押运的旅客列车，打死13名押车的日军，缴获13支大枪和一批子弹。

自从有了党组织的发动和领导，使工人阶层及社会各界反日斗争此伏彼起，风起云涌，有力地撼动了日伪统治的根基。

（二）领导农村开展抗日斗争

海伦县农村人口占县总人口数为90%，开展农村的抗日斗争也是至关重要的一个层面，而且具有长远的战略意义。

1933年9月，按照中共满洲省委的指示，全面开展了农村反日群众组织的创建工作。中共海伦党支部先后派孙余久、韩相国、老谢、老于、聂五刚等5名党员深入到农村开展工作。如韩相国利用算命先生的身份作掩护，走村串户，扎实发动群众，使抗日救国的主张和政策深入人心。到1934年底，已发动了30多个屯子，发展100多名农民反日会员，建立了48个群众反日组织，200多名抗日救国会会员，发展了30多名党员，建立了十几个党支部，还建立了雇农会、游击队、农民义勇军、农民赤卫队等各种抗日组织284个，3 400余人。从组织的发展到队伍的扩大，都收到了预想的结果，使原来一些沉睡的乡村，变成了抗日战线上赤色的根据地。

1934年初，中共海伦特支召开了特支干事会，决定深入到农村去，发动组织农民在年关期间广泛开展反满抗日的签名运动，进行募捐和发动年关斗争。特派党员到农村开展签名运动，从中发现培养抗日积极分子，并将其发展为中共党员。其中韩子正是做好这项工作的典型之一。他是个半盲人，思想进步，善于广泛联系群众。海伦特支利用韩子正的长处，在农村中发展抗日会员。他走家串户，深入各家进行抗日宣传，联系自愿参加抗日活动的群众100多人，到1934年12月，新发展党员33名，农村新建党支部18个。

1935年8月1日，中共驻共产国际代表团草拟了《为了抗日救国告全体同胞书》（即《八一宣言》）。中共海伦中心县委按照中共满洲省委的指示，宣传落实《八一宣言》的精神。顾旭东印成1 000多本小册子，秘密下发到基层党支部和党员手中。重点开展了拥护党的抗日救国纲领的宣传活动，以及慰问抗日联军开展募捐活动，唤醒了广大民众，为加强反满抗日的领导做了思想上的准备。

1936年1月9日，海伦中心县委集中力量开展"红五月"活动。为了扩大抗日救国宣传，创办了《海伦县反日人民小报》，以此为阵地，大力宣传共产党的主张和政策，发放到反日会员和积极分子手中传阅，产生了巨大的影响。还从满洲省委取来一批《东北抗日救国总会纲领（草案）》和《抗日救国会章程草案》，发放到各支部，指导全县抗日救国运动。到1936年底，海伦中心县委已在农村建立党支部或党小组25个，发展党员100余人，建立反日会、救国会、雇农会、义勇军等进步组织300多个，积蓄进步抗日力量4 500多人。党的抗日救国主张的广泛宣传，使许多农民群众觉醒，加入了抗日救国的行列。

四、海伦人民支援武装抗日

（一）支援马占山抗日

海伦人民在党的领导下，不怕流血牺牲，勇往直前，在支援武装抗日等方面，以崇高的民族气节和爱国情怀，做了许多实际工作，涌现出许许多多可歌可泣的动人事迹。

1931年11月22日江桥抗战失利后，马占山率领军政两署和八大处撤至海伦，城内广信公司、大兴当等商家就积极为马占山建立省政府和驻军创造必要条件。海伦人民夹道欢迎马占山将军进驻海伦，建立省政府，并与黑省人民一道推举马占山为东北民军总司令。

在马占山转战海伦期间，海伦人民组成慰问团、担架队、运输队、为马部运送武器弹药，粮食等，救护伤员，慰问在前线浴血奋战的官兵，激励抗日将士的斗志。

在松浦会战时，海伦人民为马占山部队提供粮草，冒着风险送往前线。

海伦灯泡厂工人为马部制造手榴弹，改制炮弹，支援马占山义勇军。

海伦国高教师郭振华，中学教师反日会员郭文元、杜效白等，先后组织两批爱国学生投身到马占山抗日义勇军，杀敌报国。第一批是1931年12月，海伦中学80名学生与全国各地500名爱国学生一样，投身到马占山抗日义勇军，被编入华兴亚学生团；第二批是1932年7月上旬，海伦、拜泉200名学生投身到马占山义勇军。

（二）为抗联密送军需给养

1936年冬到1938年夏，北满东北抗联开始西征。张光迪率部创建了海伦东山里南北河八道林子等抗日后方基地。特别是李钢烧锅伏击战和冰趟子战斗的胜利，极大地鼓舞了海伦人民。在中共地下党员和救国会等进步力量的宣传动员下，海伦百姓踊跃支援抗联和游击队，为抗联提供情报，筹集物资，支援抗战。

爱国乡的卢万银，双录乡的关景堂、王万江、王明新、王明思、张才、华永海、陈大乌拉头、刘万库、耿兰田，东林乡的顾文山、董延维等许许多多知道姓名的和那些隐姓埋名、默默奉献的群众无法尽数。在此，择其重点加以概述。

1.关景堂两进密营送军需

双录乡刘洪录屯（今双建村）关景堂，家里租种几垧地，有一挂马车，经常到东山里拉运木材，结识了抗联战士王海峰，经王海峰介绍又认识了张光迪。他看到抗联战士在如此艰苦的环境下坚持抗日，深受感动。第一次是他以给山里采伐的木营送粮食为借口，机智地通过了日伪、警察的盘查，将400多斤粮食送到东山里八道林子密营地。第二次是他看到天寒地冻，抗联战士缺衣少鞋，难以抵御零下40多摄氏度的严寒，有的战士冻伤了手脚，非常痛心。回到村子，秘密串联农户捐钱，做大羊皮袄120件、狗皮帽子120顶、牛皮乌拉120双、毡袜子240双，冒着生命危险，躲过敌人的道道封锁线，送往抗联密营地。可谓鱼水情深，雪中送炭。

2.王氏父子三上东山送打援粮

双录乡坝墙子屯（今双山村）王万江在地下党组织的动员下，得知抗联战士缺衣少食，心急如焚。当时给抗联送粮叫"打援粮"，此事风险性很大，一旦被告密，轻者坐牢，重者杀头。尽管如此，没有动摇王万江支援抗战的信念，三次冒险进入深山给抗联部队送给养。

第一次，他秘密召集全家开会，苦口婆心地做家人的工作。征得全家的同意后，秘密地将家中的粮食、布匹、衣物、被褥、食品、食盐等装了四花轱辘车，带领两个儿子王明新、王明思凭借对山区路径的熟悉，绕开敌人哨卡，从鲜为人知的羊肠小道将物资送到东山里八道林子的抗联队伍手中，解决了抗联战士缺衣少粮的燃眉之急。而且从此自家还成了抗联的秘密联络点，有时还为抗联当向导、送情报。抗联领导戴鸿宾、张光迪、王明贵等曾多次到王万江家，共商支前的有关事宜。

第二次是靠着王万江在当地的威信，动员全村老百姓给抗联捐献粮食和衣物。为保密起见，都是分批指派到一个屯，落实到人，单独行动，然后由王万江亲自押车，送往指定地点。

第三次是王万江冒着风险，亲自动员附近的坝墙子屯、张家屯、王胜达屯、吴天方屯等五六个屯的老百姓，给抗联送了大批粮食、衣物、马匹、牛肉、猪肉等，光马匹就送了30多匹。这一次是王万江事先与抗联张光迪师长联系好的。还是他们父子三人亲自带队，由抗联战士在指定地点接收，规避了风险。为抗联的生存和发展做出了贡献。

1951年8月，中央人民政府北方老根据地访问团来到海伦，召开了海伦县抗日庆功大会，把王万江请到台上，披红戴花，受到了中央访问团领导的接见。会上，颁发了毛主席的亲笔题词："发扬革命传统，争取更大光荣"的奖状，还有中央访问团的慰问信。毛主席的题词和慰问信至今还被王万江的后人珍藏着。

3.董氏兄弟为救治伤员惨遭毒刑

董廷宪，字凌阁，家住今东方红乡平安村董凌阁屯，他们兄弟五人，是一个有几十口人的大家族。家有良田千垧，几十个长短工。老三董廷选最能干，外面交际广，曾与当时海伦地下党顾旭东的父亲顾文山磕头拜把子。后其子董玉田又与顾旭东义结金兰，受顾旭东爱国思想的影响，成为一个思想进步的爱国青年。

一天，董家一个长工到张兴店南的柳条通放马，发现一个人受伤躺在那里，就回来告诉了董廷选，说好像是枪伤。董廷选嘱咐长工不要跟别人说，就到柳条通去看。那个人因流血过多已昏迷。他担心被汉奸和日本人知道，不敢往带回家里，就叫长工砍柳条子，在董家苞米地里支起一个临时窝棚，拉一小车麦秸铺在窝棚里，又从家里拿来行李，找大夫买药治疗。每日送的饭都是肉蛋鸡鱼营养餐。过了十多天，那人的伤口开始愈合。一天，董廷选与长工赶着马车以打马草为名去看伤员，发现一个陌生人鬼鬼祟祟地跟在后边。回来后董廷选越想越不对劲，就同长工连夜把伤员送到董家窝棚（今二良种场）碾坊里藏了起来。果然，第二天一大早，日军在汉奸的带领下到董凌阁屯老董家搜查，又到地里搜查，发现了窝棚，于是便把董凌阁和董廷选哥俩同时抓到了海伦日本宪兵队审问。董凌阁已同三弟董廷选说好："有啥事都往我身上推，咱哥俩不能都死，你得出去。"宪兵把董廷选毒打一顿，因董凌阁全承担了过去，就把董廷选先放了回来。宪兵轮番用灌辣椒水、上老虎凳等酷刑折磨董凌阁。他抱着必死的信念，什么都没说。由于没有证据，三个月以后把董凌阁也放回来，但人已经被折磨得不成样子了，没几个月就含恨去世了。董廷选被放回来后，急忙把那个伤员送到东山抗联那里，接触了王明贵和于天放。从那以后，王明贵、于天放到董家来了几次，都是同董廷选单独联系，商量抗日的相关事宜。

由于董廷选受到日本人的摧残，身体很虚弱，就由老四董廷维当家做掌柜的。从那以后，由董廷维变卖土地房产，买枪支弹药等物资支援抗联，多次给抗联送粮食、棉衣、棉被、棉鞋、食盐、药品等物资。夏天赶着花轱辘车，冬天赶马爬犁，绕开敌人的重重封锁，不怕艰难险阻，不畏牺牲，历尽艰辛，为支援抗联做出了特殊的贡献。

4.江三先生巧为抗联送食盐

海伦西乡江家烧锅是全县有名的大地主，家有良田两千余垧。掌柜的叫江泽民，排行老三，人称他"江三先生"。他曾留学日本，任过北安省议员。为人正直善良，关键时刻敢为百姓说话。粮谷出荷，曾帮助交不上粮食的村民交粮。家里特备十几间房子，常年开粥棚，供老、弱、残者常年吃住，一分钱不要，人称他是开明的乡绅。一天，江家烧锅私塾先生接到友人为抗联送300斤食盐的任务。他知道江泽民过去曾为抗联捐过粮食、猪肉、棉衣等，就和他说此事。江泽民一口答应。可是当时日军为了困死抗联于深山，在通往山里的交通要道设岗严查。怎么才能送到山上去呢？私塾先生心里一直在合计着。

一天晚上，江泽民把私塾先生叫到自己的卧室，拿出已办好去景家店林场采伐木材的许可证和日本人开的"路条"给他看，说出了自己的送法，并叫私塾先生联系好山上的接收人员。私塾先生紧紧握住江泽民的手，表示赞许。

江泽民把300斤食盐放在大锅里融化，再把家人已做好的15套新棉衣放在锅里浸泡，然后烘干。一天早晨，让早已安排好的15个采伐工穿上浸盐的棉衣，坐上备好的5副马爬犁，带上马草料和一些伐木工具，大模大样地出发了。一路上关卡很严，把草料袋子捅个稀八滥，未发现什么问题，见有通行证件，只好放行了。历经两昼夜的行程，送到了抗联密营地，张光迪师长早已做好了接收盐的准备，让大家脱下浸盐的棉衣，换上了备好的棉装，这时，大家心里的石头才算落了地。

后来，在"土改"期间，有个叫刘子厚的人，钻进了农民会。他趁区委书记去县里开会之机，以莫须有的罪名侮辱江泽民，并游街。江泽民不堪凌辱，自尽了。当即有人骑马到县里送信，区委书记闻之大怒，命来人马上回去把刘子厚抓起来。这时刘子厚已经逃跑。区委书记回来后，派人四处搜查，终于抓到他，查明是个逃亡地主，当即枪毙了。

5.顾旭东毁家纾难，满门忠烈

一部革命家史，就是一本活生生的历史教科书，对我们后人具有强烈的启迪、鞭策和教育作用。

1932年5月，顾旭东的堂兄顾凤起义抗日。为了防止日军和汉奸的报复和杀戮，顾旭东、顾凤、顾英、顾顺把全家人和直系亲属都护送到了东山里的部队营地。顾旭东13岁的弟弟顾凯旋给部队放马。顾旭东父亲顾文山和两个长工守家，接应人员，筹集粮食、衣物、药品等物资支援部队。由于日军对这支部队实施"围剿"，部队经常转移，顾家人怕拖累部队，又举家离开部队，回到了老家顾家屯。

在残酷的斗争环境中，堂兄顾凤、顾顺、顾英及叔父顾文德先后牺牲，被追认为革命烈士；其妹妹顾静华、弟弟顾凯旋、妻子张玉秀都投身到抗日斗争的洪流。

1932年9月，满洲省委派雷炎、孙余久到海伦开展党的地下工作。1933年初，经雷炎、郭振华介绍，顾旭东加入了中国共产党，以海西小学校长的身份作掩护，开展工作。

他家时常接待南来北往的地下党人和上级领导。为了不被特务汉奸发现，他们经常搬家，没有稳定的生活。

1936年10月，赵尚志率领东北抗日联军第三军西征到达海伦，打了几个大胜仗，极大地鼓舞了海伦人民的斗争热情。为了支援抗日联军打击日本侵略者，海伦县委组建了以县委机要员高洁为主任的妇救会，张玉秀与顾旭东的妹妹顾静华一起参加了抗日妇救会。她回到家乡组织妇女做衣做鞋支援抗联，动员父亲顾文山用家里的种地收入，为抗联购买枪支、子弹和药品，把家里的粮食送给抗联部队。

1937年6月间，顾旭东、郭振华、韩相国等46名同志被捕。张玉秀为了支援抗联，搭救丈夫，无暇照顾家庭，5岁的女儿"小砖头"因患肺炎不幸夭折。

当时正是东北抗日斗争最艰难的时期，地下党组织遭到严重破坏，游击队和抗联给养跟不上。顾文山与儿媳张玉秀深明大义，变卖了家产和大部分土地支援抗联，并遣散了长工。许多长工出于对日本人的义愤，对张玉秀凛然正气的敬重，大都参加了抗联队伍，奔赴抗日战场。

1939年2月18日正值春节，由于顾旭东被捕入狱，妻子张玉秀回顾家屯陪父母过年。张玉秀得知王明贵、于天放带领的抗联第三支队进驻拉拉屯、顾家屯。她就动员乡亲拿出各家准备过年的小鸡、猪肉、豆包等物品慰问抗联战士，组织妇女为战士缝制衣服、鞋帽，将自己家的四口肥猪杀掉，全部送给抗联部队。

1944年，伪满洲国"建国十周年"搞了特赦，顾旭东于1944年4月被释放出狱。1945年8月15日，日本无条件投降，海伦党组织还没有恢复，国民党乘机接收政权，一些汉奸走狗成了接收大员、特派员。顾旭东冒着生命危险化装进城，寻找雷炎烈士的夫人刘志敏和幸存的地下党员，在苏联红军的支持下，在历史转折关头，从敌伪手中夺回属于人民的政权。

其父顾文山把自家的百余垧土地全部捐献给新生政权，开办实验农场，用生产的粮食支援全国的解放战争，为人民的解放事业做出了重要贡献！

顾旭东全家参加革命斗争，一家四烈士，受到了海伦人民的景仰。后来，乡亲们给顾家送来一块匾，上书"威震东方"四个鎏金大字，这是对顾旭东一家，毁家纾难、满门忠烈的充分肯定。现在该村为老区村，仍保留"振东村"的称号。

6.海伦百姓三救于天放

于天放，原名于九公，哈尔滨市呼兰区人，1931年5月加入中国共产党。1938年11月，于天放随北满抗联西征部队到达海伦八道林子，先后担任第三、六支队政委。1941年12月，于天放率队赴苏联远东地区，参加教导旅，进行整训。1942年2月，于天放以东北抗联第三路军总部特派员身份，返回东北，开始了第二次在海伦地区战斗的艰难岁月。于天放的英名远播北满大地。日军公开悬赏5 000大洋，捉拿于天放将军。其间，于天放多次历险，靠他的大智大勇和人民群众的竭力掩护，终于一次又一次化险为夷。本文所记述的是于天放在海伦脱险的几段传奇故事。

地窖避险。1941年夏秋之交，于天放被日本人追捕。一天，他来到了共荣乡友爱村，经打听得知徐殿阁是屯长，此人是个开明绅士，很有民族气节，于是，就闯进徐殿阁家。两人见面后，于天放直截了当地说："我是于天放，是抗联的，日本人正在抓捕我，几天没吃喝了，先给我弄点吃的。你要是没有中国人的血性，就去告发我得赏；你要是有中国人的良知，我就在你这躲几天。"徐殿阁赶忙说："于将军大名如雷贯耳，鄙人久仰将军威名，我绝不是见利忘义之人……"

吃饭期间，从谈话中得知，于天放是一个地富家庭出身的知识分子，为了老百姓不当亡国奴才舍生忘死。徐殿阁深受感动，于是担着杀头的风险，赶忙把于天放藏在了地窖里，后因地窖潮湿，又安排在二层棚上躲避，每天于天放吃饭时，他都亲自在外面站岗，并有联络暗号。几天过后，日军在一无所获的情况下，偃旗息鼓。于天放才告谢了徐家，重踏征程。

假扮新郎。1943年6月的一天，于天放化装成商人，带领的3名警卫，化装成跟班的，秘密进入海伦城与中共地下党员、抗联交通员张爱国联系，商讨如何宣传抗日救国，发展进步力量，恢复海伦的地下党组织等事宜。

7月12日，于天放的活动被海伦的四大汉奸之一吕明溪察觉，报告了日军。日本宪兵队队长栗元鹰林得到密报后，悬赏5 000大洋捉拿于天放。

这天，于天放利用张爱国与老屯姑娘刘喜香结婚之日为掩护，在海伦西市场张乌拉家的店铺里召开救国会员会议。张乌拉（张爱国之父，救国会会员）名叫张文，在海伦西市场置办了房产，开起了乌拉铺。正开会期间，于天放的卫兵突然发现日军、宪兵、特务纷纷出动，急忙报告于天放，随即散会，参会人员到前厅佯装坐席喝喜酒。张文急忙把于天放和3名警卫安排到夹层墙里。夹层墙是为了防止兵匪之患，在仓库的北山墙内修了一个夹层，有5米多长，40厘米宽的空间，是用于储藏贵重物品的。随后张文到大厅去招待客人，极力渲染喜庆气氛。

这时汉奸吕明溪带领一大群日军、宪兵、警察凶神恶煞般地扑来。"谁是掌柜的？"张文说："长官，我是，我家正在办喜事，到屋里喝一杯喜酒吧。"吕明溪说："接到密报，抗联的于天放在这里开会，把人给我交出来！"张文说："今天是我儿子结婚的大喜日子，哪有什么于天放开会呀。""给我搜！"日伪汉奸如狼似虎地扑到屋里，用枪顶着人们，分成几伙对住宅、店铺、作坊以及仓库都进行了搜查，扳倒了货架子，砸烂了柜子，掏了菜窖，掀翻了床，也没有发现什么，只好走了。

张文琢磨如何能将于将军送出城去？于是他来到仓库找于天放，说出了自己的一个周密想法，于天放同意试一试。第二天由于天放穿上新郎张爱国的新婚礼服，带着张爱国的良民证，扮成新郎；3名警卫带着3个伙计的良民证，扮成家人跟班的，由张文赶马车，并带了一包喜糖、两瓶东北小烧、两只烧鸡、两个猪肘子，来到了北城门"送新娘回娘家"。把守城门的伪军小队长赵忠，首先过来拦住了马车。"张老板，不知戒严吗？"张文说："赵队长啊，这不是犬子新婚，三天回门嘛。媳妇的娘家是城北长发区的，这风俗不能改。老熟人了，行个方便吧。"于天放趁势将一包喜糖撒给守城门的日伪军，这些人在地上抢起了糖块。日军军官手里塞满了酒肉，就说："吆西，开城门。"就这样于天放顺利撤出了海伦城。

假坟藏身。1944年8月的一天夜里，于天放带领6名战友穿梭于海伦东部的山林或庄稼地里。由于饥饿、疲劳，不得不敲响马场屯（现属东林乡文明村）王慧卿家的房门。他自我介绍说："我们是抗联的，我叫于天放，日本人正在抓我们，两天没吃东西了，在你家躲一躲。"开门人急忙说："我知道抗联是打日本的，快进屋。"他急忙让妻子做饭。恰逢一匹两岁的小马死了，就烀了一锅马肉，招待于天放饱餐了一顿。

王慧卿家里很殷实，当时种瓜，地里有个瓜窝棚。吃完饭，王慧卿就让他们把剩下的小米饭和马肉装在米袋里，先到瓜窝棚隐藏。

第二天，听一个农民说："来了很多日伪军在东边地里拉大网，赏大洋抓于天放。"王慧卿一听心想不好，这般搜索，瓜窝棚是藏不住人的，就偷着跟儿子王承显说："你快去瓜窝棚，把于天放转移到咱家假坟里去。"假坟是王家为了躲避土匪修的，上面由一人多高的蒿草覆盖着，有秘密进出口，下面是一个地下室，很宽敞，还有谷草搭的铺。于天放看后挺满意。随后日伪军一窝蜂地扑到屯子、庄稼地、柳条通，包括王家瓜窝棚，坟地也未能幸免，却一无所获，就到别的村子去搜捕了。王承显拿着黄烧纸假装上坟去送饭。

一天晚上，王慧卿来到假坟地下室，于天放问明了外面情况后，感到这里不能久留，日伪军很可能会杀回马枪，不能连累王慧卿一家。王慧卿说："等夜深我回去做些干粮，你们带着路上吃。"临别，于天放握着王慧卿的手激动地说："老哥，相信共产党一定会把日本强盗赶出中国，如果那时候我还活着请去找我。"王慧卿说："你们才是百姓的希望，多多保重！"这时，不远处闪出一个黑影消失在夜暮中。果然，第二天日伪军真的杀了一个回马枪，直接闯入王家，五花大绑抓走了王慧卿和王承显父子。日伪军把他父子二人押到了哈尔滨监狱严刑拷打，爷俩宁死不招。3个多月后，人被折磨得不成样子。王慧卿一想，不能爷俩都死在这啊，就自己承担了。于是日伪军释放了王承显，把王慧卿判了刑。直到1945年"八一五"光复，王慧卿才得以出狱。

在海伦，老百姓与抗联战士鱼水情深的故事还有很多：家住扎音河北岸的荀维范舍4匹马救抗联伤员；家住双录乡双生村的金明江为抗联送食盐被抓劳工；县公署话务员贾文学帮助抗日军民脱险；家住永和乡的谢八仙在东山里的窝棚中为于天放疗伤；海伦街里刘家卦馆刘均衡变卖首饰，积极营救顾旭东，真是不胜枚举。这些只是海伦人民支援抗战的一个缩影。他们的赤胆忠心、勇于牺牲自我的民族气节和高尚的爱国情操，至今仍被人们传为佳话，恒久地留在人们的记忆里，成为激励人们建设美丽家园、报效祖国的精神动力。

海伦人民在中国共产党领导下，坚持了十四年血雨腥风的斗争。十四年山河破碎，生灵涂炭，民不聊生的国恨家仇，令人铭心刻骨，永怀不忘；十四年英烈们的碧血丹心、辉煌战绩、可歌可泣的壮举，为中国的抗战史添写了精彩的花絮；十四年的抗战洗礼，锻造了海伦革命老区人民天下兴亡匹夫有责的爱国情怀、宁死不屈的民族气节、坚韧不拔百折不挠的必胜信念、不畏强暴血战到底的英雄气概，成为我们弥足珍贵的精神财富。十四年的抗战，虽已成为久远的历史，但它穿越时空，至今仍在震撼人们的心灵，激励海伦人民继往开来，奋进搏击，践行着强国富民之梦，值得欣喜高歌。

第三篇 ★ 解放战争与新中国建立时期

（1945.8—1949.10）

抗日战争胜利后，中国人民热切希望实现和平、民主，建设新中国。然而，国民党统治集团作为大地主、大资产阶级的政治代表，不要和平民主。他们的目的是继续维持国民党的一党专政，建立一个大地主大资产阶级专政的半殖民地半封建的国家。由于中国共产党及其领导的革命力量的存在和发展，是它实现上述目标的主要障碍，因此，它急于发动全面内战，企图在半年左右的时间内消灭中国共产党及其领导的人民军队和解放区政权。海伦人民在中国共产党的领导下，建立新政权，强化根据地，为全国解放付出巨大牺牲，做出重要贡献。

第八章 海伦党组织领导夺取和巩固政权

恢复和重建中共海伦县领导机构，开展建军、建政，巩固新生政权的斗争，是抗日战争胜利后海伦成为我党我军后方巩固的根据地、支援东北和全国解放的首要任务，也是全县人民的共同心愿。在党的坚强领导下，海伦人民发扬抗战时期的革命老区精神，进行了一系列卓有成效的斗争，并取得决定性胜利。

一、海伦在东北根据地建设中所处的地位

在东北根据地创建之初，黑龙江省辖区划分五省一市，即黑龙江、嫩江、松江、合江、绥宁五省和哈尔滨特别市，归中共中央东北局北满分局统一领导。新中国成立前后，虽经几次省区划变更分合，但海伦县始终隶属黑龙江省管辖。

1945年8月15日光复后，海伦县位于中共北满分局（原黑龙江省）管辖区域南端，南距哈尔滨特别市200多公里，位居黑龙江省腹部，小兴安岭西麓，松花江平原与嫩江平原的结合部。是世界仅有的几块肥沃的黑土地之一，农事发达，耕地面积多，人口多，资源多，产粮多，具有较大的森林木材蓄积量。铁路纵横南北，联通北安、黑河，连接齐齐哈尔到满洲里达苏联境内沟通西伯利亚大铁路。当时有比较先进的粮米加工企业。这

里早在1929年就有中共地下党开始活动，随后建立县级党组织，是北满较早成立中共特支的县份之一，也是东北抗联开展抗日游击战的地区之一，有较好的群众基础和反帝、反封建、反殖民地的优良传统。可谓物华天宝，人杰地灵。海伦是当时省内区域有重要影响的节点县，对周围县有较强的引领幅射能力，是小区域的政治、经济中心。苏联红军进军东北前就曾经和抗联教导旅研究决定：进军重点抢占东北57个战略要点城市。在这些战略要点之中，北满、西满现黑龙江地域的几个省就有36个城市为战略要点：大战略要点7个，其中就有海伦。当时，最北端的黑龙江省三个重要要点城市是北安、绥化、海伦，共下辖9个小战略要点，海伦下辖绥棱、克东两个小战略要点（《中共黑龙江历史》第530页）。海伦是当时的中心县，周边的绥棱、明水、通肯、拜泉、依安县均盛产粮食，人口相对集中，能提供较多的兵源和军需。把其建成稳固的革命根据地，对于东北最北端的黑龙江省和嫩江省的根据地建设具有举足轻重的重要影响和强有力的支撑作用，其地理位置非常重要。

二、地下党组织开展接收政权的斗争

（一）国民党分子勾结日伪残余，妄图窃取政权

日本投降后，海伦县的国民党员首先抢接伪满政权。1945年8月15日，伦河小学校长、国民党海伦知行分社主任李友芝从无线电台中听到日本投降的消息和蒋介石关于成立维持会等待国民党接收的指示后，当夜召开吕述朋（长春伪警尉）、孙成九（春发厚药店经理）、东茂公（教员）等9名国民党员参加的会议，商定成立国民党党部、维持会以及接收日伪政权的对策。8月16日，在西大营伪军十二旅部开会，李友芝主持，伪警察署署长周振国、伪法院院长徐士辅、伪十二旅旅长富俊善、伪协和会主任

尤宗汤、国民党员伪警尉吕述朋等参加。会上决定，成立治安团，令周振国组织伪警察，令商会连夜赶制民国巡警制服。

8月17日，换上民国巡警制服的伪警察组成的治安团和伪十二旅部分伪军，偷偷开到城西胡家沟屯，巡逻半天，乱放一阵枪。8月18日早晨，这支不伦不类的军队，打着国民党旗帜，骑着日军洋马，耀武扬威地开进海伦县城。伪县长郭连璧等动员伪职员、伪官吏、绅士、商人、市民组成稀稀拉拉的队伍夹道欢迎。然后在伪县公署院内举行欢迎国民党接收海伦的庆祝会，吕述朋代表国民党讲话，周振国代表治安团讲话。

8月19日，以苏联红军米特洛夫上校（任海伦苏军卫戍司令员）为首的2 000名苏联红军进驻海伦，实行军事管制。

苏军的进驻，李友芝等国民党分子没加理睬，仍照计划进行接收政权的一系列活动。8月20日，在伪县公署成立了国民党维持会，伪县长郭连璧为会长，海伦街长陶永武、伪法院院长徐士辅、伪协和会主任尤忠汤为副会长，伪警察署长周振国为警务部长。这一天，国民党骨干党员开会选举李友芝为书记长。8月21日，在伪协和会挂牌成立国民党党部。8月23日，抽国民党员、维持会成员、治安团警察组成宣传团，分赴海南、祥富、伦河、海北、双录、东边6村（乡）与伪村公所、伪警察分局的人共同组织72个宣传班，打着维持治安的旗号，宣传国民党接收海伦。9月3日，李友芝、郭连璧等人在公园召开欢迎国民党中央接收大员大会，国民党黑龙江省党部负责人柳国栋代表接收大员讲话。9月7日，国民党哈尔滨市党务专员办事处组织科长刘友连（陈友连）来海伦举行授勋仪式，发给李友芝海伦党部书记长委任状，同时任命吕述朋等10名国民党员为绥棱、绥化、望奎、明水、拜泉、通北、北安、黑河等地国民党党部书记长。海伦成立7个区分党部，活动猖狂，组织村（乡）维持会，收编伪警察、地痞、流氓成立治安队，到处要粮、要款、要酒、要肉，稍不满意就棍打鞭抽，鱼肉百姓，搜刮民财。

（二）组建海伦县委、民主政府和人民武装

在国民党紧锣密鼓、换汤不换药地接收政权的过程中，共产党海伦地下组织在苏军支持下，进行人民政权的接收的各种准备工作。曾在海伦抗日的原中共海伦县委宣传委员顾旭东，由于曾在日伪监狱中坚贞不屈，敌人没有得到任何证据，又赶上伪满洲国"建国十周年"搞的所谓大赦减刑，于1944年4月出狱。他和苏军海伦卫戍司令米特洛夫于1945年8月22日、28日连续召开会议。参加会议的有刘志敏、金伯臣、张海林、曲元茂等党员，讨论建立人民政权和人民武装问题。在苏军支持下，8月25日成立中共海伦县支部，顾旭东任书记。8月末，从哈尔滨伪满监狱出来的抗联战士和中共地下党员闫继哲、高云梯、于兰阁、张显涛、赵文有、刘文祥等10名同志来到海伦，增强了共产党的力量。9月5日，苏军卫戍司令部副司令卡尔尼乔夫和顾旭东共同进行接收政权的准备工作，组建中共海伦工作委员会，顾旭东任书记。9月13日，受在苏联境内新组建的中共东北委员会的派遣，原抗联第三军六师师长、苏军海伦卫戍副司令、中共东北委员会海伦地区负责人张光迪从苏联回国，率领马文峰、张文荣、于文世等抗联战士到达海伦。鉴于东北形势，共产党尚未公开，张光迪、顾旭东与苏军卫戍司令部协商，9月21日成立"红军之友社"。顾旭东任社长，高云梯任副社长，张光迪为苏军卫戍区的军方代表，组成人员有共产党员和接近中共的进步人士40多人。从此，中共海伦工委以此名义对外开展工作。"红军之友社"主要任务是筹备建立新政权；接收敌伪物资；组建人民武装；维持社会治安；训练培养干部；团结爱国进步人士；宣传共产党抗战功绩和主张。

鉴于李友芝等国民党员从事军管期间的非法活动，9月26日，

在苏军海伦卫戍司令部的支持下，"红军之友社"查封了国民党海伦县党部，缴了治安团的枪支，解散了县维持会，接收了伪县公署、伪警察署、电话局及日伪财产，"红军之友社"全面接管了海伦县政权。到此，海伦才真正解放，真正回到人民手中。

1945年10月23日，中共中央派来的徐明、丁秀、张骇青、李超等晋察冀边区干部到达海伦。11月5日，中共黑龙江省委批准成立中共海伦中心县委，徐明任书记，丁秀任副书记，顾旭东任组织部长，李超任宣传部长，管辖绥棱、拜泉、明水、依安（泰安）、海伦等五县。1945年11月9日召开100人参加的海伦各界代表会议，选举高云梯为县长，张骇青为副县长。11月12日成立海伦县各界人民民主联合会，主任顾旭东，副主任李超，下设组织、宣传、工人、农民、工商、文教、民族、妇女、青年等九部，负责人分别由刘志敏、邢广仁、邱兰蕃等担

海伦中心县委书记 徐明

任。该组织是共产党领导下的群众性团体，通过宣传党的施政纲领，充分反映人民群众意见、要求，行使民主权利。随后，在组建县党政领导机构的过程中还组建了县大队，负责保卫地方政权、剿匪、平叛、维护社会治安任务。县大队长为韩克狄、副大队长为廖明义，下辖两个连、一个独立营。全县六个区均设区中队，县大队由中心县委直接领导。

县大队建立之初，缺少装备，人员严重不足，需要吸收扩充队伍，加强力量。光复前后，在双录区靠东山里的边缘山林草原间，活动一支百十人的由贫困农民和猎户组成的绿林武装。这支队伍多打大户，特别是搜集日本开拓团和垦殖移民的枪支、弹

药、财物，从不骚扰乡间百姓。中共海伦县委决定想方设法收编这支队伍，壮大县大队力量，以适应形势的需要。通过了解，找到一个同组织失去联系、与领头人范万昌（后为县大队副大队长、大队长）有过交往的抗联战士孙德全做中间人，两头串通投诚改编条件。在相互取得信任达成一致的意见后，地下党负责人顾旭东以"红军之友社"的名义，带领刘文祥同志，乘一辆大马车，车上装着从日伪缴获的两箱骆驼牌香烟，一些香肠、酒和罐头，直奔范万昌部的驻地双录乡坝墙子村。双方在友好诚挚的气氛中进行了认真的谈判。顾旭东对范万昌等说："'红军之友社'是共产党领导的组织，得到苏联红军的大力支持。共产党是为解放穷人打天下的党。你们都是穷苦人出身，应该投入人民的怀抱，接受共产党的领导，参加县大队，保卫人民。"顾旭东晓之以理、动之以情，边讲革命道理，边做说服工作，并答应这支队伍，收编后，原

海伦县第一个人民政府
县长 高云梯

建制不变，武器弹药和给养等全由县里供给。终于使这支队伍接受县委改编。

　　与此同时，黑龙江省军区成立了三个支队分别进驻北安、海伦、绥化三个中心县委所在地，后改称黑龙江省军区警备一、二、三旅。黑龙江省军区警备二旅（二支队）驻海伦，旅长张光迪，政委由中心县委书记徐明兼任，副司令员康步云，政治部主任赵承丰。这支驻海伦的部队主要由海伦保安队（团）的200人为基础组成，下辖两个步兵团、一个骑兵团。骑兵团长范万昌，政委于兰阁。

为培养急需干部，1945年9月至1946年5月，海伦县工委（后为海伦中心县委）还创办军政干部学校，培训四期学员。第一期学员来自海伦、绥棱、拜泉、明水、依安等县，多数为抗日积极分子，还有些进步人士；第二期主要是海伦进步教师和青年；第三、四期是海伦中心县委管辖县选送的青年干部。主要学习《新民主主义论》、《论联合政府》、《关于重庆谈判》以及中国革命运动史。800多名学员毕业后，基本达到初中毕业程度，担任各级党政军群组织领导工作，保证了以后"土改"、大生产、建党、建政和支前工作的顺利进行。

（三）没收敌伪财产

没收敌伪全部资产，建立新的生产经营秩序，是新生政权执政的重要经济基础。

1.接收日满火磨

海伦日满火磨的前身为怡顺栈、同大火磨。1929年北满呼兰海伦铁路建成通车。5月，大连民族实业家于鹤岗前来海伦考察北满小麦生产情况，遂选县城东北岗，俗称小龟地为厂址建怡顺栈火磨厂，厂房建筑材料系青砖、白灰豆浆混合砂浆砌筑五层磨楼，1929年8月6日竣工。随后，于鹤岗之弟于鹤伍紧连怡顺栈火磨建同大火磨厂，于1930年8月6日竣工。两厂于1931年1月投产，由股东马希盛经营管理。该厂是哈尔滨以北大型的现代化制粉企业。生产的产品有砂子面即颗粒粉。制粉厂前、后各有两道铁路专用线，供小麦入厂、面粉运出之用，运输便捷。1937年被日本军方和日伪当局收购，为侵华日军制作军粮面粉供日伪人员食用。光复后收回公有，由地下党和民主政府领导，先后委派刘文革、梁俊之、马平主持生产临时管理，后委任大连来的山东籍地下党员李玉晶（又名李玉春）担任经理，主持生产管理工作，建有党支部，但没有公开活动。怡顺栈内称一厂为大磨、同大称二厂为小磨。东北民主联军、东北局派干部到达海伦后，划归东北行政区粮政局领导经营，改厂名为东粮海伦制粉厂，又称海伦军粮加工厂。有职工215人。制粉厂驻有军代表，实行军事管制。1956年该厂交海伦地方管理。1957年，二厂设备及人员调到牡丹江市建厂，制粉一厂人员及设备移交给海伦县地方管理，对外称海伦县制粉厂。该厂在解放战争、抗美援朝战争中为东北民主联军、第四野战军、中国人民志愿军部队提供数量巨大的面粉、炒面，为中国革命和建设做出了突出贡献，为奠定海伦县国有经济基础，建立国营粮油加工企业起了骨干作用。据统计，1946年至1949年四年，该厂经营小麦24 571吨，共生产面粉17 050吨，大多为军队所用，仅1949年一年就加工小麦9 571吨，生产面粉6 250吨，少量供应地方，大多军用或供应大、中城市。

2.接收日本海伦亚麻株式会社

日本侵略者为进一步掠夺中国的物资和财富，于1932年在海伦建立满日亚麻株式会社，年生产能力为1 000吨混合麻，日本人小野为经理，管理人员均为日本人，对中国工人进行打骂欺压。光复后，地下党和民主政府对其接收，后交给东北纺织局，厂名为东北纺织局海伦亚麻纤维制造厂，由黑龙江省纺织公司领导管理。新中国成立后，交归海伦县地方管理领导，厂名为海伦亚麻原料厂，是海伦县较早的国营工业企业之一。

3.接收日伪海伦曙光电灯厂

该厂原为日伪中央银行经营管理的企业，有发电机一台、燃煤动力蒸汽机一台，可连续发电，年运转128天，日运转12.4小时，发电量178 699千瓦。接收后由县民主政府管理。

4.接收资本家油坊

首先接收永和隆油坊。该厂为资本家私营企业，掌柜刘春阳。始建于1936年，1938年竣工投产，1945年10月5日由县民主政府收归国有，更名为海伦第一制油厂。厂址在海伦火车站铁路十八道线南，有铁路专用线，运输便利。主要设备为人力螺旋榨，日加工大豆3万斤，日产豆油3 000斤，主要供应军需。1947年归东北粮政局经营管理，1956年移交海伦县经营管理，改名为海伦县制油厂。同时，接收了另一资本家油坊，成立海伦第二制油厂，厂址在原第一塑料厂院内。于1958年迁厂到海北，更名为海伦县海北油厂。此外，还利用接收的资本家资产由政府组建海伦第三制油厂，后与海伦制油一厂合并。

5.接收日伪邮政和电讯设施

1945年11月，县民主政府接收了日伪控制的邮政局、电报局、电话局，收归地方公有，将其整合为海伦县邮电局。

6.接收日伪开设的南洋公司

1945年10月，县民主政府没收并接管了日伪当局开设的南洋公司，同时创办海伦县贸易局。

7.接收日伪教育机构

1945年，县民主政府接管了日伪男子国民高等学校和女子国民高等学校，更改校名为海伦中学。海伦中心县委委员肖敬若为校长，学校有教学班14个，教师21人，在校学生680名。

8.接管日伪医院

1945年11月，县民主政府接收了日伪时期县立医院，更名为民众医院。后与驻海伦的黑龙江省军区警备二旅医院合并，改称警备二旅军医院，最后又改称县立医院。

三、剿匪平叛除奸，巩固新生政权

1945年"八一五"光复后，海伦地区匪患猖獗。根据中共中央东北局西满分局的战略部署，中共海伦中心县委决定，全力剿匪平叛，铲除奸细，清除痼疾，巩固新生政权，维护社会治安，保护人民群众财产安全。

（一）在海伦所辖县剿匪

1945年12月12日，盘踞在泰安（今依安）县城的国民党"东北行营"第一战区挺进第一军军长尚其锐与匪二旅旅长王忠义带领2 000余名匪军，妄图打下拜泉，后攻占海伦、绥化，孤立北安。当时拜泉县城仅有新组建的县大队几百人，敌强我弱，且武器弹药不足，人员缺少训练，战斗力有限。海伦警备旅旅长张光迪亲率部队和骑兵团及时前往支援参加战斗。后省军区副司令员于天放又率领小分队和部分县大队赶到参加战斗。在军区部队北、东、南三面夹击下，尚匪不支，逃回泰安。

1945年12月27日，在中共黑龙江省工委、省军区负责人王鹤寿、范式人、叶长庚指挥下，黑龙江省军区三个支队围歼盘踞在泰安县城的国民党挺进军尚其锐部主力1 000余人，收复了泰安城。驻海伦县的黑龙江省军区警备二旅旅长张光迪率部参加战斗，彻底消灭了尚其锐残匪。

（二）清剿本县境内土匪

日本投降后，中共海伦地下党成功地改编了范万昌的绿林武装为我所用，但还有几股土匪，在海伦、海北、通北和绥棱一带扰民作乱。

1946年3月，在海伦海北、通北、扎音河一带，活动着一股以张鸣九为首的200余人的土匪，经常流窜村屯之间袭扰群众，抢劫财物，危害一方。张光迪率部将其包围歼灭大部，残部逃走后被歼灭。

1946年，名为鞠好的一股60多人的土匪，经常流窜于通北、海伦南单家店之间，祸害百姓，作恶多端。警备二旅白永芳部将其包围全歼。

土匪往往都与混入革命队伍内部的敌特坏分子相互勾结，剿匪的同时必须除奸。1945年末，活动在海伦西部通肯河套一带、号称

"四海"的约400人的一股土匪被张光迪指挥的剿匪部队击败,所剩200多人投降改编后加入驻海伦的第二支队。原匪首于振之被委任为营长,但其旧习不改,继续作恶,打骂战士,我行我素,多次抗令不遵,还暗中与国民党分子王文辉联系,接受国民党的中校委任,阴谋暴动,推翻中心县委和民主政府。部队发现后,遂行将其逮捕法办,对原部人员重新改编,清除了奸细和异己分子。

其间,在剿匪过程中,警备二旅利用作战间隙进行整顿训练,挖出12名参加国民党的连级军官,严肃惩办,补充地方干部接替,不仅除掉了奸细,而且纯洁了革命队伍,提高了战斗力。

海伦地区经过半年左右的剿匪斗争,取得完全胜利。以所谓国民党地下先遣军组成的政治土匪和以各种名号发起的土匪武装被彻底歼灭,同时也除掉了混进革命队伍内的奸细,从而稳定了人心,使新生的民主政权得以巩固。

(三)平息反革命叛乱暴乱

海伦光复之初,中共地下党组织在张光迪和苏联红军的支持下,接收了敌伪政权。由于干部力量严重不足,为控制局面迎接中共中央干部和部队到来,留用一批伪警察、伪职员参与社会管理。其中少数顽固不化的伪装人员,他们表面革命,实则反共、反人民,等待时机策划暴乱,投靠国民党。

1945年9月27日成立海伦公安局时,除领导和骨干是党组织委派去的干部外,其余大部分是留用人员。当时海伦公安局下设6个分局,海北为第二分局,分局长杨泽民,系原海伦伪警察署警务科警防股长,伪警佐。此人处心积虑地钻进革命队伍,利用其身份,经常奔走于海北和县城之间密谋串联,搜罗人员,准备反叛。通过软硬兼施的办法,召集分局总务、审讯、保安、卫生四个股长密谋策划暴乱。10月18日,杨泽民组建海北公安分队并自任分队长,下设3个小队共30人,并联络海北小学校长、海伦火车站警务分所长等人加入。10月27日、28日，杨泽民两次开会谋划叛乱，会上得知县公安局侦缉队长赵殿生等3人要到海北指导工作。杨泽民担心阴谋可能暴露，立即联络通北海星镇的国民党挺进军三旅二团匪首张志儒部，准备发动叛乱。10月29日9时许，叛匪到赵殿生住处将其抓捕，后来杀害，同来的李中信趁乱冲出包围回县城报告。接着，叛匪抓住海北电话局金鸥局长，切断海北与县政府的电讯联络，窜到火车站抓获站长王春敏，控制火车站。随后，又窜到牟家烧锅抓获海北民主联合会工作人员孙德泉。发动叛乱后，这股叛匪抢劫30多匹马和4大车财物，网罗100余人逃到通北投靠张志儒部，被编入国民党东北挺进军三旅二团二连，杨泽民任少校连长。

获悉杨泽民在海北叛变，县民主联合会和警备二旅领导立即召集军事会议研究制定作战方案。经过周密部署，1946年1月，张光迪旅长亲率部队，在苏联红军炮火支援下，对盘踞在通北的国民党挺进军和叛匪发起进攻，敌人2 000多人，被消灭400多人，余部逃至呼兰县乐东镇被松江省军区部队和地方武装全歼。杨泽民逃往长春，1951年被依安县人民法院处决。

1945年12月初，混进拜泉县（当时归海伦中心县委领导）大队的国民党分子勾结土匪发动暴乱，自称为国民党挺进军，在城内烧杀抢掠，占领大半县城，包围了县政府大院。县委书记胡林、县长倪伟带领少量部队进行自卫还击，坚守待援。海伦警备二支队奉命由张光迪率部前往驰援，范万昌带领骑兵一同出击。平叛部队将龟缩在银行的大部叛匪消灭后，在苏军坦克炮火的支援下，最后将逃进依安火磨的残匪全部歼灭。

同年12月25日，绥棱县（海伦中心县所辖县）国民党代理书记长赵中富，勾结钻进县大队的日伪警尉王石印、苗生田，伪国兵孟宪久等，趁绥棱县委书记袁泽民到海伦中心县委开会，县大队长于兰阁带主力部队参加依安平叛，县城防卫空虚之机，发动了武装暴乱，自称为国民党东北挺进军第一支队绥棱独立团，人数达300之多。先后占领县长办公室、县大队部、政府科员宿舍、县公安局。在交战中，延安派来的公安局长栗本堂和县民政科长宋林棣（袁泽民妻子）英勇牺牲，刘振尧副政委身负重伤，县长杜效伯、县大队副大队长陈殿有、民联会长王明德、妇女干部张淑环（栗本堂妻子）被抓进监狱。

12月26日，海伦中心县委得知情况后，中心县委书记兼警备二支队政委徐明，副支队长康步云等领导率警备二支队警卫连与苏军100多人乘火车前往绥棱平叛。当天，平叛部队攻进城里，占领公安局，由于天黑叛军人多势众，部队与苏军撤出县城到火车站。12月27日与黑龙江省军区副司令员于天放率领的大部队会合后，对叛军发起了第二次攻击，收复县城，叛军大部被消灭，余部逃往绥棱县上集场、庆安一带，与土匪曹荣、国长有，铁力的土匪温业显、于振全合为一股，人数达1 500多人，后被黑龙江省军区部队全歼。至此，海伦地区的大股土匪被全部剿灭，流落到社会潜伏的残匪，后被群众揭发检举，受到了应有的惩罚。

受坏人挑拨，与政府为敌，进行暴乱的事件也曾发生。1947年6月23日，海伦县城西区光荣乡（现海伦市前进乡光荣村）的"党炮"发起暴动，史称"党炮暴动事件"。党炮，名字党福生，是当地有名的猎手，枪法好、人送绰号"党炮"，日伪时期曾给号称"西霸天"的自卫团长国占山当过炮手。党福生充其量只能是个生活富裕的中农，算不上恶霸地主。农会研究并先后两次派村长、农会干部和自卫队员登门讲解共产党的方针、政策，进行宣传教育，争取他站到贫困农民一边。可是他听信地主狗腿子的挑拨，一心与人民为敌。当乡政府第二次派村长陈万福，自卫队员张振峰、李宝林等上门做工作时，他的两个儿子党君、党臣开枪将陈万福、张振峰当场打死，李宝林身受重伤。随后，党炮与贾文彩等两家亲属18人，男人操枪，女持梭镖，马驮干粮、火药向东逃窜，企图到双录区哈拉巴山找白炮手，然后进入东山里。由于全县上下发动群众、部队四处搜索，党福生等人向西逃窜，到胜利乡打死乡自卫队员1名，抢走三八枪1支和弹药。返回光荣乡新立屯时，被村长刘中国发现。匪徒遂抓住刘中国怀有身孕的妻子、妹妹，绑拴马桩上活活刺死后，拉上孙麻子、刘金山等4人入伙，匪数增加到22人，向祥富区奔逃。

在匪徒们逃至祥富区富源乡欲将杀害村干部和村民时，县民主政府派县大队长范万昌带领骑兵60余名赶到。这股匪徒被迫退到地主郭树奎家大院，妄图凭借高墙负隅顽抗。在交火中，县大队长范万昌寻机一枪将党福生击毙，部队立即发起冲锋，20分钟结束战斗，毙匪13名，活捉8名，孙麻子只身逃走，后被民主政府活捉、处死。

利用宗教里的个别不法分子，串联、策划、煽动暴乱是反动分子妄想推翻新生政权的又一手法。爱民区（爱民乡）地主马洪图、王海，海南区地主阚忠达（伪官吏、普济佛教会信徒）在国民党黑龙江省长春临时办事处处长董学舒指挥策划下，密谋武装叛乱，指使王海女婿、阚忠达表弟、普济佛教会传教师孙守章组织串联。

孙守章先乔装改扮购买扎枪、大刀，后又装疯奔走各乡组织人马。经过一年筹划，纠集7乡共177人，以普济佛教会名义组织大刀会。其中男性103人，女性为74人，准备白旗、肚兜、画符，并暗中训练，磨刀霍霍，准备于1948年农历除夕夜起事暴动，杀光区政府农会干部，消灭区中队，然后血洗海北镇，攻进海伦县城，可谓嚣张至极。

1948年2月9日农历除夕后半夜2时许，大刀会35名骨干分子在徐永喜家吃完饺子，喝了符，每人头插小白旗，胸戴白肚兜，烧香拜完七斗星，打起白大旗，个个手提大刀、长矛冲向区农会，摸掉岗哨，分成两伙，一伙攻入拘留所，杀死利民乡民兵队长栾云廷和民兵李春、区农会更夫陈驾英，将在押的4名地主放出，其中高吉有、张德纯、史文奎、刘八4人加入匪徒队伍；另一伙冲入区中队宿舍，当场杀死熟睡的中队指战员8人，重伤4人、轻伤2人。爱乡区书记、老八路李金泉只身突围到县报告。

暴动匪徒抢走区中队20余支枪和部分弹药，杀奔海北、海伦方向。匪徒边走边杀边携裹大刀会家属随同，奔到区中队班长王玉喜家，将王玉喜杀死。在振兴乡将副乡长崔振刚和父母弟妹及5岁小孩6口全部杀死，还杀死了崔振刚邻居耿小年，连同区乡中队领导和战士21人。县公安局长章林在命人逐区用电话了解情况时，发现唯有爱乡区电话不通，判断那里出了问题，遂向县委书记郑学孔汇报，立即带领公安大队前往。拂晓，公安大队在振兴乡岗坡与暴动匪徒相遇。章林沉着指挥公安大队投入战斗，击毙匪首孙守章、徐永喜、李振杨等28名暴徒，活捉132人。事后，大刀会8名骨干分子被处决，其他人员视情节轻重分别予以惩办。

1948年2月17日，福海区玉泉村即现东林乡玉泉村，以张永生、张国正为首的匪徒，组织地下军进行暴乱，绑架村自卫队长刘林庆，县公安大队及时赶到，平息了暴乱，处决地下军6名骨干成员。届时，海伦地区的叛乱暴乱分子全部肃清，为土地改革，建立巩固的革命根据地创造了条件。

（四）清除旧社会痼疾

中共海伦中心县工委和县民主政府成立后，在建政、剿匪、平叛、没收敌伪资产、实行民主改革的同时，还采取得力措施，清除旧社会痼疾。

根除吸毒恶习。日伪统治海伦时期，吸毒恶习蔓延。日伪借公布《鸦片法》，设立专卖公署，由专门场所经营鸦片。借《鸦片垄断方针》实施，以戒禁之名行纵毒贩毒之实。据统计，1938年，全县吸鸦片者为1.6万人，占县总人口的4.8%；到1945年，吸鸦片人数仍占总人口0.8%。县民主政府果断采取措施，取缔县内所有烟馆，铲除一切贩卖鸦片网点，没收所有烟土，统一销毁，捣毁所有毒具，严禁种植鸦片，违者绳之以法。自此，吸毒之患已弊绝风清，百姓拍手称快。

强行关闭妓院。海伦妓院始设于清末民初。日伪时期，县内中等规模妓院20家，由日本人开设的妓院2处，朝鲜人开设妓院1处。县民主政权成立后，强制关闭所有妓院，禁止嫖娼卖淫，并派专门人员对所有妓女进行教育改造，引导她们走正常的劳动自立之路。多数妓女在党和政府的帮助下获得新生。

清除赌博陋习。光复前的海伦赌博的陋习比较普遍，多由伪官吏、土豪恶霸、赌棍赌头纠集而成的赌局赌场，设赌抽头。赌博的名目繁多，如押会、押宝、推牌九、打麻将、掷骰子，等等。由于赌博盛行，使有些人倾家荡产，或强抢偷盗，或谋财害命。海伦民主政权成立后，对大小赌局场所一律取缔，层层禁赌，使赌博之风得以禁绝。

在清除旧社会痼疾的同时，取缔了各种反动封建会道门。

第九章　开展土地改革，巩固后方根据地

　　几千年来，中国始终是个农业大国，社会的主体是农民。彻底解决农民的土地问题，是我党领导中国民主革命的根本任务之一。因此，要把海伦建成巩固的根据地，最紧要的任务，就是开展土地改革运动。

　　海伦地域广阔，人口众多。据1942年的统计资料：海伦土地面积582 857垧，已耕面积381 342垧，未耕面积137 255垧，不可耕面积65 260垧。这些土地大多为地主、富农所有，全县40万人，农业人口35万余人大多数农民属贫苦农民，没有多少土地。占有的土地不足40%，而地主、富农仅占农业人口的5%，却占有60%以上的土地，只有没收地主、富农的土地，分给贫农，才能满足大多数农民对土地的渴求，从根本上解决农民问题。从而，争得人心，稳定社会，调动起农民的生产积极性，支援东北和全国的解放战争。

一、减租减息清算斗争

　　1946年5月4日，中共中央发布《关于土地问题的指示》简称"五四指示"，强调指出："解决解放区的土地问题是我党目前最基本的历史任务。"据此，中共海伦县委作出《反奸清算、

减租减息、退租退息的决定》，并从中心县委抽掉90名干部，区乡抽掉区委和农会干部500多人组成"土改"工作队，深入乡村屯，发动群众，全面推进"土改"工作。

地主剥削农民，通常都是通过租地收地租、雇工、耪青、高利贷等手段进行的。要完全铲除封建的剥削生产关系，必须先实行减租减息，最后取消地租和高利贷。海伦县委、各区委认真执行中共黑龙江省委于1946年2月制定的《减租减息条例》，地租减25%即"二五减租"，高利贷减息15%，即"一五减息"，做到党的政策向群众公开，政策细目公开，地租利息最高额度公开。从而使地主破产还债，偿还私债，农民尝到甜头。

1946年5月，海伦中心县委特派副县长张骇青、县委宣传部长李超带领"土改"工作队进驻城西区傅振东屯，走屯串户，吃住群众家里，发动群众搞"土改"。

傅振东屯原名陆家屯，是以最先来此开荒的陆德山的姓氏而得名，后由傅振东收买土地多而改名为傅振东屯。傅振东，原籍辽宁省复州（即复县，瓦房店市）人，晚清时其祖上迁至呼兰县元宝岗，置地60余垧，建房10余间。傅振东靠勾结官匪当上了荒揽头，日伪时期又当了海西村长，平日为非作歹，巧取豪夺农民土地，鱼肉乡里百姓，实属罪大恶极的大地主。"土改"时，傅振东共有土地2万多亩（仅在傅振东屯就占有土地8 355亩）、房屋772间、牲畜31匹、大车9辆。在海伦街里还有天兴园、天兴福、天庆涌烧锅3处，布匹庄、大车店、木匠铺各1处，辽宁复县有土地12 000亩。傅振东在兼并土地时，手段残忍，欺诈蒙骗，杀人放火。1913年农历七月十五夜，为了强占同乡赵老二5垧半土地，派人杀掉赵老二、赵文福、赵有才三家7口人，并放火烧毁住房，扬言系土匪所为。工作队进村后，挨家逐人地动员群众清算斗争傅振东。有的农民害怕不敢，有的怕斗不过遭灾祸。经过工作队艰苦细致的思想教育工作，终于唤起群众觉悟，大家积极行动起来。各屯选出农民代表联合百祥区，找傅清算其以"出荷粮"为名，蒙骗100石粮谷的农民群众的罪行。通过小会酝酿，大会控诉，反复计算核对傅振东在当地雇工、劳工、高地租、高利贷、"出荷粮"等剥削账价值折合当时货币700多万元，令其破产还债。傅振东即交出土地507垧、耕畜3匹、房屋72间、大车9辆、犁杖9副、粮食140石、猪220口、棉花19斤、麻袋100条，群众得到近3 000万元的果实。这些土地物资全部分给傅振东屯、永安堡等8个屯364户农民和百祥区200多户农户。其余土地财产全部没收，分给农民，傅振东被处决。据统计，全县总共清算大地主、一般地主、伪官吏3 897户，清算分地164万亩，占全县耕地60.3%。中共黑龙江省委总结了海伦这个大清算，算"出荷"账、算出劳工账、霸产账、压迫账、汉奸账、人命账，令地主破产还债，达到把土地还给农民的目的，破

海伦县农民斗地主大会

产还债发动群众斗争地主的经验，指导全省的"土改"工作。之后，全县轰轰烈烈的土地改革运动全面开展起来。

1946年7月3日至11日，中共中央东北局在哈尔滨召开了东北局扩大会议，7月7日会议通过了陈云起草的《关于目前形势和任务的决议》报中央，经毛泽东主席修改批准实行，简称"七七决议"。

为贯彻落实东北局的"七七决议"，中共海伦中心县委，于1946年8月初召开会议研究布署后，即调整加强充实了全县的"土改"工作队。县委领导和大部分机关干部深入区、乡、村、屯，指导群众斗地主清算运动。区、乡工作队把行李搬到农户

家，同贫雇农同吃同住同劳动，谈心拉家常，访贫问苦，帮助群众解决生产和生活中的困难。在宣传党的方针政策的同时，进行反复的思想教育工作，启发提高农民的阶级觉悟，明确清算分地的内容方法，鼓励贫雇农积极参加斗争。清算就是在政治上清算汉奸、日伪和国民党官吏、特务、土匪和恶霸的罪行；在经济上清算其霸占的黑地和财产。福海区采取以点带面"抓大鱼、大清算、土地搬家"的方式开展清算斗争。对土地超100垧、200垧、500垧的11户地主进行重点清算斗争后，及时将其土地分配给贫雇农。这不仅打开了斗争局面，还极大地激发了农民参加"土改"的积极性，使"土改"运动在全县形成高潮。

采取不同的方法，分配清算斗争得来的土地和财物。根据1946年8月28日，东北局《关于深入开展群众土地斗争的指示》，海伦中心县委做出了切实可行的新政策规定：一是佃农以下按人口平均分配；二是把应分得土地房屋者按赤贫、贫农、佃农三等级分配，一等多分、次者少分；三是实行折点分，也就是把人、马、房、地折成点，扣除原有者然后平均分配到人。通过斗争、清算、分配，1946年11月，海伦地区基本摧毁了封建统治以来赖以存在的土地制度，初步解决了农民的土地问题，实现了耕者有其田，使土地改革取得阶段性胜利。其间，处决恶霸地主547人、恶匪103人，清算中、小地主2 096户。在斗争实践中锻炼了农会干部，培养一大批"土改"积极分子，农会等农民团体组织进一步得到发展壮大，为在农村建党、建政、吸收培养新党员作了人才和组织上的准备。

二、搬石头煮"夹生饭"

1946年11月初，东北局副书记陈云巡视合江时，省委书记张闻天反映了合江省在土地改革中存在的问题。主要是积极分子队伍不纯；地主威风没有打掉，有的假分地（分在册子上、墙上），明分暗不分，吃租子，青苗不分给群众，隐瞒黑地，土地没真正分到农民手里；有的干部住在地主家里；对群众运动采取包办代替、强迫命令，等等。东北局从松江省部分地区"土改"的典型调查中也发现许多地方的"土改"群众工作处于半生不熟的状况，即被比喻为"夹生饭"。

1947年2月，中共黑嫩省北安地委作出了《关于"夹生饭"与决心的补充意见》，中共海伦县委和民主政府立即按照省、地委的要求，结合春耕生产，解决群众难种地的问题，全面深入地开展煮"夹生饭"工作。海伦县煮"夹生饭"运动分五个步骤进行：第一，调整、充实和加强"土改"工作队；第二，对群众进行诉苦教育，启发群众的阶级觉悟；第三，对清算对象彻底清查；第四，整顿组织，换掉坏干部，搬掉绊脚石，从"土改"积极分子中选择贫雇农担任村、屯农会干部；第五，抓好春耕生产。

三、"砍大树、挖财宝"

在煮"夹生饭"和组织春耕生产的过程中，一些群众发现地主虽然土地被分，但藏的财宝比被分掉的土地价值高，地主阶级的经济基础还没有被彻底摧毁，政治上的威风还未被彻底打倒，而且对"土改"心怀不满。三圣宫区（今海伦市共合镇）的大地主刘俊在被清算后说："算就算，你也富不了，我也穷不了，把犁杖挂在房檐上，也够吃几年。"充分体现大多数地主土地被分后，都藏有大量财物，必须全部挖出来分给农民，从经济和政治上彻底打掉地主的经济基础和政治威风。

中共海伦县委、民主政府领导和组织群众开展了"砍大树、挖财宝"运动。砍就是砍倒地主这棵大树，挖就是把地主隐藏的财产挖出来。

长发区双河铺屯，砍倒大树石化周，挖出金元宝32个、银圆2 900元，还有衣服，仅挖出财宝就值1 200万元，除解决了本屯生产中的困难，还资助外屯12个元宝用于生产。祥富区在种大田尾期农忙中，又在王大土鳖家挖出20大箱衣服，解决了全屯夏冬衣服。

由于典型的引带，全县区、乡"砍大树、挖财宝"的斗争扎扎实实开展起来。全县共挖出黄金（据资料不完全统计）1 383.8两、白银15 878两（元宝按两计算在内）、衣服32 465件、布匹47 241.4尺、粮食8 815.46石、现款28 301 480元、大车321台、猪1 575头、牛马1 846头匹（当时海伦有八个区划给新成立的通肯县，后划回海伦，因此这八个区的成果没计算在内）。

清除惩罚破坏"砍挖"斗争的坏分子，是深入开展这项工作的重要一环。1947年秋季，三圣宫区当过日伪时期劳工小队长的孔庆华勾结二流子王占峰，捏造事实，找省驻区工作队的高科长，诬告区长关键能贪污了复中村斗地主挖财宝得来的金银首饰、大红马、戏匣子（即留声机）等，然后煽动群众将关键区长抓起来，拷打审问后进行关押。区中队长迅速坐马爬犁向县委作了汇报。县委副书记杨殿勋立即带人，坐爬犁赶到了三圣宫区拥护乡，将关键解救。次日，召集各乡长了解事件经过后，当场将孔庆华、王占峰逮捕，带到复中乡，召开群众大会，揭发检举其在日伪时期的罪恶和妄图破坏"土改"、"砍挖"斗争的罪行，依法处决。

黑嫩省的海伦县和通肯县是开展"砍挖"运动最早、成果显著的地区。原中共海伦中心县委副书记、通肯县委书记丁秀，海伦县委书记郑学孔，分别在省委召开的县委书记会议上介绍了"砍挖"斗争的经验，受到了省委的肯定和重视，并进行了推广。

四、划成分、分土地

1947年10月10日，中共中央公布实施了在全国土地会议上通过的《中国土地法大纲》。

1948年1月，中共海伦县委召开会议，认真研究布署贯彻落实《中国土地法大纲》。遵照东北局《东北解放区实行〈中国土地法大纲〉补充办法》《东北局告农民书》，以及黑龙江省县委书记联席会议关于进一步传达贯彻全国土地会议精神的具体要求，结合海伦实际，进行落实。采取四个步骤和方法进行：

第一，深入学习宣传和整编干部队伍。全县层层召开会议学习，县、区、乡干部带头学习。做到先学一步，学深学透。然后，领导带队，县区机关干部、"土改"工作队，深入村屯向广大农民群众宣传，同时也向城镇居民宣传，做到家喻户晓，人人皆知，为平分土地做好思想准备。在提高思想觉悟的基础上整编"土改"工作队、干部和农会队伍组织。结合学习宣传《土地法大纲》，在县、区机关党员和干部中查作风、查阶级、查思想、查成分、查历史、查运动，然后进行整编，同时对工作队、区乡农会和"土改"工作队，也进行整编。对一些混入革命队伍中的伪满反动官吏和地主恶霸进行了清洗，对丧失阶级立场腐化堕落的干部进行了严肃处理。通过学习宣传，整编队伍，整顿党组织，不仅纯洁了党的组织和干部队伍，也提高了各级农会和"土改"工作队的战斗力，为平分土地做好了思想和组织准备。

第二，纠正工作偏差。由于个别区乡提出放手就是政策，出现了不分对象，扩大打击面，侵占了富裕中农利益，乱挖财宝的现象。有的打破乡村界限进行联合斗争，甚至波及县城工商业者。三圣宫区有的群众以挖财宝的名义，查抄了海伦初级中学创始人富安保在海伦街里的财产，被中共海伦县委及时发现纠正，将财物返还富安保。由于县党政领导坚决按照1948年2月1日东北局《关于平分土地运动中几个问题的指示》加以引导和纠正，集中力量落实"缩小打击面"的工作任务卓见成效。以水师营区1948年3月20日的统计表为例，全区原来被清算的户数为433户，缩小打击面后被打击的为222户，减少了211户。全县缩小打击面前后对比，后者比前者减少45%。

第三，划定成分。一般采取以下方法：首先利用各种会议形式，解释划分阶级的标准和办法，找出实例，加以说明，使农民懂得如何划分阶级。其次是阶级成分的确定采取自报公议，三榜定案的方法，即：先由本人家庭提出自己的阶级成分，经贫雇农大会讨论通过；再由农会全体会议讨论通过后，经本村村民大会逐一讨论通过；最后经过上级政府审查批准，作为定案。在会议中，农民本人有充分发表意见的权利，对评定阶级成分有意见者，有权向各级政府写信申诉。划定成分后，按成分进行排号站队。本人和家庭在村内排号的位次作为平分土地的条件和基础。同时，城区对城镇居民也进行划阶级、定成分的工作。

第四，平分土地。分配土地由村土地分配委员会领导执行。土地分配委员会由群众推选的立场坚定、办事公道的雇贫农分地代表、"土改"工作队成员和农会干部组成。根据土地法大纲和"土改"各项政策，划定阶级成分时所排号位次，雇农、贫农、下中农优先分给土地，中农抽多，对于地主、富农按照其能生产生活，把他们改造成为自食其力的劳动者的原则分给土地。全县10个区225 890人，平分土地180.7万多亩，一度交给通肯县的伦河、三圣宫等7个区93 870人，约分得土地60余万亩。全县317 954个农民分得土地240余万亩，每人平均8亩。土地平均分配后，由"土改"工作队、分地委员会、得地农民共同到具体地块进行丈量、打桩插标确定权属、然后由区政府发给地照。至此，于1948年5月海伦土地改革运动胜利结束。

土地改革运动彻底摧毁了封建土地制度，翻身的农民扬眉吐气、当家做了主人。广大人民群众从切身利益上充分认识和体验到获得感：只有共产党才能使人民翻身解放，走上幸福的康庄大道，过上美满的生活。

第十章 整党建党，加强民主政权建设

建立稳固的东北根据地千头万绪，加强党的建设是第一位的。在复杂的斗争中，只有党组织经过不断整顿、不断建设、不断扩大、不断增强战斗力，才能领导人民革命斗争取得最后胜利。

一、秘密发展党员

中共干部和军队进入东北之初，党的组织不公开。黑龙江地区各省实行秘密建党，发展秘密党员。

1945年11月19日，中共黑龙江省工委发出指示，要求发展党员工作要选择经过在除奸清算斗争中进行过考验的对象，由县工委、区委老干部直接掌握，"秘密发展"，强调贯彻"慎重发展与控制发展的方针"。

1946年3月18日，中共黑龙江省委又作出《关于发展党员的指示》，提出"更加注意贫苦农民、城市工人和贫农知识分子"的党员发展。地方新党员的条件有三条：一是在群众斗争中表现坚决勇敢；二是遵守群众及一切革命团体的决议、纪律；三是拥护民主政府和人民军队。机关新党员的标准有四条：一是政治上有初步阶级觉悟、决心革命的；二是言行、思想维护劳动人民利益的；三是工作称职、政治成熟、努力学习思想进步的；四是廉洁奉公的。

按照省工委的指示，海伦中心县委按照发展新党员的各项规定，于1946年3月在城乡秘密发展了刘文祥、关键、王斐、闫子良等156名新党员。其中城市工人、乡村贫苦农民，贫苦知识分子占多数。在"土改"运动中受到锻炼、表现出色的柴兴、梁洪山、齐文章、武树林、王立珍等也被秘密接收入党。

二、开展整党运动

1947年11月3日至21日，中共中央东北局在哈尔滨召开了北满省委书记会议，传达了党中央关于整党的指示，作出了东北解放区进行整党的决定。中共黑龙江省委确定以"三查"（查阶级，查思想，查作风）、"三整"（整思想，整作风，整生活）为具体内容，于1948年7月起开展整党运动。

1948年7月31日，中共海伦县委召开专题会议，研究布署开展整党工作。要求认真搞好整党试点，总结经验，以点带面，全面展开。要有准备、有步骤地波浪式进行。县区党委及基层支部都要坚持集中学习、正面教育的原则。学习领会《目前形势和我们的任务》、《关于调查研究的决定》等文件。整党采取公开的方式、由大会到小会再到大会的方法进行，开展批评与自我批评，广泛征求群众意见，清理组织，纯洁党员队伍。当时，海伦县的党组织大多建在县区、企业、学校。如三圣宫区有党员50名、党支部3个、党小组6个，基本分布在区委、政府、工作队、乡农会中。海伦城区有海伦县企业管理部、海伦中学等3个党支部和党总支。在一定意义上讲，这次整党主要是在县区委、政府和机关内进行。中共海伦县委在三圣宫先行整党试点，做法是公开透明。三公开即组织公开、党员情况公开、整党步骤和目的公开。发动群众对每个党员的工作进行评议，政治进行审查，清出了混进党内的阶级异己分子和丧失了阶级立场、包庇坏人、腐化堕落的党员和干部。试点取得经验后，以点带面，推动全县整党工作的全面开展，主要取得三方面成果：

一是海伦党组织及党员的战斗力、凝聚力获得提高。二是党员干部政治思想水平、阶级觉悟、党的观念明显增强。每个党员都严格按照党员条件和标准要求自己，树立起共产党员的良好形象，处处起模范带头作用，带领群众完成党交给的各项工作。三是密切了党员干部与群众的关系，克服了一些同志身上存在的官僚主义、享乐主义、自由主义的不良风气，真正成为人民群众的主心骨、贴心人。同时，注意纠正了打击面过大的倾向，使党内达到空前团结巩固、思想统一的局面，为公开建党，创造了前题条件，打下坚实基础。

三、公开建党

光复后，海伦县的党组织恢复时，对外不公开，县委对外通过海伦县各界民主联合会的形式开展工作。

1948年10月15日，撤销了海伦县各界人民民主联合会，公开了中共海伦县委和区委，县委书记、区委书记对外由政委的称谓改称县委书记或区委书记。当时，海伦县的乡村只有农会，没有党组织，农村建党就是要在没有党组织的乡村普遍建立党组织和发展党员。根据东北局和省委的指示精神，中共海伦县委在全县城乡进行了部署，先行试点，总结经验，全面展开，讲究实效。先后在伦河、三圣宫、海北、福民、东边、双录等区进行了公开建党试点，然后在全县城乡全面展开。大体分四个步骤进行：第一，广泛开展学习宣传教育活动。召开雇贫农会议，围绕党章，联系"土改"运动的实际，讲解宣传党的性质、任务和宗旨，让群众认识共产党是为穷苦人翻身打天下、谋幸福的党。让大家知道共产党不仅能领导人民打倒国民党反动派，还能带领人民建设一个光明民主的新中国，而且还要把中国建成社会主义社会，最终实现共产主义。让群众联系"土改"运动从自己的切身利益中感受到共产党的英明伟大，在内心深处拥护共产党的主张，响应共产党的号召，决心跟着共产党朝前走。第二，办乡农会干部和靠近党组织骨干分子培训班。逐章逐句讲解党纲、党章，党的性质、任务和宗旨。讲解什么人能申请加入中国共产党，入党的条件和标准，以及党的组织机构，党员权利、义务和党的纪律等。通过培训，使在"土改"运动中涌现出的积极分子对党的观念、党的知识大幅提升。第三，对那些入党条件成熟、达到党员标准的人，采取自愿报名、群众评议的办法进行审查。第四，党组织指定老党员谈话后，介绍入党并报请党支部和党委批准，按组织程序办理后宣誓吸收为新党员。

在中共海伦县委的精心组织领导下，1949年初，全县公开建党业已结束，全县在所有的行政区和基层乡村、街道、县直属机关和城镇国有大型企业、中学公开建立了党组织。共建城区、城西、长发、福海、东边、海南、祥富、海兴、丰山、八井、伦河、百祥、三圣宫、水师营、爱民、海北、双录等17个区党委；县直属机关、县企业管理部2个党总支；海伦中学、东北粮政局海伦制粉厂企事业等19个党支部，其中有15个城镇街道党支部。全县共有农村区以下村党支部149个，共产党员2 500多名，城镇机关、学校、企事业单位党支部58个、党员700多名，其中国营企业职工200名。全县共建立党支部207个，有共产党员3 251人。

海伦县公开建党后，各级党组织在县委的领导下，充分发挥了战斗堡垒作用，党员处处起模范带头作用，为全县的经济社会发展起到了引带作用。县建党委员会及时总结推广了东粮海伦制粉厂的建党示范经验。该厂在公开建立党支部前已有党员12名，公开建立党支部后共产党员25名，在党员总数中一线生产工人11名，在主要技术岗位的党员9名。厂党支部注重工人党员发挥模范带头作用。在春季生产创新纪录运动中，党员创下24项新纪录中的10项；在夏季运动中，有4名党员被评为劳动模范；在技术改进运动中，党员韩永顺一人7项达标。通过开展小组竞赛、利用业余时间保粮，全年保管的粮食1 300万斤，颗粒无损。

四、民主政权建设

"土改"结束后，人民的思想觉悟普遍提高，在各项运动中特别是在公开建党后，锻炼培养出一批有能力参加政权建设的干部和代表人物，公开建政的时机已经成熟。党中央、毛主席审时度势，及时发出指示，要求全国各解放区进行民主建政工作。

中共中央十分重视解放区的政权建设，在"土改"和整党建党中，就发出指示要求全国解放区自1948年9月至1949年3月，召开乡（村）、区、县三级人民代表会议，并选出三级政府委员会。1948年7月2日，东北行政委员会作出了《关于准备建政工作问题的指示》。8月15日，东北行政委员会颁布了《东北解放区县、区、村人民代表选举条例》。黑龙江省在县、区、村立即进行了民主建政试点工作，取得经验，指导全省，开展民主建政工作。

中共海伦县委按照中央、东北局和省委的部署，研究学习了省在克东县润泽区6个村进行选举建政的试点经验，结合海伦的实际，于1948年10月成立了海伦县建政委员会。然后，从县民主政府抽调9人，区政府派3人，县妇联抽调1人，组成村民主建政试点工作队，到福海区兴隆村（现东林乡兴隆村），进行村级民主建政试点。该村干部核心形成，基础好，又是刚建党结束，村有7名党员，其中女性2人，党员素质较好，群众热情高，觉悟高，各项工作取得很大成绩，在1948年召开的县劳模会上被选为区生产模范村。

在中共海伦县委、福海区委组成的建政试点工作队的领导下，主要采取四个方法步骤进行建政试点工作：第一，层层进行宣传教育。党员、干部主要是学习中共中央、东北局、省委关于建政的指示精神及1948年11月15日《东北日报》社论《必须加速民主政权建设》《共产党怎样做政权工作》等文件。并且还派多人到小学给小学生进行讲解，要求他们回家向家长讲解，在干部会和群众的小组会上讲，做到建政的目的、意义、性质家喻户晓，老幼明白。通过充分宣传发动，为民主建政做好思想准备。第二，选举产生选举委员会。工作队领导把关，不搞行政命令，提出候选人名单，交雇贫农为主的几个小组会讨论酝酿同意后，进行选举。第三，进行全民登记和确定公民权。兴隆村人口1 035人，依照东北行政委员会制定的《选举条例》，18岁以上的617人，批准有公民权的566人，剥夺公民权的51人（地主26人、富农11人、精神病3人、其他11人），按上级可以给表现好的地富分子少部公民权，参加选举，有选举权没有被选举权，这部分人数不能超过地富总人数10%至20%的规定，地富分子中给予公民权的19人（男10人，女9人），占地富18岁以上人口34%，占地富总人口16%。真正体现贫雇农翻身当家做主人的权利。从提出的72名候选人中，选出47人作为正式代表候选人。然后，由十几名候选人发表讲话，说明自己当选后的态度和决心。第四，组织有公民权的选民进行投票选举。除了老弱病残、生孩子妇女等不能参加会议的外，全村86%具有公民权的人都参加了直接选举，选出人民代表42人，其中党员4人。成分的构成是工人1名、雇农26名、贫农2名、中农6名、妇女7名。村人民代表会议召开时，比过大年还热闹。全村锣鼓喧天，小学生扭着大秧歌并为代表佩戴大红花，群众从东屯到西屯进行游行喊口号庆祝。然后，由村选举委员会主持召开村人民代表会议。会议中，由村主席候选人作村政府工作情况说明，征求代表对村政府的工作要求，发表意见，提提案，各小组对村里应组织副业生产上东山里伐木、倒套子，照顾军烈属、支援前线、小学生经费如何负担、村财产收支管理等问题发表意见和建议，并研究了解决办法，待村政府成立后办理。然后用黄豆粒计票选举村主席。即候选人身后放碗，代表以黄豆为票，放进同意者的碗里。原农会主任张有年当选村主席（后改为村长），妇女主任郝令云当选村副主席（后改副村长），选出11人组成村政府委员会，委员进行分工并兼任公民小组组长。会议制定了村政府工作、会议、报告、联络制度，并制定出13条村民公约。

中共海伦县委总结福海区兴隆村基层民主建政的试点经验后，全县全面开始村级建政工作。各区建政委员会，先行在一个村进行建政试点，总结出一些具有指导性的好经验，在全县所有的区各村建政工作中实行。海兴区在民生村试点，突出抓好四个教育：学习建政材料，先抓村干部教育；宣传建政政策，向群众进行阶级教育；组织公民参加选举，进行民主集中制教育；通过公开竞选，进行公平、公开、公正、好人、能人当权教育。海南区在建政试点中突出妇女作用，提高妇女在民主建政中的社会地位。在中共海伦县委和县建政委会的领导下，海伦县的建政工作既轰轰烈烈，又扎扎实实，充分体现了民主集中制的原则。真正把出身好、素质好、有能力、有觉悟、办事能力强的人选进村政府委员会，达到了村级建政的目的和要求，为领导大生产运动的开展打下坚实基础。

1949年4月中旬，海伦县基层民主建政全面结束，村级政府全面成立，全县辖内17个行政区共建立291个村政府，各村分别选出村政府主席、副主席、民政委员、财粮委员、生产委员、武装委员、妇女委员。同时，城区成立了15个街道政府，全县共成立306个基层政府。之后，区、县召开了人民代表会议，选出区长、副区长、县长、副县长等政府领导人员，至此，海伦县村、区、县建政工作胜利完成。

五、建立群众团体

依靠群众。密切联合群众，走群众路线是中国共产党取得中国革命胜利的一大法宝。群众团体组织，是党联系群众的桥梁和纽带。海伦群众团体组织，是在海伦建立巩固的革命根据地的过程中逐步建立和发展壮大起来的。

成立工会。1946年3月29日，海伦县召开了第一届工会会员代表大会，成立海伦县工人联合会，选举刘锡庆为会长，赵国忱为副会长。1948年8月15日，召开海伦县第二届工会会员代表大会。海伦县工人联合会改称海伦职工联合会。因上届会长刘锡庆工作调动，会议选举邢万一为会长，赵立杰为副会长。1949年7月5日，海伦县职工联合会改称为海伦县工会委员会，会长改称为主席。因工作变动，会长邢万一离任，补选丁克为主席，闫英为副主席。工会组织成立后，在县委的领导下，组织工人参加民主革命时期的各项运动和斗争，团结带领广大工人协助党和政府经营管理从日伪手中接管的制粉厂、亚麻厂、油厂等企业，带头搞好生产恢复，支援全国解放战争。工会组织还协助政府安排职工就业，支援灾区，帮助困难职工解决生活问题，为党政机关培养输送了一些工作骨干等做了大量工作。

成立新民主主义青年团。1948年7月4日，中共海伦县委委员、海伦中学校长肖敬若领导进步学生刘继昌、王桂清、齐晓蕊、王根伟、陈瑞清、宋文儒，在海伦中学组建成立海伦县第一个毛泽东青年团团支部。到年末，发展团员24名，其中教师17名、中学生7名。为了加强青年工作的领导，中共海伦县委于1948年11月2日建立县青年工作委员会，负责人为李琛光。县青年工作委员会推动了建团工作的开展。1948年，全县建立团支部5个，发展团员104人。1949年3月，建立了城区团工作委员会、机关团总支和学校团总支。按照东北解放区毛泽东青年团筹备委员会的要求，1949年5月，在海伦中学礼堂召开了全县团员大会，宣布将毛泽东青年团改为中国新民主主义青年团。到年底，全县团员发展到370名。1949年11月起，县青年工作委员会在城西区民主村、海北区长安村进行建团的试点工作。1949年12月，成立新民主主义青年团海伦县工作委员会，左连科任书记，翟常信任副书记，同时，撤销县青年工作委员会。

成立妇女联合会。海伦妇女既有勤劳、勇敢、吃苦耐劳、乐于奉献的传统美德，又富于革命斗争精神。海伦在中共地下党创建之初就有妇女参加，并且发挥了重要作用。海伦妇女参加革命活动的突出代表是刘志敏（雷炎烈士的爱人）。早年，她随丈夫雷炎投身抗日队伍，组织海伦抗日妇女救国会，掩护抗联活动，为抗联战士做军鞋、缝补衣服、救护伤员等。刘志敏在"八一五"光复后，参加了建党、建军、建政、"土改"等一系列革命斗争，并且在斗争中组织带领广大妇女学习、贯彻、落实党的各项政策和任务，积极参加革命斗争。1945年11月，海伦县成立民主妇女联合会，刘志敏任主任。城乡各地相继建立妇女组织，区、乡配备了妇女主任。县妇女联合会及区、乡妇女组织，发动妇女积极参加当时的减租减息、反奸清算、土地改革运动，以实际行动支援前线，制作军鞋、运送粮草、缝制军装、安排野战部队食宿、送子送郎参军做了大量工作。

1949年9月，海伦县召开第一届妇女代表大会。出席会议的代表230人，选出委员15人，选举刘志敏为主任，邱兰凡、张素为副主任。此后，全县各区相继建立妇代会，使妇女成为半边天，妇女工作进入新的发展时期。

成立工商联合会。海伦县民主政府成立后，面临的局面是百业待举，工商业不景气，除制粉厂、亚麻厂、油厂等收归国有企业外，一些私营企业、大户和座商生产经营困难很大，商业流通主要是小商小贩摆摊经营为主，价格极不稳定，投机行为严重，市场秩序混乱，日伪时期的商会和行业组合残余影响尚在。根据保障人民生活和支援东北解放战争的需要，必须整顿市场，组织生产。在中共海伦中心县委的领导下，海伦县召开了工商者会议，成立了海伦工商联合会和行业协会，选举魏庆和为会长，丑文和为副会长。之后，成立了露天委员会，将无序的摆摊游商统一组织和管理起来。

工商联的成立，密切了党和政府与工商业者的联系，起到了桥梁和纽带作用，使党和政府的方针、政策、行政规章、命令得以贯彻执行，对于发展生产、扩大市场流通、保障群众生活、支援前线发挥了作用。此外，工商联还组织广大工商业者自我学习、自我教育，做到遵守政府法令。

成立农会组织。1946年3月起，中共海伦中心县委领导组织海伦县辖内17个区的乡村普遍建立了农民联合会组织。乡农会以自然屯为单位，由雇农、贫农、自耕农组成，农会设主任、副主任和组织、武装、分地、除奸、生产委员。

农会建立后，协助区乡村党组织发动和团结农民进行土地改革、反奸除霸、发展生产、支援前线、征集粮草，发动青年壮年参军参战。随着海伦县的乡（村）、区人民代表会议的召开和村政府的产生，农会组织被撤销。

第十一章　巩固根据地，支援全国解放战争

　　随着土地改革和村级政府的全部建立，把海伦县建成东北大后方稳固的革命根据地的任务和目标业已全部完成。海伦人民在县委和政府的领导下，开展生产运动，大力发展各项事业，充分发挥稳固的根据地作用，支援东北和全国的解放战争。

一、掀起农业大生产运动高潮

　　土地改革平分土地，实现了耕者有其田，全体农民都获得了土地这个赖以生存的基本生产、生活资料，使多年的祈盼变成现实。翻身的农民群众热切希望搞好生产，发家致富，过上幸福美满的生活。另外，东北野战军在东北境内与国民党军队的大决战乃至胜利后入关进行全国的解放战争，都需要大量的粮草等军用物资作保障。基于这种情况，海伦县在根据地建设的整个过程直到根据地完全建成后，一直把为军队提供后勤保障和支援作为义不容辞的主要任务。

　　1946年3月，全县轰轰烈烈开展起大生产运动。县、区领导带领各级党员干部深入到村屯，进行组织发动，帮助群众解决实际困难，开展生产竞赛，鼓励开荒，发展副业生产，奖励劳动模范和生产能手，千方百计激发起广大农民群众的生产积极性，当

时，在群众中广泛流传一句口号："种好地，多打粮，支援前线，打老蒋。"

"土改"后，仍然延续一家一户为生产单位的农耕生产模式。有些农户，特别是军烈属和老弱病残家庭，有的缺少劳动力，有的缺少牲畜或农具等，不能很好地进行生产。县委和县政府及时总结农民自发、自主、自愿换工插犋，互助合作的经验，引导农民在自愿的基础上三五户不等组成互助组，有人出人、有马出马，人畜联合起来，优势互补，进行适时耕种。一般2个人工换3个马工，人换人工，记工分，秋收时各家的土地收获的粮食大部分归自己，按比例交互助组一部分，按换工插犋记的工分公平分给组员。对于缺少劳动力的军烈属、病残户，由村政府组织代耕或助耕。互助组有按季节临时组成松散型的，也有紧密型常年性的互助组，这种生产形式有利地促进了当时农业生产的发展，为以后的农业合作化运动作了思想上和组织上的准备。在农业互助合作中，水师营区三合乡的董魁互助组、双录区腰房身屯（现双生村）的王永珍互助组闻名全省，起到了典型引带作用。时任黑龙江省委宣传部长的李剑白，带领相关部门到王永珍组总结经验。《黑龙江省日报》《东北日报》先后刊登了王永珍互助组的先进典型事迹。东北局农业技术推广总站人员到王永珍互助组建立了海伦县第一个农业技术推广站，并带来一套新式马拉农具和一台拖拉机，向互助组推广了新技术。县内干部农民来参观，外县外省也组织参观团来学习，称赞为"王永珍道路"。1948年春，水师营区永和村（现海旺村）新立屯孟庆余组建的常年互助组，由11户组成，共有土地58.1垧，劳动力11个，马10匹。他们坚持自愿两利原则，以工换工，克服了单干经营出现的很多困难，使农民看到了"组织起来"的优越性。县委派人深入孟庆余互助组，总结其成功经验，在全县推广。该互助组1950年被省政府授予"海伦第一模范组"。国务院授予孟庆余全国劳动模范称号。

据1949年统计，全县共有互助组1 064个，参加总户数6 427户；其中常年互助组800个，参加户数2 646户。在创办互助组等措施的推动下，全县粮食总产49 701万斤，比上年增长9.6%，交售公粮16 506万斤，比上年增长9.6%。

二、发展和搞活工商业

光复后，海伦的国营、公营工业基础主要是没收日伪企业和接收资本家的企业恢复和发展起来的。当时，国营企业指归东北局、省领导经营的较大型企业。从性质上分，海伦县大体存在以下几种企业和经济成份，分：国营企业、公营企业、合资企业、私营企业、工商业主、小型作坊、工商个体业户及摊床。

海伦县委、县政府十分重视工商企业发展，早在建党、建政之初，即派地下党员接收管理制粉厂和亚麻原料厂这两个县内大型企业。两厂分别划归东北粮政局、纺织局领导后，县委和县政府继续予以支持。同时，改造壮大公营制油厂、发电厂，合资经营制米厂，为地方的经济发展起到支柱作用。新中国成立前，海伦依托农业资源，已经系统建成东北粮政局海伦制粉厂、海伦制油厂、制米厂，公粮仓储为主体的粮食、储运、加工企业，为保障东北境域内军队、机关、城市的粮食供应奠定了基础发挥了重要作用。1945年11月，利用没收的日伪财产成立了公营大众商店。1946年成立了贸易公司，下设兴隆商场和转运站。1946年6月25日，海伦县成立了东北银行海伦办事处。到1949年，东北银行海伦办事处各项存款19.3万元，办理贷款0.8万元，为统一发行货币创造了条件。

在县委、县政府的保护、帮助、扶持下，全县的私营工商业、手工业及摊贩等工商业者得到了恢复和发展。到1949年，私营企业已发展400多家，其中私营商业企业5家。从业人员大量增加，有效缓解城镇就业问题，从而使海伦的工商业得到恢复和发展，城镇人民生活逐步安定。此外，在海北镇，利用接收的私人企业资产成立了民众商店，后发展为海北供销合作社。这是全县第一家农村供销合作商业企业。之后，又相继成立了海北区市民消费合作社、伦河供销社、手工业合作社、信用合作社等农村供销合作商业组织。1949年，全县农村供销合作社已经发展到99个。同年9月，建立了海伦县供销合作社联合社，为城乡物资交流、繁荣经济发挥了重要作用。

三、恢复发展交通运输业

滨北铁路从海伦境内南北贯通达68公里，途经5个火车站，海伦地方协助铁路部门护路保路，保证大动脉通畅。

光复时，民主政府接收海望、海拜、海通、海绥公路4条，乡村公路13条，均为砂石路，总长314.2公里，路况差，县政府及时组织了维修。同时成立了转运公司，后改为海伦县运输公司，组织个体业主用车马运输。之后，还建立了伦河、海兴2个分站。到1949年，全县有大型货运汽车4台，从事货运的胶轮马车540台，担负全县客货承运工作。

四、改造整合邮电业

1945年11月，县政府将接管日伪时期的邮政局、电报局、电话局整合为邮电局，在全县恢复了邮电业务。1946年6月10日至1949年9月3日，先后开办了伦河、海兴营业处和海北邮电局。全县邮路总长950公里，其中自行车邮路95公里。开办了保价邮件、汇兑业务、报刊发行业务，实行邮发合一。电信业务逐年发展，截至1949年，海伦县城内电缆空架线路4.5公里，农村电话中途线杆程187公里，县至乡分线路长354公里；电信设备容量25门，磁石制长途交换机一部，实占5门；城内电话设备装机容量为300门；电报业务量2 180份；长途电话业务量4 560次。

五、改造和兴办教育事业

按照"民族、民主、大众、科学"的新民主主义教育方针，全县对从日伪手中接管的195所初、高级小学进行民办公助改造。1948年，全县民办小学达245所，学生人数20 097人。1949年，贯彻执行党的教育"向工农开门，为生活服务，新型正规化"方针，使全县的教育发生质的变化。全县民办公助小学达312处，学生数27 548人，基本达到区区有中心校，村村有小学的初级教育全覆盖。

在全县小学教育发展的同时，改造伪满男子国民高等学校和女子国民高等学校为海伦男子中学和海伦女子中学。1947年，整合两校为海伦中学。1948年以后，海伦中学走上正轨，规定了授课、毕业、放假、考试制度，为新中国培养大批人才。

六、积极创办卫生事业

海伦县卫生事业的发展，始于1945年接收日伪县立医院，更名为民众医院。先与驻军黑龙江省军区警备二旅医院合并为军医院，后改为西满军区后方医院。后来，该院大部人员随大军入关南下参加全国解放战争，其余留下的人员与县大队卫生所人员合并，同时吸收私人医生组建了集体性质的医院，不久改造为公营医院。1948年9月，县民主政府设立卫生科，具体负责全县卫生工作，辖内17个区政府配备有卫生员19人，263个村、街政府设有卫生员233人，1 160个自然屯有卫生员762人。到1949年，全县卫生技术人员已有475人，其中中医406人，有中医诊所18处，坐堂医6处。1949年3月，全县城乡开展预防接种活动，城镇接种牛痘6 786人份，农村接种牛痘6 400份，还进行了霍乱和伤寒疫苗接种，共接种疫苗17 374人份。为全县医疗卫生事业的发展打下了基础。

七、努力发展文化事业

县委、县政府为了发展文化事业，用新的思想占领文化阵地。1947年，把在接收私营剧院的基础上创办的30多人的公立集体性质的剧院改为公有制后，对演职人员进行学习教育，启发他们提高思想觉悟。为配合"土改"运动，剧院在上演传统剧目的同时，还排演了革命剧目《白毛女》《血泪仇》。1947年和1948年两年上演了500多场。这期间，成立了东北书店，后改称新书店与印刷所，出版发行了毛泽东主席和朱德总司令的《新民主主义论》《论东北战场》以及一些抗日英雄事迹等图书。此外，1949年又设立有500个座席的电影院，有职工6人，放映革命和教育题材的电影，丰富活跃了人民的文化生活。

八、集中人力补充兵员

1946年8月，东北局指示要求"大量发动群众武装，巩固地方部队，充实主力兵团，以建立长期斗争的可靠基础"。中共黑龙江省委也就此作出决定，以海伦子弟为主力的黑龙江省军区警备二旅编入东北民主联军战斗序列，壮大主力部队力量。中共海伦中心县委组织200余名干部，深入到各区、乡动员了2 200名身体好、素质好的贫苦青年子弟参军入伍。当年黑龙江省17个县扩兵21 395人，海伦县参军人数占全省总人数10%。

1947年春，东北民主联军取得三下江南、四保临江战役胜利后，从战略防御转入战略进攻。同年7月27日，东北局和东北民主联军作出了《关于成立二线兵团的决定》，要求各省、县动员翻身的农民和工人参军入伍。中共海伦县委和县政府认真贯切落实这一决定，全县出现"父送子、妻送郎、兄弟相争上战场打老蒋"的热烈局面，仅用半个月时间，就为部队输送新兵2 000余人。同时，积极组织县、区武装精干人员升级参军入伍到主力部队或二线兵团。

1948年1月5日，中共东北局副书记、东北野战军政治委员罗荣桓主持北满7个军区军事会议，要求北满各省再成立46个团，每个团2 500人，同时组建二线兵团，组织预备役兵。会后，黑龙江省组建了6个独立团，中共海伦县委和政府即将县区武装编为二线兵团，同时动员1 520名青年参军入伍，充实东北野战军部队参加辽沈战役。

1949年4月，第四野战军在平津地区誓师南下，解放全中国。在中共海伦县委和人民政府的领导下，海伦又把优秀的子弟1 374人输送给第四野战军参军参战。

从1946年至1949年的四年里，海伦县动员参军参战高潮迭起，到处呈现欢送子弟参军入伍的动人场面。共参军入伍7 454人，其中不包括地方武装升级编入二线兵团和主力野战部队的人员。据资料提供：全国解放战争期间，全县牺牲烈士453名。

九、全力做好战勤工作

海伦在东北和全国的解放战争期间，为第四野战军提供了大量的粮草和兵员的同时组织战勤工作，支援前线。先后三次组织担架队赴前线参加战地救护和转运伤病员工作，使部队打到哪里都人有饭吃，马有草料，并且能及时将伤员运下火线，保持了部队旺盛的战斗力。

中共海伦县委和人民政府组织思想觉悟高、身体强壮的农民出民工,选派得力的领导干部带队。先后由教育科长王文林、县政府秘书李友为、青年部长闫兴武、县大队长范万昌、农业科长王树桥、城区副区长李世恩等出任正副队长,带领民工完成各项战勤工作。

1946年7月,四平战役打响。中共海伦中心县委组织海伦、绥棱、明水400余人出战勤民工,马拉大车近百辆,参加战勤保障工作。在辽沈战役攻打锦州时已晚秋,大车队冒着敌机、大炮和机枪的轰炸扫射,不分昼夜连续八天八夜不休息,在火线上给部队运送弹药和给养,当运输队行到辽河时,发现无船无桥,大车运输队小队长张永久跳下冰冷的河中,边涉水探深浅,边引导车队过河,保证按时完成任务。

1947年5月至1948年2月东北民主联军发动夏秋冬三大攻势期间,海伦县出动战勤人员超过1 800人,担架100副,大车近100辆,为夺取每次战役、战斗的胜利做出了贡献。担架队的干部民工对前线下来的伤员照护得无微不至,甚至用自己的饭碗为他们接屎尿。伤员感动地说:“老解放区的战勤人员比亲人还亲。”海伦的战勤队受到了省委、省政府以及军区的好评,被称为“不穿军装的野战部队”。

海伦县在解放战争期间,在一切为了前线的方针指导下,深入认真地开展了拥军优属工作。“土改”优先分地给军烈属,全县共为6 838户军属、383户烈属实行代耕,为其排忧解难。对5 124名军属子弟就学免除学费,为城镇特困军属发放口粮2.4万斤,生活物资价值2.8万元。发动群众和青少年帮助军烈属挑水、扫院子、打柴等,年节送慰问品和慰问金。各级政府为军烈属赠送《功臣之家》《光荣之家》的匾额,宣传军烈属和军人的英雄事迹,提升军烈属的社会地位,激发群众的革命热情,鼓舞前线海伦籍将士奋勇作战、杀敌立功。

自1946年至1949年，在全国解放战争时期，海伦县为支援前线作战给部队提供粮食1亿斤，谷草2 400吨，其他柴草3 743吨，干菜50万吨，捐军衣、军鞋折东北流通券107亿元，其中做军鞋47 396双。海伦制粉厂4年生产面粉16 850吨，基本用于军需。可以说，海伦人民为东北及全国的解放做出了历史性的卓越贡献。

第四篇 ★ 社会主义改造和建设时期

（1949.10—1977）

1949年10月1日，海伦县各界人民群众隆重聚会，庆祝中华人民共和国的成立。从此，海伦县革命和建设进入新的历史发展时期。县委和县政府继续领导人民，在捍卫革命胜利成果的同时，积极发展经济，进行社会主义改造，掀起社会主义建设高潮，并坚持在十年动乱中抵制与前行，积极有效地推动了海伦的历史发展进程。

第十二章　发展经济，支援抗美援朝

新中国成立后，党的工作重心由农村转移到城市，基本任务是恢复发展经济。海伦是农业县，农业人口占总人口的85%，恢复和发展经济主要是把农业生产搞上去，同时城乡兼顾，鼓励和扶持城镇工商服务业的发展。

一、开展农业丰产运动

在1950年到1952年的三年国民经济恢复期里，中共海伦县委和县政府根据党中央、毛主席的指示，按照省委的要求，在农业生产上全力组织城乡干部和群众，开展提高农业单位产量即增产节约运动。

县委抽调大量县区干部深入农村，宣传贯彻党的方针、政策，教育提高干部群众的思想，以适应形势发展的需要。帮助各乡干部在巩固互助组的基础上，引导农民群众由春种、夏锄、秋收三大季临时互助向常年互助组发展、组织农民群众走集体化生产道路。

截至1951年末，全县互助组发展到10 518户，其中临时互助组2 221个，三人季互助组7 240个，常年互助组1 057个，参加互助组的农户占农户总数的80.7%。

通过开展丰产运动和互助组的不断发展壮大，海伦县的农业生产得到进一步发展和提高，粮食亩单位产量和总产大幅度增加。1950年粮食总产量为41 474万斤，完成国家征购粮任务29 752万斤；1951年粮食总产量为48 580万斤，完成国家征购粮任务19 121万斤；1952年粮食总产量62 587万斤，完成国家征购粮36 664万斤。粮食单位产量逐年递增，从亩产160斤、195斤，增加到1952年的230斤。1951年3月，在十七区（现双录乡双生村）建立海伦县第一个农业技术推广站。仅1951年的粮食产量大大超过伪满1943年最高水准年份127.7%。1952年比1951年增产23%，为支援国民经济恢复、保证城市粮油供给、支援抗美援朝战争做出了贡献。

二、大力发展城镇经济

在兼顾城镇工商服务业的发展方面，采取巩固国有企业，发展公有企业，帮助扶持私营工商企业，限制不法工商户的政策，城镇经济发展迅速，有力地支援了农业生产。1952年，仅县贸易局公有商店、粮栈等已经发展到18个，粮食粮油加工、仓储等公有企业生产销售兴旺，农村供销合作社遍布城乡，公有制酒厂、铁工厂、建筑公司等工业企业开始形成体系。全县有纺织、麻袋、印刷私营企业133户，皮草、刻字、油画、商店191户，加上小商店、旅社、大车店、染坊等小作坊，共有工商企业和业户1 536家。1951年5月完成全县道路主、次干线公路春季整修301公里，动用民工31 907人，修桥涵56座，公资民助民建60座。全县城乡中、小学全部实现正规化教育。县医院逐步完善，医疗卫生事业得到发展。兴办文化事业，在县文化馆的基础上，在3个区建了文化站开展群众文化活动，丰富人民的物质文化生活。

三、全力支持抗美援朝

1950年6月25日，朝鲜内战爆发。美帝国主义趁机扩大朝鲜战争，捍然发动对朝鲜的侵略，9月将战火烧到鸭绿江边，妄图以朝鲜为跳板达到侵略中国的目的。10月，中国人民志愿军入朝作战，拉开了中国人民抗美援朝、保家卫国战争的序幕。海伦人民在县委和

海伦县工商业者为抗美援朝
捐献飞机大炮誓师大会

县政府的领导下，坚决响应党中央和毛主席的号召，全党、全民总动员、参军参战，集中人力物力支援前线。1950年10月19日，县委决定抽调188名县区村三级干部组成赴朝大队，由三区区长甘雨廷为政委、县工会文教委员秦维林为大队长随66军行动。1950年11月8日，县委决定抽调以供销社主任檀玉振为政委、县委宣传部副部长左连科为支队长，成立海伦县第二支战勤民工支队，下设大队、中队、小队、班的建制，动员民工1 285人，组成担架队和战勤服务队，由县区村干部带队，赴朝执行战勤和救护伤病员等任务。之后，又动员选派了医生、护士、司机、炊事员、管理员、勤杂工等技术人员（不包括临时工）262人赴朝执行任务。1951年1月，按军队的四四编制一个营，全副武装组成3支随军战勤担架队共857人，由二区区委前书记石殿有任教导员，营长马玉龙，随二十六军七十七师行动。部队打到哪里，战勤担架队就到哪里。3支战勤队分别于1951年11月、1952年7月出色地完成各项战勤任务回国，受到志愿军和朝鲜人民的好评。县委、县政府召开庆功会表彰他们的功绩。

在1950年至1951年的两年抗美援朝战争中，海伦县共出战勤民工2 792人。自1950年11月10日抢渡鸭绿江到达朝鲜战场后，奔赴志愿军后勤部三分站下属的4个站、3个战地医院，经平壤、汉城（今首尔）渡汉江到南注岩里等地，转战3 500余公里，冒着敌机轰炸和炮火，不分白天黑夜，有时几天不休息。据统计，在火线上40至60公里抬伤员592名，往火车上抬伤员830名，往汽车上抬伤员86名。装卸火车物资27节车厢，装卸汽车物资19 002台，装卸胶轮车3 971台。倒运仓库物资：炒面21 457袋、白面12 000袋、大米10 650袋、高粱米12 900袋、稻子2 100袋、乔麦2 008袋、饼干1 700箱、罐头6 800箱、汽油1 472桶、弹药2 400箱、药品1 100箱、血衣1 055套、枪油700箱。修地下室85个、物资掩体66个、汽车掩体59个、防空洞170个。维修公路78公里，修建桥梁18座，修建澡塘2个，修垛底107个，挖油坑30个。从仓库中抢出的物资：豆油和汽油1 420桶、炸药1 350斤、大米966袋、子弹230箱、白面380袋、棉胶鞋2 160双、火车皮22节、两火车皮炒面、木材27 586棵，有力地保证了志愿军作战的需要。为了巩固国防，保证抗美援朝战争的胜利，还动员142名民工参加国家飞机场修建工作，完成了临时性和其他战勤工作。

在后方，海伦县上下总动员齐上阵，掀起工农业生产高潮，多产粮、多生产物资，以实际行动支援抗美援朝。县委和县政府动员青年民兵到海伦军粮加工厂即海伦制粉厂为军需加工炒面7 000吨。该厂1950年、1952年两年生产面粉19 435吨，为志愿军打胜仗提供了后勤保障。全县为志愿军购买飞机大炮捐款71.7万元，支援部队干菜35万斤，做军鞋5.5万双，还送了大量军马草料。为设在海伦西门外的东北军区后勤部第三十三后方医院修建房屋218间，各单位捐床207张、被褥120套，组织义务输血队677人，担架150副。县直机关还组织了义务担架队，无论黑夜白天，只要火车运到伤病员，立即出动抬到医院救治。县医院也准备了大量床位和医护人员参加伤病员救治工作。

在两年多的抗美援朝运动中，海伦有1 000多名优秀子弟应征入伍，赴朝作战，其中有374名优秀儿女（包括民工）牺牲在异国他乡，用生命和鲜血捍卫世界和平，涌现出志愿军二级战斗英雄郑起等一些英雄模范人物。

郑起，生于1932年，海伦县百祥区人。1946年参军入伍，历任司号员、连长、营长、团政治处主任，解放军第三十九军一一六师副师级离休干部。

1951年1月3日，志愿军发起第三次战役。在釜谷里战斗中，郑起所在的解放军十大王牌团

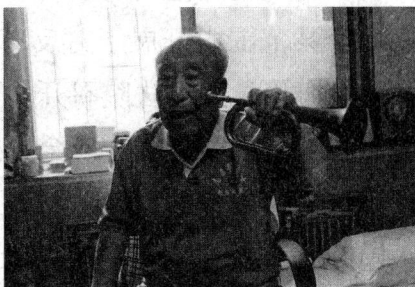

抗美援朝志愿军老战士郑起
与军号的传奇故事

三四七团、红军时期的钢七连奉命防守釜谷里山头。这个阵地距汉城仅30公里，又处在公路三岔口，战斗位置非常重要。郑起所在连与敌连续激战一天，打退敌人多次进攻。山上的冰雪被敌机和大炮炸得化成泥水，全连大部分阵亡，阵地仅剩17个人。19岁的司号员郑起主动担任指挥，接连打退敌人几次进攻。天近黄昏，阵地上除5个重伤员，有战斗能力的只有郑起和机枪手李家福两人。危急关头，郑起指挥李家福打一枪换一个地方，自己在战壕里来回奔跑吹冲锋号，吹得嘴唇裂出血口子，敌人以为志愿军主力反冲锋，退到山下公路旁，后被及时赶到的团主力全部歼灭。战斗结束后，郑起被评为二级战斗英雄，特等功臣。1952年9月，郑起应邀回国参加国庆观礼。9月30日，毛主席宴请国庆观礼代表，与郑起亲切握手。这个巨幅照片和英雄事迹，现陈列在丹东市抗美援朝纪念馆内。

四、开展"三反、五反"和镇压反革命运动

新中国成立初期，虽然经过剿匪、平叛，但还存在少数漏网的日伪和国民党的军政警宪特人员。他们仇恨新中国，妄图变天。潜伏下来的反革命分子到处搞破坏活动，影响经济建设和社会治安秩序。1950年12月至1951年10月，在党中央和毛主席的领导下，开展全国范围内镇压反革命运动。届时，海伦县委和县政府在全县范围内开展了对反革命分子的清查惩办工作。1951年5月，在海伦县人民法院召开公开审判大会上，惩处了第一批反革命罪犯23名。全县城乡、全党全民上下动员，揭发反革命分子及其罪行。到1952年镇反运动结束，党的各级组织和政法机关接到人民群众控诉信143 512份，经查实逮捕了一些罪行较重的，宽大处理了大部分较轻的人员；处决了罪大恶极的反革命分子。1951年6月30日，县人民法院召开公审大会，处决吕明溪、石崇岳、陶永武等九名汉奸、特务、国民党头目。

同时，县政府取缔国民党、三青团、一贯道、普济佛教会等反动党团和邪教组织，通告其骨干分子到公安机关自首和登记，接受审查和处理。勒令其他非法宗教组织自行解散，停止活动。

随着党的工作重心从农村转移到城市，在经济恢复中，一些党员和干部滋生不同程度的享乐主义。一些不法分子和资本家，投机倒把，囤积聚奇，贿赂政府工作人员等现象，严重破坏、干扰国家经济建设和抗美援朝。1952年1月，根据党中央和上级指示，海伦县开展了反贪污、反浪费、反官僚主义的"三反"和反行贿、反偷漏税、反盗骗国家财产、反偷工减料、反盗窃国家经济情报的"五反"运动。县委首先召开了"三反、五反"学习动员大会，城镇的2 650名党员和干部有1 834名参加了会议。会后，层层组织干部群众大会学习动员、小会讨论和个人揭发

检举。全县共提出有问题人数989名，其中自动坦白的930名，被检举的59名。全城内党员607名，有贪污问题的176名；新干部贪污的974名，老干部15名；集体贪污的10起，金额123 640 666元（旧币），个人贪污的人数967名，金额346 382 877元（旧币）。贪污人员从级别看：科级30名，厂长和经理37名、股长97名，一般职员和技术人员等825名。其中情节严重的21人被法办，21人被撤职，85人被停职反省。绝大部分人通过学习和检讨，开展批评与自我批评，提高思想觉悟后，积极退赔，本着治病救人的原则，对其作了组织处理。

同时，县委和县政府领导县工商联合会，组织工商业户开展"五反"运动，采取集中动员学习教育，小会分散讨论揭发检举，自我检查，进行整改等方法进行。通过"五反"运动，使全县工商业者增强了国家观念、人民意识，思想觉悟获得很大提高。纷纷表示：遵守共同纲领，服从党和政府的领导，奉公守法，发展经济，为国家经济建设做贡献，使全县的工商业沿着正确轨道发展。

"三反、五反"运动，不仅教育了党员和干部，反掉了旧的不良习气，增强了党的战斗力，而且还提高了党的威信，密切了党和群众的关系。

第十三章 社会主义改造和社会主义建设

抗美援朝战争极大地激发了中国人民的爱国热情，结合增产节约运动，在党的领导下胜利完成三年经济恢复的目的和任务。

党中央决定于1953年开始执行1951年编制的发展国民经济的第一个五年计划（即"一五"计划）之后，6月15日提出了党在过渡时期的总路线，明确指出："从中华人民共和国成立，到社会主义改造基本完成，这是一个过渡时期。党在这个过渡时期的总路线和总任务，是要在一个相当长的时期内，逐步实现国家的社会主义工业化，并逐步实现国家对农业、对手工业和对资本主义工商业的社会主义改造。"这是一场生产资料所有制、生产关系变革的社会主义改造运动。

一、全面开展社会主义改造运动

农业的社会主义改造。海伦的社会主义改造运动最先是从农村农业起始的。遵照中共中央确定的由临时互助组到常年互助组，再由初级农业生产合作社最后到高级农业生产合作社的方向，按照省委的部署，海伦从1952年开始进行农业社会主义改造。经历四个阶段：

第一个阶段：县级试办初级社。县委于1952年初，在调查研究的基础上，以出席省劳动模范大会的王永珍、孟庆余、甄宝库、贾润堂和蒋作礼、崔万录、李英龙7个区的7个互助组为骨干，试办7个具有半社会主义性质的初级农业生产合作社。县委书记曲长川亲自抓，县委委员分工带领工作组直接深入各试点村帮助建社。同时，省委派来工作组帮助孟庆余互助组建社。由于参加试点的互助组基础好，群众积极性高，省委和县委重视，2月1日王永珍在全县第一个建立初级社，紧接着孟庆余第二个初级社建立。至4月，全县5个试点的互助组全部建立初级社。在其影响下，各区农民自发地建起76个初级社，被称为自发社。面对全县自发社迅猛发展的形势，中共海伦县委没有头脑发热，而是采取沉着、稳健的方法，及时组织区、村、社三级领导总结办社经验教训，扎实推进。根据省委要求，1953年3月，海伦县委对已建成的初级社进行整顿，保留10个条件好的社巩固提高，其余社改为常年互助组。

第二个阶段：区级试办，分批发展初级社。1953年，海伦县委按照中央"积极领导，稳步发展"的方针，组织各区试办初级社47个（包括保留的10个自发社），区委书记和委员分工亲自试办，县委书记邱健和县委成员深入各区检查指导。经过县区两级试办，取得办社经验后，1954年春耕前、挂锄后分两期7批发展初级社。春耕前的第一期是从年前11月末，县委抽调县、区、村423名干部组成工作队，培训后铺开三批。1954年挂锄后的第二期，经过县区培训2 700名建社干部铺开四批。

1954年分两期共建初级社1 089个，加上54个老社，全县共有初级合作社1 143个，参加初级社的农户占农户总数的44.2%，建初级合作社的村123个，占全县291个村的43%，还有3个村没建初级社。这一年初级社发展过快过猛，部分社存在跑粗和质量差的问题。根据中共中央1955年1月《关于整顿和巩固农业生产合作社的通知》精神，中共海伦县委决定1955年停止发展新社，进行整顿，提高质量。

第三阶段：批判"小脚女人"，实现初级合作化。1955年7月末，省委召开地、县、区委书记会议，总结部署巩固提高初级社。会议将要结束时，传达了毛主席《关于农业合作化问题》的报告，尖锐地批判收缩、放缓初级社发展是右倾保守的"小脚女人"。于是，刚得到纠正的急躁冒进倾向，急转直下，把停止发展改为快速发展初级社。同年8月中旬，县委分别召开三级干部、党员和群众三个会议；后来，又连续三次召开区委书记会议，传达学习毛主席的报告和党的七届六中全会精神，反复检查右倾保守思想，层层制定修改建社扩社规划，全县掀起快建初级社的高潮。到年底，新建初级社707个，加上以前的，全县共建初级社1 850个，参加初级社的农户由44.2%上升到91.5%，全县实现了初级合作化。当年，这些社粮食都获得增产，显示出农业合作化优越性。

第四阶段：海星高级社试点，三个月高级化。在初级社建立的高潮中，海伦县委经省委同意，开始了转建高级社的试点工作。1955年11月，县委派工作组到从互助组发展到初级社，有八年合作化基础取得很大成绩，名扬省内的孟庆余初级社进行转建高级社试点。经过25天的工作，在孟庆余初级社的基础上，整合5个初级社，建立起海伦县第一个高级农业生产合作社。按照省政府副主席杨英杰的建议，县委将其命名为海星高级农业生产合作社，意为星火燎原，带动全县建立农业高级合作社。

在全国农业社会主义高潮的推动下，海星高级农业合作社没来得及显示优越性，就星火燎原。县委即组织400名农民参观学习，要求全县各农业区参照试点社做法，办了25个高级社后，又组织5 000多名农民参观学习。1956年1月23日，县委召开三级干部和3 000名农民代表参加的高级社积极分子大会，进行批右倾保守、加速建立高级社的动员，要求党团员带头，全党全民齐动手，春节前全县实现农业高级合作化。会后，全县同时展开，跑步完成农业社会主义改造。不管条件如何，初级社一律升级，互助组越级，单干户"一步登天"，一起加入高级社。在一个多月的时间里，全县262个行政村，建起262个高级社，入社农户67 943户，占全县农户的99.5%。1956年3月，海伦县提前实现了高级农业生产合作化。在此期间，县委、县人民委员会，根据全国《农业发展纲要》制定了1956年至1967年《海伦农业发展纲要》。后来，由于大跃进等原因没有实行。

在高级农业生产合作化过程中，虽然存在急躁冒进、一刀齐的偏差，高级农业合作社还是适应当时农村社会主义生产关系和生产力的发展，为社会主义经济制度的建立奠定了基础。

手工业和私营工商业的社会主义改造。在农业生产资料所有制社会主义改造的同时，海伦县的手工业和资本主义工商业的社会主义改造也同时进行。县委召开多次会议，利用各种形式，向私营工商业户和手工业者，宣传党的过渡时期总路线及相关方针政策。通过学习教育，启发他们提高认识和思想觉悟，使其主动接受社会主义改造。县委还充分发挥县工商联合会这个群团组织的桥梁纽带作用，具体组织私营工商业和手工业者进行学习讨论活动。将参加学习的人员划分24个小组，规定学习时间，设立学习地点和组织人。工商联的专职干部深入各学习组讲解学习内容、谈体会，使他们从内心深处理解拥护过渡时期总路线。

经过学习宣传和发动，在全县实现农业高级合作化形势的鼓舞下，海伦县手工业和私营工商业的社会主义改造轰轰烈烈地有序推进。

1955年，海伦县有手工业业户500多家，从业人员1 239人，其中包括农村海北、伦河、海兴三镇的几十家和人员。1956年底，经过社会主义改造组成铁工、薄铁、木器、胶车、皮草、麻绳、弹棉、造纸、毡业、鞋帽、被服、钟表、火药、土陶等手工业合作社24个。之后，县成立了手工业联合社，负责全县手工业的经营管理。

同时，还将县内私营的天利福和制米厂改造成公私合营工业企业。安排私营工商业者参加就业618人，充实国营企业29人，其中有13人担任公私合营、合作总店副经理，22人担任门市部经理。

全县私营行业商户507家，从业人员972人，参加改造的473户937人，占96.3%，其余的停业或转行。这些坐商、行商、摊贩、药店、旅店、饭店、理发店等私营商业，分行业被整合为城内组成公私合营百货商店1处、分店3处，烟酒食杂、饮食服务、医药等3处合作总店、分店（网点）65处，农村私人商业折股转入供销合作社。1956年，全县供销合作社达到41个，分销店102个。同时还改造了农村摊贩439人。

海伦县在对资本主义工商业社会主义改造中，没有沿用"土改"运动斗地主、清算没收财产的方式，而是按党的政策采取和平赎买的方式。就是将资本家的设备和财产折价入股、分公私合营企业的红利、拿定息、资方仍留在企业参加工作或管理，使其成为自食其力的社会主义劳动者。

至此，1956年底前，全县对农业、手工业和资本主义工商业的社会主义改造全部实现。

通过社会主义改造，全县的国营企业发展迅猛。当时除国有银行、保险公司、邮电局三家国营企业，还有亚麻、粮食加工储备、运输公司等9个工业交通企业和百货、医药、煤建等9个商业公司及其所属多家商店和门市部等地方国营企业，并逐步占据了国民经济的主导地位。上述的社会大变革使海伦的生产资料所有制由原来以私有制为主体，完全转变为全民所有制和劳动群众的集体所有制，发展和解放了生产力，从而确立了社会主义的经济制度和计划经济体系。原本设想的18年的社会主义改造，仅用了8年就已完成，提前10年，实属中国乃至人类历史上的伟大壮举。

伴随社会主义经济制度的建立，海伦县确立了社会主义政治制度。

从1954年3月20日召开的海伦县第一届第一次人民代表大会，到1956年9月9日召开的海伦县第二届第一次人民代表大会，人大会议共召开5次，会上充分发扬民主，讨论国民经济发展计划，政法工作，选举县长、副县长、法院院长、检察长国家机关领导工作人员。人民代表大会的召开，对国家机关及其工作人员进行法律监督，标志海伦县社会主义根本政治制度已经确立。之后，1957年3月，中国人民政治协商会议海伦县委员会成立，县委书记王玉生当选县政协主席。副主席和委员多为党外人士。从此，共产党领导的多党合作、政治协商、民主监督的社会主义基本政治制度已经在海伦县建立。

社会主义政治和经济制度的确立，使海伦同全国各地一样，同时步入社会主义社会，为后来社会政治和经济发展奠定了制度上的基础和保障。

二、掀起社会主义建设高潮

完成生产资料的社会主义改造后，海伦同全国各地一起迈入了社会主义建设的历史发展时期。在1956年全1966年的十年社会主义建设不断探索和苦干实干中，海伦社会、政治、经济发展取得了令人嘱目的成绩。人民群众的物质文化生活逐步改善，为社会主义革命和建设创造了良好开端，打下了坚实基础。

兴修水利防洪治涝。海伦一直是以农业为主导产业的县份，然而低洼河滩地较多，约占耕地面积的三分之一，洪涝灾害易发是制约农业发展的突出问题，县委和民主政府从1948年就开始领导人民群众治理水患，到1957年，共在海伦境内的海伦河、通肯河、扎音

县委领导研究水利规划

河、克音河、三道乌龙沟子5条河流等易涝地域修河堤300余里，挖泄洪沟13条，顺水壕百余条，但没能从根本上解决问题。1953年，通肯河、扎音河洪水泛滥，河堤5处决口，淹没农田81 180公顷，17个村屯进水，县委书记邱健、县长邢万一深入6个灾区，与区委一起动员8 700多人堵决口，挖壕顺水抢救农作物4 350公顷。为了根除洪涝灾害，发展农业生产，县委把兴修水利摆上重要日程，县委书记亲自抓，主管领导坐镇指挥。海伦县兴修水利大体经历三个阶段。

第一阶段，堵顺治涝。从1954年到1957年，主要方法是蓄、堵、泄、顺：蓄是修水库和塘坝，堵是筑河堤，泄是修泄洪渠，顺是挖排水壕。这几年县委组织乡村11 000多个劳动力，在副县长李传禄的带领下，在海北修建星火、燎原等7座中小水库、5座塘坝，并修22公里河堤、10条排水壕。1957年，县内沿江地均遭内涝灾害，唯有海北洼地没受灾害喜获丰收。

第二阶段，六座水库建设和三大涝区治理。从1958年开始到1962年，全县进行以蓄为主的群众性水利建设。1958年7月，县委决定东方红、联丰、东边、祥富、红旗（十三井子）、永合等

较大型水库相继开工建设。副县长李传禄、齐文章、组织部长武树林、武装部政委张永清分别担任各工程指挥部总指挥，动用民工2万余人，冬季坚持施工，在经济落后、缺少机械的情况下，主要靠人挖、镐刨、肩挑，人工筑坝。1959年，各水库土坝相继完工。除东方红、联丰、东边3座水库后由省和国家立项续建配套全部完成竣工。其余3座无能力配套成为废库。其中东方红水库成为黑龙江十大水库之一，联丰、东边和以前建的海北星火、燎原水库成为中型水库。

东方红水库，位于海伦东部双录乡小兴安岭西麓鹿马山脚下，处在相对的两座小山丘之间，在扎音河上游截流筑土坝建成。1962年，东方红水库配套工程纳入国家基本建设计划，由省水利勘测设计院勘查设计，省水利厅第三工程处负责进行配套，完善和续建设计施工，总投资1 180万元。其中国家投资941万元，地方投资237万元，主要是投工。建成18米宽、201米长溢洪道，内径2.4米输水隧洞，3孔闸门，750千瓦水电站，土坝加高石块护坡等5项工程。设计防洪标准由初建时的50年一遇，达到100年一遇。1965年，东方红水库续建工程全部完工建成。坝长560米，坝项宽6米，最大坝高19.54米，5孔平板钢闸门孔净宽4米，钢筋混凝土结构水洞长235.4米。坝后建成水电站装机容量500千瓦，年发电量102千瓦时。坝堤以上流域和集水面积522平方公里。库容1.62亿立方米，具有防洪、蓄水、养殖、灌溉、发电多项功能。经过2002年除险加固，水库设计洪峰流量每秒971立方米，设计防洪水位240.13米，相对库容1.51亿立方米，兴利库容0.72亿立方米，设计总库容2.13亿立方米，死库容0.18亿立方米。1992年，东方红水库成为海伦市城镇供水源头，为工农业生产和人民群众生产生活发挥不可代替的作用。

联丰水库，居海伦域内4个省级中型水库之首。位于丰山乡、坝址坐落在海伦河上西南，距县城50公里，土坝长3 500米，最大坝高7米，坝顶宽6米，最大泄洪流量每秒582立方米，集水面积961平方公里，总库容7 766万立方米，死库容680万立方米。

东边水库，位于海伦市东北东林乡境内，是绥棱、海伦两县市界河克音河、双岔河右支流上的一座中型水库。坝址以上流域面积214平方公里，库容6 371万立方米。其间，几经缓建、续建、加固消险、防洪达100年一遇标准，直至2017年7月登记注册。

星火水库，位于海北镇，土坝全长6 400米，其中主坝长3 300米、副坝3 100米，最大坝高5.02米、坝顶宽5米，集水面积65平方公里，总库容1 070万立方米。

燎原水库，在海伦北部爱国乡与星火水库仅相距4公里，设计总库容1 260万立方米，兴利库容886万立方米，集水面积101平方公里，年蓄水量1 060万立方米。水库全坝长8 700米，其中副坝与通肯河堤坝合一，最大坝高5.16米，最大泄洪量每秒86.4立方米。星火、燎原两个中型水库均属平原水库，特点是坝长、水面大、水浅。后经2002年和2009年省水利厅立项消险加固，总投资8 665万元，其中，国家投资5 351万元，省配套2 475万元，县（市）配套829万元。两个水库消险加固后防洪标准，由20年一遇提高到50年一遇。

第三阶段，综合治理三大涝区。在东方水库建设的同时，又开展了海北、联合、伦河三大涝区的治理。在吸取以往治涝经验的基础上，采取蓄、泄、截、防、排、改相结合的方法；即修建和巩固水库拦蓄山洪；整修泄洪，渲泄山沟洪水；环坡脚开沟，截流坡水；努力提高河堤标准，防止河水泛滥；开挖支斗渠，排出内水；洼地种洼田，改种早熟耐水作物。并采取专业队伍与群众投工相结合的方法，努力提高设计标准、坚持工程配套、保证施工质量。1963年和1964年，海北、联合两个涝区综合治理纳入国家基本建设项目，工程开工后，成立县水利等相关部门及技术人员参加的涝区治理工程指挥部。县委书记王玉生担任总指挥，副县长李传禄为副总指挥，在全县各公社、大队抽调千余人组成专业队伍常年施工，农闲季节动员广大农民群众参加突击。1965年末，完成海北、联合两涝区20年一遇标准的治理工程建设。海北涝区修泄洪3条，截流3条，排干、支渠和田间工程动土方70万立方米，包括前几项工程总土方427万立方米，修桥梁36座，加固河堤58公里。整修星火、燎原、九龙口3座水库，总投资236.5万元。联合涝区共修泄洪5条，截流9条，排干1条，总土方245万立方米，修桥梁69座，加固河堤工程量71万立方米，整修经建、百发两座小水库总投资361万元。

海伦多年来，特别是在第一个五年计划和第二个五年计划的10年间，坚持团结治水，变水患为水利，不仅改善了农业生产条件，而且充分显示了社会主义制度的优越性和人民群众建设社会主义的冲天干劲。至此，海伦的水涝灾害从根本上得到治理，为以后几大灌区建设，发展农田灌溉和水田，建设现代化大农业创造了条件并打下基础。

在海伦改山治水这一没有硝烟的战场上，涌现出许多展现革命老区精神的感人英模，李传禄便是其中最典型一位。他从1955年到1976年担任海伦县副县长、革委会副主任期间，数十年如一日，在县委的领导下，带领数万人民群众，不怕困难、不计名利，只为党和人民的重托，夏天顶烈日酷暑、冬季战三九严寒，参与指挥这个期间的所有水利工程建设，先后建成东方红、星火、燎原等大、中、小型水库数十座，完成海北、联合、伦河三大涝区等工程建设，为海伦的水利建设付出了宝贵年华，做出了重大贡献。他曾经立下誓言"我活着修水库，死后看水库"。时任县委书记王玉生后来在回忆录中动情地说："回忆海伦水利建设不能忘记李传禄同志。全县水利工地都有他的足迹、心血和汗水，他专研治水技术，总结治水经验，功不可没。"省水利厅的领导和专家将其称为土专家，人称海伦的大禹。

提高农业机械化发展水平。海伦农业机械化经过三个发展阶段。

第一个阶段，国家试办拖拉机站。1951年3月，东北农业部在十七区腰房身屯（今双录乡双生村）建立农业技术推广站，使用拖拉机为农民代耕。1952年又在二区民众村、十四区永合村建两个农技推广站，4台拖拉机为王永珍、孟庆余初级社和附近村互助组代耕。1954年秋，在3个农技站基础上，二区民众村成立了国营拖拉机站。到1956年，设4个机耕队，为4个区12个农业社服务，年耕地2 500公顷，后整合为3个机耕队，队长均由区科级干部担任。站长、副站长分别由县委宣传部副部长梁洪山、十一区党委书记王立珍担任，定名为国兴拖拉机站。1955年，省厅推广大豆平播，农民并不太认可。王玉生在永安村试耕3垧，秋后增产10%，1956年在全县全面推开。当年春，国兴拖拉机站在头道山子，现红光农场六队，开荒600垧并安置移民建新农村，为以后红光农场建立打下基础。同时也为全县培养了40多名农具手。

第二个阶段，社有社营时期（1958年至1962年）。当时，根据中央和省委指示精神，国兴拖拉机站被撤销，农机具及其人员下放给5个乡12个农业合作社，后改称为人民公社和生产大队，由国营变为社有社营。1958年，王玉生请示省厅同意，利用国兴拖拉机站闲置房舍创办了农业机械化学校，为县培养出500名农机事业骨干。机校交省，成立松花江农业机械化学校后，县里又新办县机校，分期轮训农机驾驶员、修理工和农具手。1958年，在国兴拖拉机站修理厂和县铁工厂的基础上建拖拉机修配厂，一年后投产，命名为第一农业机械厂。1961年与1958年相比，全县拖拉机由37混合台增加到165混合台，增长3.46倍；达到8 097马力，增长5.4倍。机引农具由99台增加到493台（件），增长3.9倍。机耕面积由2.8%增长到12.5%。

第三个阶段，国办农机管理站（1962年至1968年）。1962年4月，根据上级精神，由社有社营改为国家办农机管理站，为大小生产队代耕服务。县设立农机总站与后成立的农机局合署办公，为政企合一单位，成立党委。县委常委、副县长刘桂林担党委书记，副县长王立江任站长，有条件的公社设农机管理站，国家投资，独立核算。农机站接收全部社营的拖拉机、农机具及附属设备。当时在向荣、东方红、东风、祥富、海兴、丰山、共合、伦河、海北等公社建立10个站，下设20个机耕队和总站直属的8个机耕队。1964年到1966年，其余公社也先后建立了农机站。到1968年，全县农业机械已发展到：有拖拉机301混合台，达到11 284马力，分别比1961年台增长82%，马力增长39.4%，机引农机具1 676台件，比1961年增长2.3倍，机耕面积达到46.7%，全县农业机械化已经发展到相当水平，走到全省前列。

加强涉农事企业的服务工作。涉农事企业单位有：第一、二良种示范繁育场、种畜繁育场、种猪场、果树场、林业苗圃、农业科研所、农具研究所、农机物资供应站、农业生产资料公司、家畜卫生院等11个单位。各公社设立相应的涉农服务机构。这些场、院、所对于推广先进农业技术，服务农业生产和国家粮食生产基地建设发挥了不可替代的重要作用。此外，还有陈家店、景家店等6个国有林场，及东方红、联丰等5座大中型水库、水利工程队、水利物资供应站等7个水利单位。

由于海伦的党政领导和人民特别注重农业的建设和发展，使海伦一直是省内外闻名遐迩的产粮大县。1949年至1958年十年间，海伦共完成国家征购粮任务30.307亿斤，年平均3亿多斤，超过牡丹江地区的征购粮总数，为保军需民用、国家粮食安全和支援社会主义建设做出了重大贡献。1959年，完成国家征购粮5.917亿斤，全国6亿人口每人平均近1斤粮。1960年至1966年，海伦完成征购粮任务18.21亿斤，平均每年2.6亿多斤。其中，1960年至1963年国家三年困难时期，海伦粮食大幅度减产，省下达的征购粮指标过大，超过负担能力，但海伦县委和人民顾大局、识大体，千方百计完成国家任务，充分体现了海伦人民对党、对国家的热爱。

海伦县于1958年12月荣获周恩来总理签发的全国农业社会主义建设先进县的奖状。同时获此奖励的基层单位有：海伦县稻香公社（现海北镇），海伦县共和公社共青团大队（现共合镇共青团村），永乐公社同发大队（现永富乡同发村），胜利公社海兴大队（现永和乡海旺村），共4个公社和村。这些奖励不仅是国家对海伦农业贡献的高度认可，同时也为海伦这个国家粮食生产基地建设提供了强劲动力。

加快工业交通电力发展。新中国成立之初虽然有一些国营中小企业，但均是围绕地方农副产品建立的酒油米面等的加工企业，其余少数几家私营小型企业和大量手工作坊也都是为当地群众生产生活服务的初级加工修理行业。县委在重点搞好

1958年海伦县被国务院评为
社会主义建设先进单位

农业的同时，非常重视工业交通能源建设。10年间，在巩固、改造、扩建提高老企业和整合、重组社会主义改造后形成的集体企业的同时又新建了农机修造、建材、食品、发电企业，使工业

交通等产业得到迅速发展，逐步建立起为县域经济发展、支援农业生产和保障人民生产、生活服务的工业体系。1966年，海伦的企业总数达到52个，其中地方国营18个，县办集体企业34个，工业年产值2 964万元，占工农业总产值16.8%，比新中国成立时工业产值占工农业产值的8%，提高了2.53倍。交通用汽车运输替代马拉胶车，城乡发展了10条运输线路。全县公社、大队各林区全部通电话，公社有邮电所，各村屯全部通邮，28.7%的小队也通上了电话。全县发电总装机容量5 125千瓦。其中东方红、联丰水库水电站装机容量3 000千瓦。

健全和完善商业流通网点。1956年，在完成个体私营商业社会主义改造后，由新中国成立初期一家国营贸易公司下辖9处商业企业，发展为百货、煤建、土产、生资等10个商业供销公司，下设商店、旅店、饭店等网店123处。烟酒、食杂、医药等合作总店3处，网店65个。县成立供销合作联社，28个公社及海伦农场、红光农场共30个供销合作社，在村镇大队设立34个门市部和178个分销店覆盖全县所有村屯。1966年，商品零售总额为585 983万元，比1949年增长6.3倍。海伦粮食加工业发达，粮食购销、储存、吞吐能力较强，到1966年，建立了7个设施完备的粮库。1961年，国家粮食部在海伦成立了东北运粮总队第二大队海伦第六中队，装备运粮汽车30台，承担全县公路粮食运输任务。1966年，全县仓储粮食达103 015吨，接收粮食176 358吨，经营量达518 699吨，粮食购销顺畅活跃，为支援国家生产建设，保障军需民用，保粮食安全做出了突出贡献。

大力发展教育繁荣文化。1966年，全县青壮年基本全部扫除文盲，小学由新中国成立之初的245所发展到603所（不包括耕读学校），增长2.4倍，在校生7.8万人，增长3倍；适龄儿童入学率达到80%。中学由新中国成立之初1所发展到公办中学12所，民办中学17所，达到社社有中学，队队（即现在的村）有小学，县城有8所小学、2所初中、1所耕读中学、1所聋哑学校。第一中学从1952年开设高中班以来，10年间毕业生达2 550名，为国家高等教育输送了大批人才。1960年，海伦县实验小学荣获周恩来总理签名的全国教育先进单位奖状。1963年，扎音河公社东太大队（村）朝鲜族青年罗致焕，在日本名古屋举行的世界男子速滑比赛中获1 500米世界冠军，为国家争得了荣誉。10年间，建成有1 200个座位的电影院、1 890个座位的剧院、800个座位的职工俱乐部各1处，结束了电影、戏剧同用一个剧场的历史。各公社均建立了文化站。县成立了电影管理站，辖10个农村电影放映队，巡回流动为农民放映电影。剧院也深入农村演出节目。文化娱乐基本达到全覆盖，满足了人民群众对文化活动和文化生活的需要。

这个时期，由于县委的重视，认真贯彻文艺的"双百方针"，海伦县的文化艺术取得了优异成绩，达到鼎盛时期。1960年6月，海伦县文化馆、《海伦报》出席全国文教群英会。文化馆获文化部授予的全国群众文化活动先进单位奖状。省内仅有的8家县级报纸——《海伦报》获邓小平签名的全国先进新闻单位奖状。同年，海伦剧院演员刘湘岚在全国文教群英会上受到表彰奖励。1950年开始以傅作仁、董振凡为代表的海伦剪纸崭露头角，逐步崛起，形成群体。海伦剪纸早期流传于乡间市井，多为逢年过节用剪刀剪的窗花、花鸟虫鱼、花边图案等表现喜庆的作品，经过五六十年代的探索和实践，制作方法由剪刀发展到刀刻，从展现的手法上吸收了版画、国画和西洋画白描、构图、空白、布排等技法，形成了独具自己的风格和流派的海伦剪纸。

1965年，在海伦县工艺美术社成立了剪纸车间，进行剪纸制作生产，还在北京设立了办事处推介海伦剪纸。这一时期，海伦剪纸人才辈出，也出现了傅作仁和郑杰等为代表的几个著名群体。

郑杰自幼酷爱和研习工艺美术和剪纸，是享誉国内外的海伦剪纸的重要代表人物之一，是黑龙江工艺美术大师，中国工艺美术学会会员，获黑龙江省剪纸艺术家称号和中国剪纸德艺双馨艺术家奖，海伦市艺海轩美术室主办人。17岁参加工作至今，50余年刀耕笔作专研、挖掘，为发展海伦剪纸和培养人才等方面做出了重要贡献。他的作品既保留了海伦剪纸的艺术内涵又形成独具特色的艺术风格，刀工流畅细腻，画面生动恢宏，如《鹏程万里》《马到成功》《鸣鸡富贵图》《百骏图》等，被国家博物馆和徐悲鸿纪念馆收藏。退休前一直在海伦市工艺美术厂专门从事工艺美术、剪纸工作，并担任厂长。郑杰的第二代传承人郑春艳、第三代传人刘桐也都很有建树和成就。

建立发展广播站。1957年建立县广播站，1958年全县建立28个公社广播站。到1966年全县村屯及农户通播率分别达92.6%和69.4%。

健全完善卫生防疫系统。新中国成立初，海伦仅有1处县医院、18处中医诊所，农村有少量游医。1953年建立妇幼保健院、中医院，1956年建卫生防疫站，并将农村中医诊所和分散的乡医组织起来，28个公社、247个大队（村）均建立卫生院所。制粉厂、米厂、粮库、亚麻厂、商业、手管局等单位和系统建企业卫生所17个。全县病床由1949年的32张增加长到1966年的1 098张。全县中西医师达515名，不仅初步改善了农村缺医少药的局面，也为城镇企事业单位职工的公费医疗提供了保障。充分体现了党和政府对人民健康的关怀。

在党和政府的关怀和扶持下，海伦涌现出许多名医高手。周一刀——周锡铭（1924—1973年），原籍河北省任丘人，祖传中医世家，传到周锡铭时为第三代，专门治疗肛肠疾病，方法独特、疗效好，深受群众欢迎。周锡铭在总结祖上两代的经验基础上，在国内首创使用探针刀割除，配合自家研制的上和洗的中草药治疗肛肠疾病，疗效甚佳，治愈率达90%以上。1958年，周锡铭参加全国文教群英会，获卫生部授予"卫生医药技术革新先锋"光荣称号。第四代传人周兆连副主任医师，黑龙江省肛肠学会副主任委员，继承家传，把此成果发展到微创，痛苦小，痊愈快，闻名于东北三省和内蒙古一带。30多年手术治愈患者万余人。"周氏探针刀药系列疗法"被绥化市人民政府授予"非物质文化遗产"称号。主要著作有《不同平面结扎治疗内痔、混合痔》、《双花洗剂治疗肛肠病》等。第五代传人周长海，现是海伦市中医院肛肠科副主任医师，骨干医师，已经全面继承了祖传的医疗技术，热心致力于为患者解除病痛的事业中，取得了显著成绩。

　　1956年至1966年的十年间，海伦县在社会主义建设事业中，各项工作在县委的坚强领导下，都取得了辉煌的业绩。仅1958年至1962年"一五"期间，农业和教育就荣获周恩来总理签发的国务院先进单位奖状6个。出席全国工业、手工业、文教、卫生的全国先进集体剧院、民艺团、皮革社和先进个人白玉金等10多个。从而充分展示出海伦广大干部和群众热爱党、热爱社会主义的伟大情怀和努力拼搏、艰苦奋斗的革命老区精神风貌，在海伦的历史上，留下了光辉的一页。

三、十年动乱中的抵制和前行

　　"文化大革命"造成的十年动乱虽然使海伦方各方面工作遭到干扰，但没有从根本上受到严重破坏。其主要原因是海伦的广大干部和群众对历届县委、县政府一心为民、造福百姓怀有深厚感情，对"四人帮"及林彪两个反党集团，推行"怀疑一切，打倒一切"的"左倾"路线进行了不同形式的抵制。以对党、对社会主义的坚定信念，坚守在工农业生产和各条战线上。学校虽然一度停课进行全国大串联，但较早就恢复了正常教学秩序。没发生武斗和严重打、砸、抢的暴力事件。从1967年2月末，县委、县政府领导被打倒，被夺权到当年4月成立革命委员会，权力真空不到两个月。以原县委政府主要领导和军代表为主体构成的县革委会不仅稳定了地方局势，还充分利用"抓革命、促生产"的口号，带领全县干部群众，一面应付"文化大革命"，另一方面着重抓工农业生产，支援国家建设，保障人民群众、机关、单位的正常工作，生产和生活。海伦干部和人民不愧是党长期培养教育下成长起来的老区人。

（一）及时解放领导干部，抵制反复辟

1967年，海伦县委书记王玉生被打倒，在城乡引起了极大反响。全县广大基本群众特别是农民对此一直持反对态度。因为他在海伦人民的心目中始终是一心为民的好书记。

王玉生（1927.7—2002.10），辽宁省开源人，1946年参加工作，1947年入党。1952年3月调任海伦县委副书记，自1955年到1967年"文革"被打倒，在海伦担任县委书记整整13年，工作成绩卓著，事迹感人，得到上级认可和群众的赞誉。1958年12月25日，他光荣地参加了全国社会主义建设先进单位代表大会，受到毛泽东、刘

县委书记王玉生参加劳动

少奇、周恩来等党和国家领导人的接见。海伦县在这次大会上荣获周恩来总理签发的国务院农业社会主义建设先进单位奖状。王玉生在县委书记任内，团结县委一班人，领导全县人民群众，实现农业合作化、综合治理洪涝灾害、发展农业机械化，赢得交售征购粮头排县。尤其令人不能忘怀的是，在1960年至1962年的三

年困难时期，坚持对党、对人民负责的一致性，在保国家粮食征购任务完成的同时担着一定的政治风险，千方百计保障群众生产生活，充分表现一个领导干部热爱党、热爱人民，坚决执行党的政策，体谅民情的党性原则。他平素艰苦朴素，从不搞特殊，注重调查研究，走群众路线，办事情、做决策，坚持一切从实际出发。他不忘初心，忠于事业，即使在"文革"被打倒的厄境中还时刻关注全县的政治和经济建设，无愧于共产党员的称号。

县革委成立不久，根据群众和部分革委常委的建议，县革委在剧院召开3 000人参加的群众大会。原县委书记王玉生在会上作检查，并获得通过。会上，广大人民群众强烈要求解放王玉生，出来工作。随后，县革委会主任、原县委副书记周玉岩宣布县革命委员会的决定：王玉生是犯了错误的好干部，予以解放，安排其带领1 500名民工到东山里进行引南北河水到东方红水库补济水源不足工程建设。并上报王玉生为县革委会副主任，经地区报省，但没得到批复。王玉生从被打倒到站起来仅间隔10个月，对周边县领导干部解放产生了影响，引起当时省革委领导的注意，为海伦的反复辟斗争留下口实。

1968年秋收，县革委组织常委深入农村调查后，县革委主任周玉岩根据实际情况，测定1967年海伦县当年平均亩产粮食220斤。当年在海伦蹲点的省革委生产部负责人坚决反对，说海伦县瞒报粮食产量，亩产少报30斤，应上报亩产250斤，遭到了周玉岩等县革委领导成员的抵制。因为当时是以粮食产量定国家征购任务，如果说大话、空话，高报粮食产量就意味海伦要走1958年购过头粮的老路，导致群众生产生活遭受重大困难的错误。省革委会主任听到海伦解放干部和少报粮食产量，错误地认为事关重大，在全省有普遍性影响，是复辟和复旧，应坚决打击，遂在一份报告上批转绥化地革委会主要领导，要求立即解决。绥化地区革委会主任率地革委八大常委到海伦在人民剧院召开几千人的动员大会，公开宣布海伦已经复辟和复旧了，革委会班子比旧还旧，要用万吨炸药，十二级台风揭开海伦阶级斗争的盖子。他坐阵指挥海伦的反复辟斗争。然后，重新打倒王玉生、同时打倒王玉生翻案集团罪魁祸首县革委会主任周玉岩，副主任田永金（原县委副书记），常委窦学彦，即所谓的周、田、窦海伦右倾翻案集团。随之，省、地派反复辟领导小组进驻海伦。派庆安县武装部长李敬之就任海伦县革委会第一主任。全体机关干部参加学习班，提高认识，消除影响。事后，地革委领导成员，原地委书记包琮因支持海伦复旧被株联撤职。这起事件不仅严重地伤害了海伦的精英干部，还挫伤了人民群众的积极性，在全省造成恶劣的后果和影响。但它也从另一方面反映出了海伦的干部和群众在十年动乱时期，伸张正义，敢于抗争，始终牢牢把握社会主义建设大方向的老区人民本色，做到把由此产生的损失降低到最小范围，使经济、社会以及各项事业仍有一定发展。在人口大幅度快速增长的情况下，完成国家购粮任务一直保持在每年3亿斤以上，一点不减，值得赞颂。

"文革"后期，王玉生被调离海伦，历任中共绥化地委副书记、中共嫩江地委书记、中共黑龙江省委常委、农工部长，省人大常委会副主任。2002年10月18日病逝。

（二）建成五大灌区开展林田路渠综合配套建设

1970年，国务院召开北方会议，重新提出农业学大寨。县革委会从海伦实际出发，把治理内涝、治理水土流失、继续灌区建设作为学大寨内容。

1973年2月，县革委抽调县水利、林业、农业技术人员和有施工经验的农民共计157人组成规划专业队。3月初，兵分三路逐大队、逐地块进行测量。历时8个月野外作业，完成测量任务。

1974年3月末，完成全县田林路渠综合配套建设规划。丘陵地修梯田、造林，以治理水土流失为主；低洼地修方田、条田、水田、造林，以治理内涝为主；漫川漫岗以营造农田防护林为主。全县以县社队间公路建设为骨干工程，按三种类型，28个公社分别绘制治理分图。1974年5月初，县革委召开常委扩大会议，决定立即实施田林路渠配套建设规划；成立由县革委副主任孙天学为总指挥，农工部长王振和水利、林业、交通科一把手为副总指挥，组建农建兵团，王振任团长，县委常委张志耕任政委。每个生产小队出1个民工，每个公社编1个连队，兵团初始2 000人，后发展到7 000多人。

经过5年施工，农建兵团完成了5项跨公社难度大的工程。一是星火、燎原、九龙口3座水库土坝加高培厚、草皮护坡和闸门修筑；二是为东方红灌区修复防洪堤5 000米，修单灌单排水田3 000亩；三是为海北灌区修筑总、分、支、斗四级51条渠道，构造物99座，平整水田1万亩；四是东边水库土坝尾工、石块护坡、溢洪道修筑；五是为东边灌区修筑23公里总干渠、12公里10条支渠，构造物60座，修群英水库1座，平整水田1万亩。

在农建兵团坚持常年施工同时，从1974年开始，每年春耕后夏锄前、夏锄后秋收前、秋收后上冻前，都以公社为单位，主要领导亲自挂帅，组织社员群众突击公社内的田林路渠建设工程。到1979年统计，全县共修方田100多万亩、条田40多万亩、梯田11万亩、造林700多万株，实现两年育苗一次成林。改善提高了公路质量，拓宽了路面，铺上沙石，县与县公路72.5公里，县与公社公路314.2公里，公社与大队公路560公里（1972年至1980年国家投资施工修县级公路油渣路面108.8公里）。修桥涵157座，宅、屯、路旁全部绿化，农村共造田间防护林近70万亩。东风公社治理水土流失成绩突出，被省委授予全省农业学大寨先进单位。

水利是农业的命脉，兴修并充分完善配套水利设施，不断改善农业生产生态环境是保障农业生产，提高粮食产量的重要条件。尽管在"文革"期间，但海伦的干部和群众对此仍继续坚守和实践。先后建成了东方红、海北、东边、联丰、新兴五大灌区。其中东方红灌区，在水库完全竣工的1965年开始设计施工，仅1966年就由县组织民工2万余人开挖主干渠。经过10年施工建设，到1976年，共修排灌干渠70条，长300公里，三段堤防35公里，构造物445个，灌溉能力达7万多亩。加上其他4个灌区的灌溉能力达13.87万亩，为后来大面积发展全县的水田种植创造了有利条件，打下了坚实基础。

（三）完成国防和国家重点工程建设

"文革"期间，海伦的干部群众以不同方式抵制"左"的错误干扰，艰难地进行经济建设，执行国家第三、第四个五年计划。同时，还积极响应党中央"备战、备荒为人民"的号召，圆满完成上级交给的国家重点经济和国防工程建设项目。1973年，为了解决大庆生产水源不足的问题，国家重点工程项目黑龙江省北部引嫩工程开工。中共海伦县委任命王振为海伦引嫩民兵团党委书记兼团长，高文才任副书记兼政委，李崇奇为党委副书记，带领1 500余名民工参加施工。1974年，海伦县组建第二期引嫩民兵团，李松山任党委书记兼团长，张世杰为党委副书记兼政委，每个公社组建1个连，由公社革委会副主任任连长和指导员，参加施工民兵1 500余人。参加一、二期引嫩工程建设的民工把帐篷搭在草地上，披星戴月，夏战三伏、冬战三九，常年不间断昼夜施工，达两年之久，圆满完成任务，受到上级好评。1974年，为了加强边防的战备工作，按省委的要求，海伦县组建了八岔岛国防公路建设民兵团，开赴距海伦1 000多里的同江县八岔公社进行施工。县委常委、县革委副主任梁维志任党委书记兼团长，县武装部科长候景录任政委，王修德任副团长，李元玺任副政委，在地广人稀的黑龙江畔，海伦筑路民兵团2 500多人在荒草滩上露营，冒着酷暑严寒，不怕蚊蝇叮咬、不惧潮湿，奋战2年，完成17公里公路、2座桥、5个涵洞400平方米道班房施工任务。这期间，海伦县还组织800多人的民兵团，参加东北石油输油管线即83工程建设。

据统计，十年动乱期间，海伦人民在县委的领导下，先后组织了5个民兵团，以大无畏、不怕苦、不怕累的革命老区精神，出色完成了国家国防和重大经济建设的施工任务，充分发扬了老区人民热爱党、热爱祖国的优良革命传统，在海伦的老区发展史上又留下了光辉的一页。

10年间，海伦的工商各业有所发展。1970年10月，建立海伦县柴机油厂。1973年，县发电厂扩建，县广播器材厂试制成功WA-K型精密万用电桥，填补了省内电子工业的空白。1976年，兴建海伦塑料制品厂。

总之，在"文化大革命"的十年动乱岁月，海伦县党政领导带领全县人民以实际行动自觉或不自觉对"左倾"错误进行了抗争和抵制。全县没发生扰乱社会治安的突发事件，社会经济没有遭到严重破坏，干部和群众没有偏离社会主义的方向，从而为以后的拨乱反正做好了思想准备，打下了群众基础。1976年10月，一声春雷，党中央一举粉碎"四人帮"，开启了社会主义现代化建设的新纪元，海伦这个革命老区进入了改革开放新的历史发展时期。

第五篇 ★ 改革开放时期

（1978—2019）

1978年12月，党的十一届三中全会的召开，如春潮滚滚，阳光普照，海伦人民也同全国人民一样，欢欣鼓舞。在历届市（县）委和政府的领导下，坚持"发展就是硬道理"，在改革开放的伟大实践中，探索创新，开拓进取，使地方经济和社会事业全面发展，成就辉煌。特别是党的十八大以来，全市人民紧紧围绕坚持和发展中国特色社会主义，为实现中华民族伟大复兴的中国梦，团结拼搏，负重奋进，使海伦革命老区步入新时代，迈上新征程。

第十四章　海伦改革开放进程

　　海伦市（县）委、市（县）政府（1989年12月26日，国务院批准海伦撤县建市）坚持改革开放方针，以项目兴市（县）为主导，巩固中科实验成果，大力实施招商引资的优惠政策，在寻求新项目，增加新的经济生长点上开拓进取，成效显著。到2010年，全市生产总值达65.3亿元，是"七五"末期的10倍。农业发展迅速，"十一五"末，农业总产值实现32.5亿元，农民人均纯收入4 488元。城乡建设全面推进，"九五"至"十一五"期间，全市城乡累计投资43.26亿元，与"八五"期间成19倍增长。交通、教育、文化、卫生、社会福利等项事业均同步发展。在建设海伦、致富百姓、改变家乡面貌上，都取得了骄人的成绩。

一、改革经济体制，增强发展生机和活力

　　党的十一届三中全会后，经过"拨乱反正"，把工作重心从"以阶级斗争为纲"，转移到社会主义现代化建设上来。海伦也和全国各地一样，进行着改革开放伟大的社会实践，各项事业呈现出蓬勃发展的生机和活力。

（一）农业经济体制改革

　　农业经济体制改革，主要是实行家庭联产承包责任制。在推

行农村联产承包责任制时，省委基于全省农业机械化程度较高的实际，曾一度限制实行大包干。共合公社书记李景云、海兴公社书记苏赋，率先在共合公社复中大队和合发大队、海兴公社民权大队各搞一个小队大包干，都是一年见效。1982年11月，县长傅军、县委政研室副主任钟雨亭又冒险在丰山公社搞了三个大队的试点。12月末，省委放开推行生产责任制，这时丰山试点结束，形成了《关于丰山公社家庭联产承包试点工作报告》。1983年1月全面铺开，积极稳妥推进。1984年4月，实行政社分开，将公社改为乡镇政府，生产大队改为村民委员会，小队变为村民小组，另设乡、村经济管理组织。至此，宣告了人民公社实行三十多年的"三级所有，队为基础"体制结束，形成了以家庭联产承包为主，统分结合的双层经营体制。

针对大型拖拉机分到农户不利维修保养、无力更新、收费高、农户不愿使用等问题，改收归集体、车组承包，实行作业计划、标准、价格、供油、收费五统一。经过实践，发生了可喜变化，机车数量增加，机具配套率提高。作业面积成倍翻番，收费标准下降20%。使农业机械化的程度和农业生产责任制相适应，机械化水平逐年提高。绥化地委对海伦的做法给予充分肯定，将《关于海伦县拖拉机收回集体经营的调查报告》转发到全区，推广海伦的经验，其他各市县陆续把链轨拖拉机收归集体所有。涉农事业部门转变职能，为农户搞好产前产中产后服务。全县各乡镇涉农站所创办实体152个，为农户开展微利服务。为解决15%左右的残疾、弱智和极为贫困农户、不会经营农户承包土地减产减收问题，兴小互助农场，实行智力体力互助。合作经济组织选派懂技术、会管理、责任心强、廉洁奉公的人当场长，配备一定比例骨干（农机驾驶员、农业技术员），指导这些农户集中劳动，实行场长负责目标责任制管理，按劳、技、地计酬，县委制定了

《互助农场章程》和《互助农场分配办法》。到1992年年末，全市已有2 227个互助农场，入场农户1.9万户，经营土地54万亩。1996年，全省"改革农村流通体制，促进农村市场经济体系建设工作会议"在海伦召开。省委对海伦的做法给予充分肯定。

1997年9月，海伦市全面启动了第二轮土地承包延包工作。核实账面数和实际统分数，准确无误后抓阄分地，签订合同。2003年4月，全市实施土地使用权流转。各农户依法享有承包土地的使用、收益和经营权的流转权利，可以通过转包、转让、租赁、互换等形式流转，其流转期限不得超过承包期的剩余期限。2004年7月起，海伦市按中央关于免征农业税的政策规定，在全省先行一步，将粮食流通环节的间接补贴改为种粮农户直接补贴。

家庭联产承包责任制的普遍实行，人民公社制度的取消，为农村商品经济的发展创造了条件，调动了广大农民的生产积极性，解放了农村生产力，使农业生产迅速打开了新的局面。2004年，全市粮豆薯总产达85.6万吨，种植业人均纯收入4 049元，比实行家庭联产承包责任制之初的1984年361元增长10.3倍。

（二）工业体制改革

针对工业企业尚存的政企不分，条块分割，缺乏生产积极性和活力；靠行政手段和指令性计划管理，竞争力不强；平均分配和吃"大锅饭"等弊端，海伦从1986年全面实行了厂长（经理）负责制。1987年至1991年，全县（市）工业企业实行了5种经营体制，即租赁经营、股份制经营、承包经营、兼并经营、滚动经营。1992年以后，全市工业企业全面推行了"三项制度改革"，即干部聘任制、工资效益制、工人合同制，重点解决企业放权问题。在干部任用上废除了干部终身制，实行了干部聘任制。到2000年，海伦市经过探索创新，形成了债权方控股、独资经营、零价出售给个人、分立经营、零价出售给职工、破后重组、组建股份制、先分流后股份、先售后股、联合组建股份制等10种模式，成效明显，使企业在沉重的债务重压下解脱出来。2006年2月，海伦南华糖业有限公司正式收购原海伦糖厂，总投资4.77亿元，年产砂糖6 000吨。2007年，市政府对糖厂等14户企业完成长城公司的贷款统一打包回购工作，化解贷款本息款7 350.91万元，节约资金6 250.91万元。塑料一、二、三、四厂政策性破产后，化解银行债务4.42亿元，化解其他债务6.5亿元，同时进行资产变现工作。截止到2008年末，化解各类国有企业债务占全部总额的82%。2010年，工作重点仍为化解企业债务，盘活存量资产，使其轻装上阵，搞活经营。

乡镇企业改革。1984年在乡办、村办集体企业中全面实行了厂长承包制，合理确定承包指标，包括产值、产量、利润和固定资产折旧费、大修资金、教育基金等费用。1989年，乡镇企业经营机制的改革有了新的突破。全县112家乡镇企业中，有48家实行集体承包，28家实行租赁经营，36家实行个人包干经营。1993年，全市乡镇企业以股份制进行改革，到1996年改制结束。全年乡村工业企业共计投资3 150万元，其中2 600万元是股份资金，占投入资金的82.5%。

（三）流通领域改革

商贸企业是人民生产、生活的主要承担者，是社会生产力发展的一个主导力量。党的十一届三中全会以后，在对外开放、对内搞活的方针指引下，海伦的国营商贸流通企业的管理体制也进行了改革。

商业企业的经营体制改革。从1980年11月份实行统计盈亏，固定上缴利润分成，亏损不补的经营管理方式，取消"大锅饭"，实行承包经营。1992年，对商业大厦进行放开经营，当年实现销售额2 302万元，利税收入129万元。1994年，全面实行了"先转向，后转制"，即先转变经营方向，宜零则零，能批则批；后转换经营机制，实行裂变式、剥离式经营。1996年，对原第一百货商店实行股份制改造，建立起符合实际的权、责、利制约机制，成立海伦一百股份有限公司。到2000年，市贸易局所属企业全部完成产权改造，国有成分退出率百分之百。随着国营商业改革的深入，个体私营经济得到快速发展。全市个体工商户发展到31 560户，比1981年增加2 841户。

粮食局所属企业，1986年实行仓储费用定额管理，提高了企业管理水平。1994年对各粮库、盐业公司实行企业内部承包，划块经营，单独核算，自负盈亏。对供应公司、粮食车队、粮油加工企业实行租赁经营。1996年，市政府批准祥富粮库委托经营食品公司屠宰场，兴建粮联肉类联合加工厂，改革内部管理机制，实行新企新制。到1999年，发展到5个加工车间，年屠宰加工生猪4.5万头、鸡鹅32万只，年出口猪肉3 000吨，成为黑龙江省第一家对俄出口肉类的大厂。1998年取消订购粮收购，粮食市场全部放开后，粮食系统狠抓了多种经营生产，成效显著。9月22日，全省粮食系统多种经营工作现场会在海伦召开。2002年，根据国家粮食局关于深化粮食流通体制改革的部署，市粮食部门将所属企业分两大类：其一为骨干国有粮食购销企业，建立健全国有控股企业法人治理结构；其二为非骨干国有粮食购销企业，实行产权主体多元化，放开经营。2004年，市粮食局将国有粮食企业下岗职工由社会基本养老保险向失业保险进行并轨。到2005年末，全市参加社保并轨的国有粮食企业23户，人员总数为5 939人。全市共计发放经济补偿金4 339万元（国家、省补贴4 019万元，企业自筹320万元）。同年取消粮食保护价收购。2009年，全系统共收购粮食44万吨，销售粮食35万吨，分别完成年初计划的146%和116%，充分发挥了粮食购销主渠道作用。

供销联社1984年对所属企业进行了体制改革，实行利润大包干、定额缴利分成、租赁制等三种形式的承包经营。1992年，有计划分步骤实行企业经营机制转换。对包袱沉重的土产公司、和兴商场、合发商店实行剥离经营；把生产资料公司划分为13个经营部，均为自主经营，自负盈亏；对20个基层供销社、208个门市部放开经营。1993年，对基层供销社实行"租壳卖瓤"，将固定资产和设备租给职工自主经营。1998年起，市联社实施联合经营策略，先后引进大龙专用肥厂年产6万吨专用肥和紫燕食品有限公司投资1 780万元大鹅宰杀等生产线，使之成为立社龙头企业。2010年，市联社实施"新网工程"，实现了由网点数量与网点质量有机结合。全市经营网点246个，两个配送中心年配送农资商品2 800多车次，累计配送金额9 800多万元。

物资系统的企业改革。1986年，把重点放在开展横向联合上，横向联合9个项目。1993年，对企业实行母体裂变，新老账划开，老企业先剥离、后租赁，组建新公司，由原来的9户企业增加到22户。1997年，企业改革触及到产权改造。市燃料公司将所欠鹤岗矿务局1 386万元煤款作为法人资产出卖，将债权变股权，以国有资金1 292万元作为国有股出资，成立海伦市海鹤燃料有限公司。1998年以后，对企业实行拍卖出售。市外贸公司自1986年开始，对所属企业实行独立自主、自谋生路、自负盈亏。1992年完善配套改革，将出口收购计划、利润、费用三项指标层层分解，责任到人，明确奖惩，立状签约，完善承包合同。1994年打破干部工人界限，面向社会招聘公司经理，新成立开发公司、畜产公司，实行多业并举、多轨运行，促进了出口额的增加。2007年2月，将外贸公司职能划归市商务局。

（四）财税体制改革

财政体制改革。1980年，县财政实行了"划分收支，分级包干"的管理体制。到1994年，海伦市根据国家的部署，实行"分税制"的财政管理体制。消费税收入100%上缴省级财政，增值税收入75%上缴省财政，25%留给本市财政；营业税收入50%上缴省级财政，50%留给地方财政。实施分税制后，上划数额增加，使市财政压力加大。对此，市财政坚持"以收定支、收支平衡、不出赤字"的预算原则，达到财政收入逐年增长。2000年，实行"税费统收"，推行政府采购、会计委派、建账监管、收支两条线，实行财政统发工资。2010年，启动实施财政同步监督工作。建立了"全员参与、全程控制、全面覆盖、全部关联"的同步监督机制。

海伦1986年建立乡（镇）财政所，实行"定收定支、超收分成（县2乡8）、超支不补、结余归己"的管理体制。1994年乡镇推行分税制的财政管理体制，实行分权、分税、分机构，享有分级管理财权。2004年7月，农村的农业税免征，国家给予政策性补贴；实行"乡财乡用市监管、机构上划、预算代理、账户统设、资金统调、集中收付"。组建新的乡（镇）财政所，为市财政局的派出机构。

税费改革。海伦市按照国务院关于农村税改试点工作通知精神，取消了"乡统筹""村提留"等项目收费，把费改为税。1990年改税后的征管工作以专管员管片为主，逐步向以征、管、查三分离的模式转变。1994年，开征固定资产方向调节税，国税与地税分设，9月末分别挂牌营业。1994年实行分税制改革后，国税局负责增值税、消费税、中央企业所得税、资源税、中央税和共享税的征收管理。2004年，国家提高增值税起征点，黑龙江省商业起征点由过去月营额2 000元提高到5 000元，5 000元以下免征。2009年起，执行新的《增值税条例》和《消费税条例》。市地税局1994年按照省、地局征管改革的部署，建立了以岗位责任制为基础，以计算机应用为手段的管理服务，完善征收数据、税务稽查系列，建立办税服务大厅、应征税款全额管理核算制度，促进了征管、会计改革的同步进行。2001年征收大厅实行"一站式""一条龙"服务。至2010年，财税库银横向联网，加强与财政、国库、专业银行的沟通协调，保证数据接口开通、协议签订验证等工作的顺利进行。

紧紧围绕搞活经济这个中心，各银行和保险公司等金融部门，按照上级规定和行业主管部门的要求，大力深化内部机制改革，发展自己，服务海伦。

通过改革，使原来那种与现实生产力水平不完全适应的单一公有制结构发生很大改变，人民普遍增强了商品经济意识，城乡经济生活出现了前所未有的活跃局面，开始步入符合市场经济规律的发展轨道。

二、实施综合科学实验，定位农业发展新模式

1978年，国务院下发文件，确定海伦县为全国农业现代化综合科学实验基地县，探索中国农业现代化道路的综合科学实验。中国科学院党组书记、副院长李昌曾多次到海伦指导工作，帮助解决在基地县建设遇到的实际问题。省委专门成立了基地县建设领导小组，由省

基地县建设领导小组组长、省委书记
李剑白深入到荣兴大队视察

225

委书记李剑白任组长，省委副书记、副省长王路明，绥化地委书记王玉生（其间调任省委农工部长），地委副书记兼海伦县委书记王健任副组长，省财政、各家银行、涉农部门的领导为成员。为了搞好基地县建设，省政府专门下发了《关于加强海伦农业现代化综合科学实验基地县工作的决定》。1980年，省委又把海伦确定为农业工作的重点县，号召省直各条战线及有关部门都要支持海伦县的工作。省委书记李剑白，省委副书记、副省长王路明经常到海伦检查指导基地县建设工作。发现海伦缺电是基地县建设的瓶颈问题，省政府当即决定为海伦建22万伏输变电线路，1983年6月接网送电，促进了工农业生产的发展。为使海伦农业现代化建设持续发展，建成社会主义高度精神文明和高度物质文明的新海伦，基地县建设领导小组决定，制定一个切合实际的、科学的、可行的发展战略和长远规划。在中国科学院和黑龙江省委的领导和组织下，海伦县与中国科学院黑龙江农业现代化研究所、东北农学院、国防科技大学等单位专家协作，于1984年2月进行"海伦县社会、经济、生态、技术系统总体设计及模型系列"的研究，把海伦作为一个开放的设计。经过两个月的紧张工作，完成了《2000年的海伦》一书的总体设计和各个系统的设计与规划。全书共分四册，第一分册为总体设计，第二分册是子系统设计，第三分册是算法语言和程序，第四分册是农业系统常用数据和参数。从发展战略到具体实施方面具有一定的科学性、权威性、可行性和示范性。

海伦县以自然资源综合考察和农工商一体化调查为科学依据，以长远设计为蓝本，不断试验探索、改革创新，初步摸出一条新路子，实现了"四个转化"。即：由单纯种植业的狭义农业，向农、林、牧、副全面发展的广义农业转化；由自给半自给经济，向商品经济转化；由单纯靠传统经验，向传统经验与现代科学技术相结合的现代化农业转化；由三级所有队为基础，向家庭联产承包转化。国民经济和社会发展取得了可喜成就。全县社会总产值、工农业总产值和国民收入都比1978年有较大幅度增长。1985年社会总产值已达5.14亿元，比1978年的3.17万元增长了59.4%；人均国民收入达332元，比1978年的222元增长了69.4%。到1990年农业总产值46 739万元，农村人均收入达513元。海伦基地县建设成绩突出，从综合科学试验期间到综合实验结束以后，海伦都是按照综合试验规划设计的方案稳步实施的。

（一）自然资源综合考察和农工商调查提供农业发展科学依据

1978年7月开始，由省科委组织，中国科学院沈阳林业土壤研究所牵头，组成由黑龙江省科委、中国科学院黑龙江农业现代化研究所、沈阳农学院、东北农学院、东北林学院等40多个单位，20多个学科，156人参加的海伦县农业自然资源综合考察队。利用一年半的时间，先后完成了对海伦县农业气候、水文地质、农业地貌、土地利用、土壤、植被、水文水利、农业机械化、畜牧、农业经济、渔业、多种经营等十几个方面的考察与勘探，形成了《海伦县农业自然资源综合考察报告》及各项调查报告20篇，50多万字。编成二十万分之一的《海伦县农业地图集》一册。通过综合考察，提出了海伦县农业现代化的初步设想以及建立合理生态环境的建议，为海伦依靠科学进行农业现代化建设奠定了坚实的基础。1980年3月，中国科学院和黑龙江省委组织有关部门的38名科技人员，在东北农学院经济教研室主任戴谟安教授带领下，在海伦县进行了为期41天的农工商调查，共写出10多篇9万多字的调查报告，为个县实行种养加一条龙、农工商一体化、发展农工商联合企业提出了初步设想，为农工商综合经营指出了方向。

在综合考察和农工商调查的基础上，基地县建设领导小组组长、省委书记李剑白为基地县建设确定"农林牧""种养加""农工商""科教文"十二字发展方针。中科院党组书记、副院长李昌形象称为"飞鸟型"农业经济，即以精神文明建设为鸟头，以种植业为主体，以多种经营和工商业为两翼。经过海伦干部群众的努力实践，使"飞鸟型"农业经济模式，达到了鸟头俊美、主体丰满、两翼齐飞的良好态势。这只祖国北方的丽鸟真的腾飞了。

海伦的经验引起了中央有关部门和省委、地委的高度重视，1982年3月14日至15日，省委、省政府在海伦召开"发展农业靠科学"经验交流会。省委书记李剑白主持会议，地市县负责人，省直有关厅局负责人，国家农委、科委、农业部负责人参加会议。同年，国家在海伦召开"湘、冀、宁、黑四省依靠科学发展农业经验交流会"。1982年，新华社记者来海伦采访，撰写了《黑龙江省海伦县在探索中国式农业现代化道路上取得重要经验》长篇报道；人民日报发表了新华社记者孙铭惠、景博、王长宽撰写的《探索中国式的现代化道路，海伦开展农业现代化科学实验效益》专题报道，并配发了评论员文章。海伦的经验对推动本地、全省乃至我国北方农业发展起到了积极作用。

（二）科学调整农业结构，使农林牧全面发展呈现良好势头

根据综考建议和"十二字"发展方针、"飞鸟型"农业经济模式，海伦实行了生态农业走开发资源、综合经营，农、林、牧相结合全面发展的道路，把自然资源优势逐步转化为商品优势，因地制宜调整种植业内部结构，增加经济作物面积，大力发展牧业和林业，调整农林牧的比例，形成了一个优化的生态环境。在发展林业上，根据海伦县地理条件及林业生产状况，本着造林和维护生态、农田建设、美化环境、用材相结合全面规划，因地制宜、因害设防的原则，制定了坡耕地成带造水保林、平川地成行造农防林、低洼地成片造薪炭林的造林规划，落实了社造社有、队造队有、社员房前屋后造林社员所有的政策。造林面积逐年增加，到1982年，全县造林面积达20多万亩。全县农区有林面积达到42万亩，森林覆盖率由1979年3.5%增加到1985年的8.3%。在发展畜牧业上，充分利用自然资源的优势，1979年县科委从实验经费中拨出2.4万元，在东风公社保卫大队兴办集体养牛场，并在东北农学院蹲点技术组专家的指导下，科学提高乳畜质量。到1983年，实现全大队一户一头奶牛，突破了农区养奶牛禁区，成为海伦奶牛第一村。农业现代化科研所、省农科院、省农机研究所分别在百发、丰胜、荣兴大队积极配合试点，发展乳畜，进而，全县出现了"养畜热"。据1983年6月统计，与1978年比较，奶牛由200头发展到8 152头，奶山羊由3 900只发展到5.1万只，绵羊由6 200只发展到5.7万只，分别增长41倍、13倍、9倍。商品猪平均每年增加3.2万头。全国奶山羊生产现场会在海伦召开，黑龙江省政府还授予海伦"养猪先锋县"称号。到20世纪90年代后期，畜牧业由副业升为农村经济中的支柱产业。

（三）实施农工商综合管理，尝试了农工商一体化的发展路径

在调整农业内部结构和调整农、林、牧比例的基础上，根据农工商调查提出的改变原料供应者地位，改善农副产品加工不合理布局的建议，实行产业群，走种养加一条龙的道路，从1980年开始，大上农副产品加工业，将日处理5吨的小乳品厂迁址改建成日处理40吨乃至80吨的大乳品厂。1982年初筹建浸油厂，1983年9月正式投产。在国家支持下，利用外资和国外的先进设备，筹建日处理3 000吨的糖厂。社队先后新建扩建16座小型亚麻纤维加工厂、14座马铃薯加工厂，还新建了8座砖瓦厂，使亚麻纤维、淀粉、粉条、粉丝和砖瓦生产能力大大提高。

为了适应多种经营生产发展需要，1982年成立乳畜、家禽、

果树、烟草、饲料等十个专业服务公司，发挥产前生产资料供应、产中技术指导、产后产品销售的综合服务作用。这些公司由事业向企业转化，由虚向实过渡。虽然没有坚持下来，却是对农工商一体化的初步尝试。

（四）积极推广先进科学技术，使粮食产量创历史新高

1.推广基点大队试验成果

基地县建设首先设置了保卫、百发、丰胜、荣兴四个基点大队，分别由东北农学院、农业现代化研究所、省农科院、省农机研究所的专家组成四个技术组，常年蹲点指导。他们以当前为主，兼顾长远，开展了农林牧结合为主要内容的生物与自然环境进行物质循环和能量转换的综合试验研究工作。同时结合利用科技成果，推动了生产发展。粮食总产、单产逐年增加，猪、羊、牛牧群逐年扩大，社员人均收入逐年提高，成为周边社队和全县学习的榜样。在基点大队的带动下，全县从实际出发，实行的生物措施为主，工程措施、机械措施与技术措施相结合，传统经验和现代科学技术相结合，积极推广了一批先进科学技术。推广以垄作为基础的翻、耙、松交替进行的深松耕法，推广小麦30公分双条、大豆45公分单条播种；全县普遍采用良种、深施化肥与优质农家肥结合。与此同时，进行多项综合、单项技术试验，现代化所进行的玉米施锌；农学院在保卫村进行的五区轮作和地膜覆盖；省科院在丰胜进行的赤眼蜂防治玉米螟；省农机所在荣兴进行的精量点播效果都很好。由于积极推广先进的科学技术，指导各乡镇农民实行科学种田，粮食产量逐年增加。

2.推广水稻旱育稀植技术

水稻旱育稀植技术是日本水稻专家原正市在日本北海道，与人共同试验总结出来的一项新技术。1982年，原先生来到海伦，在扎音河公社东太大队设置旱育苗、品种、移栽、肥料四个试验

小区，开展旱育稀植试验。9月末，省科委组织省、地专家鉴定认为：试验成功，旱育稀植适于黑龙江省应用，有高产特征，为冲破直播，密植习惯势力，开创水稻高产新局面探索出了有效途径。1983年县委决定扩大试验示范，以东太大队、九大队、伦北大队为基点，在全县7个水田公社的12个大队进行示范，平均亩产达到403公斤，比直播增产93.4%。1984年扩大到15个乡、22个村、78个示范点，平均亩产452公斤，比直播水稻增产91%。这项新技术经过三年的试验示范，取得了成功。海伦县委、县政府决定于1985年在全县推广。同时恢复、完善、新建灌区工程，扩大水稻面积，确保旱育稀植达到100%，以增加面积提高单产来促进全县粮食的增产增收。从1982年发展旱育稀植到1990年，原先生每年都有30多天在海伦农村指导，其间搞了20多次大型、近百次小型技术讲座，进行9次技术员培训，还编写了《水稻旱育稀植栽培标准》，为海伦培养千余名水稻技术员。22名公社领导成为水稻"行家里手"，8名农民成为"水稻高产大王"。海伦由于试验推广旱育稀植，使水稻的单产成倍增长。水稻面积逐年扩大。1992年水稻面积达40万亩，增长13.8倍，总产增长23倍。水稻由过去的第9位的小作物，一跃成为海伦的四大主载作物之一（即玉米、小麦、大豆、水稻）。

3.科学选用良种

一是按照区划，合理选用良种。海伦辖区较大，从西南边界到最东北边界240里，温度相差2℃至3℃，农作物积温有很大差距。因此，将海伦划为三个种子引进种植区划。严禁盲目引进，杜绝越区种植。二是立足本地，自繁自育良种。先后有海伦的高级农艺师施文卿培育的谷子良种"海谷一号"，高级农艺师常刚培育的"海玉号"系列杂交玉米种在全县推广。三是建立体系，逐步扩繁良种。经过不懈努力，形成了海伦县种子生产"四化一供"的体系（种子生产专业化、种子加工机械化、种子质量标准化、布局区域化，以县为单位统一供种），做到了"科技兴农，种子先行"。

4.实行场县共建，推广豆麦规范化栽培技术

"七五"期间，县委决定和海伦农场、红光农场合作，实行场县共建。互相交换玉米、水稻和小麦、大豆栽培技术，达到技术互相交换，资源互通有无。海伦为两个农场提供玉米育苗移栽和水稻旱育稀植技术指导；两个农场为海伦提供豆麦栽培技术，并提供必要的机械设备。由于采取两场带四乡，四乡带全县的模式，使两个农场的豆麦栽培技术在海伦普遍应用。全市的大豆亩产由原来的240斤提高到310斤，小麦亩产由原来的300斤提高到450斤，使海伦有史以来的两大低产作物单产总产大幅度提高。海伦和两个农场实行场县共建，学习农场的先进技术，提高总产量的做法，得到省委的重视。1990年，省委责成省农委召开全省场县共建经验交流会，专门推广海伦的做法。省农业厅副厅长张树之在黑龙江日报发表了一篇题为《近在咫尺》的文章，宣传推广海伦场县共建的经验。

5.推广玉米育苗移栽

在逐步扩大玉米地膜覆盖的同时，实验推广大面积育苗移栽新技术。经过1983年到1985年连续三年的试验，玉米育苗移栽面积发展到5 600亩，玉米平均亩产达1 500斤以上，经济效益也大幅度增加。这项新技术试验推广的成功，引起了省、地领导的极大兴趣和高度重视，决定于1986年在全区推广。到1990年，玉米大垄双行覆膜技术面积达到50万亩，平均亩产864公斤。1994年，海伦的玉米地膜覆盖和育苗移栽面积达到60万亩，有很多地块亩产超过1 000公斤，全市平均亩产650公斤以上。全省在海伦召开玉米育苗移栽和地膜覆盖现场会，肯定了海伦的做法，推广

了海伦的经验。

6.实施粮食攻关"2215工程"

1988年，参加海伦综合科学实验的省"两院两所"（东北农学院、省农业科学院、黑龙江农业现代化研究所、省农机科研所）的专家们，为了挖掘和发挥海伦县的潜力，充分发挥近十年综合实验积累的成果和经验，在短时间内把海伦粮食产量攻上去，突破长久期盼的10亿大关，会同海伦县共同制定实施《海伦实验区粮食攻关2215工程计划》。即用1989年和1990年两年时间，高产攻关20万亩，带动丰产田100万亩，总产达到5

东北农学院高级农艺师孙继本
在试验田观察作物长势

亿斤，为全县粮食总产量达到10亿斤奠定基础，为全省二、三积温带发展粮食生产提供技术经验。"2215工程"计划，经主管农业副省长戴谟安批示，省科委审定批准为省科技攻关项目，由省农业现代化所技术牵头，东北农学院、省农业科学院、省农机研究所和海伦合作承担。为确保统一行动，协同作战，成立了由县委书记和"两院两所"领导、专家组成攻关领导小组，统一领导，混合编队，划片包干。组成技术承包集团，培养典型搞好示范引带，做到了典型引路，以点带面、点面结合，收到了预期效果。20万亩攻关田总产超过合同20%以上，玉米亩产519.9公斤，大豆亩产213.8公斤。带动丰产田120万亩，总产达到4.25亿公斤，全市总产量达到6.16亿公斤，突破多年期盼的10亿斤大关，完成了历史性的跨越。海伦市粮食生产进入新阶段，为发展"两高一优"生态农业奠定了良好基础。"2215工程"的实施及圆满完成任务，被省科委列为黑龙江省科技成果，得到省鉴定委员会全体专家的一致好评，认为它在规模、产量、效益以及科技管理全面达到国内先进水平，建议在同类地区因地制宜地推广应用。

海伦的成功经验，如新华社编者按语指出的那样："不仅对当前有指导意义，对今后更有指导意义。"海伦历届县（市）委、市政府的领导对专家们帮助摸索出的成功经验倍加珍惜并传承、深化，扩大其成果，始终遵循基地县建设的发展战略和长远规划，指导海伦的工作，有很多新的思路和抓法，以及新技术的示范推广，也是基地县建设的延续。

三、强化农田基本建设，优化农业基础条件

海伦的低洼地、坡耕地、平川地各占粮食面积的三分之一。平川地土壤板结，低洼地易涝减产幅度较大，坡耕地水土流失严重，这些因素直接影响全县的粮食总产量。为了加强农业基础建设，保证农业持续发展，在全县农村继续大搞农田基本建设。

（一）实行"三制"，积蓄土地后劲

一是耕暄制。实行深松耕法，建立虚实并存耕层结构，达到保墒抗旱增产效能。采用垄作为基础，深松为主体，达到翻、耙、松交替进行，垄作平作相结合的耕作方法，并建立约束机制，促其农户实施。二是培肥制。在全县实施土地培肥制，协调土壤内部环境，增强土壤肥力。要求增施有机肥，亩施农肥2万斤以上，做到农肥、化肥、微肥混合使用。三是轮作制。必须调茬轮作，实行玉米、大豆、小麦（或米、豆、谷）三期轮作，并采用相适应的耕作措施，减少重迎茬而导致减产。提倡土地连片种植。由于"三制"的实施，改善了耕地生产条件，提高了土地产出水平。

（二）改造坡耕地，制止水土流失

海伦东部、中部乡镇多为老区村，属丘陵地带，水土流失严重，1974年全县推广了东风镇的"山水林田路综合治理"经验，收到一定效果。为了彻底解决全县坡耕地水土流失的问题，1983年，县委总结20年来治理水土流失经验教训，科学制定"三五工程"规划，即对海伦境内的通肯河、扎音河、海伦河三条大河及其支流所形成的水打沟和五条大岗所形成的坡耕地区域，从根本上进行治理，后来称为小流域治理。具体措施是：山顶上栽树，形成防风固沙的防护林带；山坡修梯田，有的顺坡垄改为横坡垄，防止水土流失；低洼易涝地除开发水田外，种草养畜，退耕还牧，通过推广东风镇山水田林路综合治理的经验，以植树造林为主要手段，乔灌果一起上，网片带相结合，使贫瘠坡耕地恢复了生机。坡耕地面积较大的东风、海南、共荣、护林、双录、前进等乡镇，林带、牛羊、粮食由少变多，形成了农林牧协调发展，经济效益、生态效益、社会效益良性循环。

几年来，全县"三北"防护林共造林79万多亩，其中农防林16万亩，水保林11万亩，护村护路林2.2万亩，荒山荒地造林5 400亩，用材林23万亩。防护林的形成，改变了农田小气候，防止了水土流失，提高了粮食产量。1984年，全国坡耕地改造现场会在海伦召开，与会领导和专家对海伦的做法给予了高度评价，决定在全国推广。

（三）改造低洼地，变涝区为稻区

水稻旱育稀植技术试验推广成功后，1985年县委、县政府决定充分利用多年的水利工程，在蓄、泄、截、防、排、改的六字综合治涝措施方面，突出"改"字，使低洼易涝地区，改旱田为水田，变涝区为稻区，变穷村为富村。同涝区干部群众讲解旱路不通走水路的道理，为了提高认识，又组织干部群众到方正县学习旱田改水田的经验，增强了涝区干部群众发展水稻的积极性。经过三年的不懈努力，进一步完善了东方红、联丰、海北、东边、新兴五大灌区的工程建设，增设拦河坝，分坝分段引水灌溉，引进三大河流河水和五大水库水灌溉，新打大、小水井2 650多眼，稻田面积由1982年的2.7万亩扩大到1987年的40万亩。年年丰收，亩产都在500公斤以上，初步实现了"变涝区为稻区"的奋斗目标。由于水稻的大发展，海伦县百姓膳食结构发生了明显变化，过去以小米、玉米碴为主，变为以大米、白面为主。稻区的村屯多数都变成了美丽富饶的鱼米之乡。

四、兴办市乡工业，拉动市域经济发展

党的十一届三中全会以后，海伦县的工业生产出现了兴旺发达的景象。特别是1984年以后，县委、县政府从本县实际情况出发，确立了以城带乡，县、乡、村、户四级大联合共同发展

第一塑料厂引进的塑料生产线

工业的指导思想，打破了城乡界线、条块和所有制界线，进行横向联合，出现了城乡工业齐发展的大好局面。全县工业门类比较齐全。有食品、粮油、乳品、机械、电子、化学、塑料、建材、纺织和其他工业，各类产品超过百种，除供应全县和省内外需要外，还有部分产品，如工业轴承、亚麻纤维、蜡笔、塑料编织袋、冷冻马肉、牛肉等进入了国际市场，远销到欧美、东南亚一些国家和港澳地区，并有创名优产品18个，有的产品获得了黑龙江省和国家科学成果奖，有的填补了省和国家的空白。

"七五"期间，县委、县政府在保证农业稳步发展的同时，

把工作的重点逐步转移到抓工业上来。确定了"抓大的、放小的、改老的"发展工业思路。重心放在"四引一联"上（引进资金、引进设备、引进技术、引进人才，搞好联营联合）。通过四引进解决自己实力不强的问题；通过联营、联合、联产、联销，解决牌子不亮、市场不宽的问题。立足海伦，背靠龙江，联上两大（大庆、大连），面向京、沪，扩大引联成果。全县引进资金6 500万元，引进先进生产线18条，引进先进设备32台（套），有64户企业搞横向经济联合经营89个项目。"七五"末期工业产值比"六五"末期增长了10%。

"八五"期间，市委、市政府以搞活工业企业、发展生产为基点，实施"七动"战略：即抓产权改造，靠机制驱动；抓多方筹资，靠主观能动；抓市场开发，靠销售牵动；抓挖潜增收，靠管理拉动；抓联营联合，靠外力引动；抓技改投资，靠新产品推动；抓班子建设，靠能人带动。"七动"战略的实施，完成了市委、市政府既定的"三个一"工程目标，即技改项目投资1.37亿元，使生产项目新增产值1.62亿元，市财政收入超1亿元。

"九五"期间，市政府下发了《关于实施农区工业化战略若干问题的决定》，并实施"三抓一管"战略，即抓龙头企业，抓科技改造，抓危困企业，强化企业管理。重点抓龙头企业，培育像海伦糖厂、塑料厂那样的龙头企业；全力抓技术改造，每年落实技改资金1亿元，技改项目不少于15个。务实抓危困企业，有13户危困企业恢复了生产。突出强化企业管理，实行成本、人本、营销、目标四大管理规划，收效显著。

"十五"期间，海伦集中全力抓好工业项目引进，共引进百万元以上工业项目56个，超千万元的项目20个，引进项目资金6.5亿元。一些乡（镇）大豆深加工、特色产业加工、精米加工等农副产品项目引资到位，建成投产。

"十一五"期间，市委、市政府围绕食品加工、建筑建材、机械制造、生物环保等工业体系，引资金、上项目、兴企业、壮实力、创税源、增后劲。全市引进项目合同资金23.2亿元，已到位11.7亿元，引进亿元项目2个，5 000万元项目9个，超1 000万元的项目18个。到2010年，全市工业产值达到24.45亿万元，乡镇企业实现销售产值32.57亿万元。

海伦的市乡工业，从1980年到2010年间，历届县（市）委、县（市）政府都凝神聚力，坚持不懈地抓市乡工业，采取了很多超常举措：

抓技术改造，积蓄企业发展后劲。1980年至1985年，全县完成技改项目120项，总投资8 421万元。1986年、1987年两年投资5 851.6万元，完成技改项目45个，制酒厂的啤酒生产线、亚麻厂的苏联打麻机，食品厂引进的南斯拉夫面包生产线，水泥厂的立窑改造等项目均为当年完成。1988年，海伦加大技术改造工作力度，县政府制定下发了《关于"七五"后三年技术改造工作要点》，全年完成技术改造项目21项，年末有17项正式投产达产。到1992年，进一步拓宽合作渠道，进行多领域经济合作，大力发展联营、联合、联牌企业。共引进资金3.7亿元，和20多个外阜企业、16家大专院校建立了联系，工业阵容初具规模，新上了一批规模较大的立市企业，从国外和台湾引进16台（套）生产线和设备，大大提高了海伦工业的整体水平。从英国引进聚乙烯发泡片材生产线，是当时世界上比较先进的技术设备，省内唯一一条生产线；投资800多万元从西德引进热收缩膜生产线，全国仅有3条；投资1 200万元从台湾引进塑料地板革生产线和聚乙烯地板块生产线，新建海伦第二塑料厂；投资2 000万元从加拿大引进搪塑鞋生产线；投资1 000万元从日本、西德引进的塑料生产线和设备，充实扩大了海伦的塑料工业群体，海伦由此获得黑龙江省塑料城称号。为了填补海伦医药、化工产业的空白，投资500万元新上海伦制药厂、投资1 000万元新上海伦纺织油剂厂。为充分利用海伦农产品资源，围绕实施农业产业化新建万吨饲料厂、20万担烟叶复烤厂、1万吨麻屑板厂、两个羽绒服厂、6万吨大豆油厂、3万吨面粉厂、5 000吨复合肥厂。这期间，海伦工业是增投入、打基础、上能力、提水平阶段，使市财政收入增加，城镇建设加快。到1994年以后，海伦的技术改造，着眼于高附加值，高科技含量项目，每年技改项目都在20个以上。1997年至2001年5年间，技术改造收益最突出的有农机厂开发的水稻抛秧机、双行玉米精密播种覆膜机、ZBTC-6型精密耕播通用机、新型48行谷物播种机、ZBF-1224谷物施肥播种机，打入东北地区各省市市场，并受到俄罗斯的青睐。振动时效设备厂开发的ZSX-08型振动时效装置、金属打标机通过了部级鉴定，被评为国家级新产品，获省科技成果二等奖，获部优产品质量评定证书。2002年，啤酒厂投资3 000万元，扩建10万吨包装生产线改造项目，当年竣工投产；2003年初，水泥粉磨配套项目总投资1 500万元，10月份投入运行。农业机械厂年产1 200台LFBJ-8（9）型精播机生产线项目，完成投资3 600万元，当年投产。2007年、2008年两年，全市引进扩建项目、新建项目、技改项目总投资8.58亿元，其中投资最多的南华糖业扩建技改投资3.2亿元，到2009年，全市完成技改投资4.75亿元，其中有7个超千万元项目。2010年，有3个超亿元的技改项目。一是海伦腾飞练环生物降解制品有限公司扩产技改项目，总投资3.02亿元，扩产后年产可达1 500吨生物降解制品。二是海伦市东顺制油有限公司新技改项目，总投资1.6亿元。三是亚泰水泥扩建技改项目，总投资1亿元。通过技术改造和项目扩建，使全市工业企业增强了发展后劲。

抓招商引资，借力壮大工业企业。1992年至1997年，海伦市逐年加大招商引资工作力度。1998年成立市招商委员会，专抓此项工作。市政府出台了《海伦市关于促进经济和社会事业发展的若干规定》、《招商引资优惠政策》，为投资者创造宽松的环境，对引资者给予重奖。引进统筹计划外无偿资金，由受益单位按实际到位资金的10%一次性奖励给中介人。引资1 000万至3 000万元的，奖中介人10万元；引资3 000万至5 000万元的，奖中介人15万元；引资5 000万至1亿元的，奖中介人20万元；引资1亿元以上的，奖励中介人50万元。投产后予以兑现。1999年，为保障招商引资工作健康进行，由市纪检委牵头，从相关部门抽调人员，成立了"改善经济发展环境稽查队"，赋予调查权、检查权、监督权、建议权和处理权，严肃惩处干扰和阻碍经济发展的突出问题，并实施层层领导包项目责任制：市级领导按战线分工、产业分工、一包到底、全程服务；副科级以上领导，实行经济责任挂钩制。1999年末，市财政拿出200万元，作为奖励招商引资有功人员的奖金。2000年，市招商委员会开展了"特邀外商联谊会"活动，邀请外商40余人，涉及外资企业30多家，参加活动的客商200余人，召开新闻发布会，介绍海伦资源、产业及优惠政策。共签各类项目协议13个，合同资金额达1.65亿元。全年共引进到位资金4.53亿元，大小项目72个，其中5 000万元项目1个，1亿元项目1个。从1998年至2010年，共引进到位资金75.05亿元（平均每年引资5.77亿元左右）。在引进的项目中，总投资5 000万元以上的有17个，超亿元的有28个。其中投资额较大，带动引领市域经济发展的项目有3个。一是2006年由海南洋浦南华糖业集团投资3.2亿元的南华糖业项目；二是由黑龙江九三油脂有限公司投资4.52亿元的九三油脂大豆综合加工项目；三是2010年由香港中华鸿禧集团与黑龙江亿丰汽车零部件有限公司投资3亿元人民币，开发建设年产1 500万片非石锦铜钢碳纤维刹车片项目。这个项目填补了产业空白。

抓乡镇企业，培植经济生长点。十一届三中全会以后，全县已经出现了很多初具规模的乡办工业企业。1978年至1981年，陆续投产的有共合麻纺厂、建城冷冻厂、前进制砖厂、共荣亚麻厂、海北轴承厂和海北针织厂。1981年，当年社队企业完成产值2 022万元。到1984年，县委、县政府提出了乡办、村办、户办、联办四个轮子一齐转，工、商、运、建、服齐发展的指导思想，使乡镇企业的结构、规模、经济效益都发生了显著变化。1985年，县委又提出了坚持以家庭企业为基础，以乡、村企业为纽带，以县办工业为龙头，县、乡、村、户四级大联合的发展乡镇企业模式，使全县乡镇企业有了突破性的发展。到1986年，乡镇企业发展到85户，村办企业120户，个体企业1.16万户，乡镇企业总产值猛增到1.55亿元。家庭企业产值达到6 859万元，实现利润1 378万元。到2007年，全市乡镇企业的产品已发展到五大类，50多个品种，规模、经济效益较好的有：东源制油厂，该企业法人被国家农业部评为"全国乡镇企业家"。西城农机公司，获多项国家专利，公司被评为"绥化50强私营企业"，连续多年被评为省级"消费者信得过单位"。利民节能锅炉制造有限公司，生产的农业机械分为耕、整、播、收四大系列20多个品种，年销量2 000多台（套）。海伦由于有这些企业的带动，每年乡企的销售收入，都是大幅度增加。到2010年，全市乡镇企业销售收入增加到32.57亿元。

十一届三中全会以来，由于海伦始终坚持改革开放的方针，大力实施招商引资政策，狠抓技术改造和乡镇企业，在发展市乡工业经济上开拓进取，成效显著。到2010年，市办工业和乡镇企业产品销售收入总计为55.94亿元，市办工业和乡镇企业工业产值总计为57.02亿元，是2010年全市种植业总产值4.13亿元的13.8

倍，海伦的市乡工业与农业发展齐头并进，形成了发展海伦经济快速前进的两个轮子。

五、加强基础建设，提高城镇载体功能

改革开放以来，海伦加强了基础设施建设，城乡面貌逐渐改善，特别是1989年12月海伦撤县建市以后，海伦市委、市政府加大了城市建设工作力度，增加了基础设施建设的投入，海伦城市面貌焕然一新。1993年3月22日，黑龙江省政府下发了《关于海伦市城市总体规划的批复》文件，提出了执行总体规划的具体意见。经过几年的努力，成效显著。1999年2月，市政府研究下发了《海伦市加速城乡建设的若干优惠政策》，为加速城乡基础设施建设提供了组织和政策保证。到"十一五"末，海伦市已建设成为市面高楼林立、街道平整宽阔、公园广场景观迷人、村镇建筑成群、市乡公路通畅、水电设施齐全的新型城市。

（一）公路交通

1981年，海望、海拜两线公路铺装油渣路面。1988年海绥公路铺装水泥路面。1991年，整修公路总里程1 059公里，抢修桥涵204座。1998年，修建绥北路海伦段白色路面公路30.22公里（属省级二级公路）。2003年，全市引进三大工程建设。一是绥北公路海伦段，建设规模45公里，投资2.6亿元（其中省交通厅投资2.152亿元，地方配套资金4 480万元）。二是海望公路海伦至永富段改建工程，建设规模71.8公里，投资4 541万元（国投、省投3 231万元，市财政配套609万元）。三是海伦至东风公路，全长18公里，总投资1 355.7万元。2010年，海伦争取到500公里的农村公路建设计划，总投资1.7亿元（其中，国、省投资8 500万元，地方配套8 500万元）。到年末，共落实86个项目，完成634公里的施工任务，质量达标，位列绥化市第一位。

（二）电力设施

1982年，根据农业现代化综合科学实验基地县建设的要求，省委批准海伦引进国网电，修建220千伏变电所、三座60千伏变电所及输电线路，到1986年通电率达96%。1992年，筹资710.3万元，安装了QF-3-2型的4号汽轮机组及电器、热控、燃料等附属设备，使供热面积增加到27万平方米。1993年，全市农村已建成1 615公里电力网，通电村285个、通电屯1 036个，用电量达2 500万千瓦时。2000年，农网改造投资7 359万元。改造10千伏线路650公里，台区923个。2007年投资2 400万元进行城区电网改造，实现了高低压配电线路全部绝缘化，10千伏配电线路达到"手拉手"供电要求，全面提高了供电可靠性。2010年，黑龙江省电力公司下拨款批复，海伦投入5 142万元引进电线建设。先后完成海南、爱民、护城、海联变电所改造工程，完成了调度自动化工程，实现了"四遥"（遥控、遥视、遥调、遥测）的标准。

（三）邮政电信

1986年，海伦县农村邮电支局12处，邮电所14处，代办所4处。电信交换机总容量2 000门。1987年对农村电信（话）线路和设备改造，实现环路载波电信网。1991年开通无线传呼业务，1993年开办移动电话业务。1998年，海伦邮政电信分营后，邮政支局36处，邮政储蓄网点17处；电信局下设电信支局13处，局用交换机容量2万门。2005年，电信网点31个，无人接入电话业务、AXDL业务均继续发展。2010年，邮政营业网点36处，邮政储蓄网点14处，提供邮政全功能服务的局所17处，电子化局所7处。

六、加快城镇建设，改善城市面貌

海伦的城市建设。1986年，县政府组织对城区内19条主次干道拓宽整修卓有成效。1990年，市政府投资1 052万元，对雷炎大街、光华路、向阳大街铺装水泥路面。1992年，市政府投资2 020万元，进行了给水扩建工程建设，从东方红水库到市区铺设了28.8公里长的输水管线，健全了高水位池、配电室、取水泵等基础设施。1995年，修建了雷炎公园大门主体工程，修建了游泳池、玉带桥、亭廊、瞭望亭、牡丹亭等景点；2000年，进行中心广场建设；2006年，市政府投资1 860万元，实施雷炎大街改造工程。2010年，市政府投资3 600万元。对南环路、西环路、复兴路、通海路、建新路、永乐路、长乐路、兴盛路、西城路、牌楼路进行综合改建，共修白色路面11万多平方米，新铺供水管线1 696米，铺设排水管线2 500米。

海伦的村镇建设。1987年全县乡（镇）道路整修共636公里，植树22万株。1993年5月4日，市政府在海北镇召开村镇建设现场会，会上下发了村镇建设若干优惠政策。1997年1月，海北镇被授予黑龙江省1996年村镇建设先进镇称号。2000年，小城镇建设投资9 500万元，开发楼房3.9万平方米。2004年3月，海北镇被定为国家级试点镇。伦河镇被定为省级试点镇，共合镇、海兴镇为绥化市试点镇。2006年，全市各乡镇铺装白色路面33公里，自来水入户1 000户。2010年，全市村镇建设投资1.6亿元；农房改造6 622户，投资4.7亿元；公益设施建设投资2 900万元。全年村镇建设项目达80个，各乡镇开发楼总面积16万平方米，铺装白色路面113.66公里，铺设地下排水管线14.4公里，新增供水受益人数3.77万人，自来水普及率达46%，建制镇自来水普及率达到了100%。

七、发展教育事业，提高全民素质

改革开放以来，海伦的教育在创新中发展。到2010年，全市有小学374所，在校学生5.82万名，入学率98.1%；初中35所，初中分校29处，在校学生4.82万名，入学率97.3%；普通高中4所，职业高中、成人职业学校、电大分校各1所。

（一）强化基础教育

一是发展幼儿教育。1999年，制定了《海伦市个体幼儿园（班）管理办法》，实行分类挂牌。到2010年，全市幼儿园发展到186所，401个班，入园儿童达8 025人。二是普及小学教育。十一届三中全会后，总结过去普小工作经验教训，采纳了四条措施：根据公社、学校条件，分类指导，下伸网点抓好薄弱；就地学教材、以老带新、函授等多种途经，提高教师水平。1984年11月经省验收，全县小学入学率达到98.1%、流动率不到2%，普及率达到90%，成为全省首批普及小学教育县。三是九年义务教育。海伦实行"五四"制。1986年，省教委批准实验小学为省重点校。1987年，县政府制定了《海伦县实施九年义务教育规划》，决定全县小学附设的初中班（帽中）全部撤掉，建立56所初中分校。2004年起，为了巩固"普九"教育成果，实施"两免一补"政策。2010年，全市争取国家资金856万元，救助贫困生7万余人次。四是普通高中教育。1986年，全县有完全中学8所，其中县直完全中学3所，农村片高中5所，同年，省教委批准海伦县第一中学为省重点中学。1995年全市参加高考考生1 664人，升学率为34%，海北一中高考升学成绩居全区片高中之首。全市高中会考通过率为95%，列全区第一。

（二）改善办学条件

海伦县深入贯彻全国教育工作会议精神，从1981年开始，采取"四点精神"办学（县财政拨点、乡村集体筹点、各行各业捐点、勤工俭学出点），多方筹集资金改善办学条件。1984年至1986年，自筹资金新建全县首座标准校舍县一中教学楼。到1988

年，全县新建、扩建、维修校舍17.6万平方米。1989年5月设立人民教育基金。1994年改为集资办教育。到1998年城内新建8处中小学标准教学楼。1999年全市校舍砖瓦化率达到95%。2010年，又向上争取资金3 046万元，在农村建设6所学校教学楼；在城里新建了建筑面积1.24万平方米的全封闭寄宿制第八中学，解决农民工子女入学难问题；还采取资产置换的办法，新建了海伦市教育新区，使城乡办学条件改善实现了新突破。

（三）开展教育改革

一是改革教育管理体制。1985年开始，全县农村中小学实行了县、乡、村三级办学，县、乡两级管理，明确了各级管理教育职责。实行了校长负责制和教师聘任制，末位淘汰一批不合格教师，择优聘任一批文化达标的新教师，小学教师文化达标率增长12%。1988年，全面完善了校长负责、党支部监督、教代会民主管理"三位一体"的教育管理体制。1988年8月，海伦被省教委批准为首批实施"燎原计划"示范县，随即县政府确定长发、福民、永和三个乡为实施"燎原计划"示范乡。百祥乡被评为地区教改标兵。二是中等教育结构改革。1979年，在农村中学办农职班，在县城办实验职业中学。1982年，举办农技、园艺、农经、农机、畜牧、林业、电工、建筑、卫生等9处职校。1983年，成立农业技术高中，后与实验职业中学合并。1994年，实行岗位编制为依据的教职员工全员聘任制。2000年，全面推行了以"五制"为内容的体制改革。即干部竞岗制、教职工双聘制、工资津贴活发制、校务公开制、职称评定公开制。三是实行四年制初中。为克服重升学轻就业倾向，从1984年至1986年，在福民、爱民、伦河等乡镇中学30个班试办四年制初中。文化课分别在四年内完成（小学五年、初中四年），及格率、优生率、升学率分别高出18%、20%、45%，收到明显效果，为全县中学学制改革提供了宝贵经验。四是注音识字提前读写。1984年8月，由实验小学两个班开始试验，1987年7月省地专家考核，搞"注提"实验的三年级学生读、写能力达到五年级学生水平。当年全县"注提"实验班发展到69个。10月中旬，省、地业务部门在海伦召开了"注提"实验成果验收现场会。1993年，实验小学被评为国家"注提实验"先进集体，海伦评为"注提实验"先进市。1999年6月，在全国"注提"实验表彰奖励大会上，海伦市教委以《抓关键，攻难点，进一步巩固提高"注提"教改成果》为题作了典型经验介绍。1991年，实验小学被评为全国"三算"（口算、笔算、珠算）教改实验先进单位。2008年，市第一中学、第二中学、第七中学成为绥化市级素质教育示范高中。

（四）培训提高教师

为了提高全县（市）中小学教师文化水平，教师进修校在指导小学教师过教材关的同时，举办中师函授班29个，中师函授预备班34个，高师函授班2个，分别有944名、2 098名、74名教师参加学习。并组织337名初、高中教师分别参加东北师大、哈师大、齐师大、绥化学院、教育学院、电大等院校函授学习。多年来教师进修校获得省、地10多项奖励，1998年被评为黑龙江省规范化进修校。

（五）强化成人教育

1974年恢复了扫盲教育。到1979年，全县青壮年文盲率下降到15%。1981年设立了成人教育办公室。1986年全县共扫除文盲6 100人，文盲率下降到6%，并对脱盲农民开展初等文化教育。2003年至2005年，全市开展了严格控制复育工作，继续扫除剩余的全部青壮年文盲，使全市青壮年文盲率保持在零的水平。认真抓成人中专教育。机关文化校于1983年5月改为行政干部学校，1985年，电视大学工作站与行干校合并成立电大海伦分校。

到1986年，全县有成人中等专业学校5所，共有教职员工141人。1998年开始，各中专学校分别与省职工中专、哈尔滨市职工中专、牡丹江医学院、河北省北方学院、佳木斯大学等学校联合办学，到1999年，电大分校培养出2 983名大专毕业生。1978年创办了"五七"大学，到1980年，培养出一批师资、农建、农林、水利、畜牧等专业人才。2007年至2010年，全市职业教育学校达281所，其中城内16所，23个乡镇各办一所农民文化技术学校、村级职业培训场所243个。各种职业培训涉及26个专业。通过全日制学历教育、联合办学和短期培训，合理设置专业，造就高技能人才和高素质劳动者。

八、科技文卫齐上，推进全面进步

改革开放以来，海伦的科学技术研发硕果累累，文化、体育、广播、电视、卫生医疗等各项事业齐头并进，发展迅速，大大推进了全市经济和社会的全面进步。

（一）科技事业

在农业现代化综合科学实验基地县建设的带动下，全县科技工作有了较快发展。1977年9月恢复县科委。1978年1月恢复县科协。1983年，县委作出"科技兴农决定"。20多年来科技硕果累累。到1986年，培育出海谷1号、海玉号系列良种，研制了龙江6联合耕种机、万用电桥、振动时效设备、塑料编丝收卷机等35项科研成果获科技成果奖（其中，国家部级2项、省级29项、地区级4项），有的填补了黑龙江省和全国的空白。1988年至2010年，海伦有38个科研项目（78人）获绥化地区以上科技进步奖，海伦市（县）授权科技专利共140项。2004年至2005年，海伦被国家定为"大豆现代化关键技术研究与示范区"，建立了"示范基地+种植户+企业+科技"的现代化产业模式。据2005年测产，核心示范区亩产250公斤，增效15%。在2005年国家科技部考核科技进步县时，海伦继续被授予"全国科技进步先进市"称号。2006年至2010年，全市实施专项科技攻关项目13项（其中国家级4项、省级9项）；本市（县）级攻关项目共计127项。其中工业项目1项，实验项目22项，示范项目12项，推广项目92项。

（二）卫生和计划生育事业

党的十一届三中全会以后，海伦注重改善卫生机构房舍，更新医疗设备，不断提高医疗水平。1980年新建第一医院门诊楼。1983年建第二医院门诊楼。1985年到1987年，先后建成第一医院外科楼、防疫站楼、妇幼保健院病房楼，利用国际贷款引进国际先进设备105台件，价值61万美元。1988年，中医院建成门诊和病房楼，自筹资金购进一批国内外先进医疗设备。在省财政支持下，海伦从1991年开始加强乡镇卫生院建设，分期分批装备了X光机、B超、心电等12项医疗设备；新建、翻建26处卫生院，使28个乡镇卫生院达到乡镇卫生医疗保健中心的基本要求。全县形成了以县第一医院为主，中医院、二医院、防疫站、妇幼保健院为辅的医疗保健中心，并辐射周边县。1990年，达到国家规定标准。对克山病、地方性甲状腺肿大、大骨节等地方病防治工作也于1990年达到省地规定的控制指标。1993年，市第一医院被评为全国二级甲等医院。到2000年，全市已有CT、彩超气相色谱仪、心电机、脑电图仪等高科技诊断设备20多种、60多台套。二级医疗机械临床诊断符合率达到90%以上，检查报告准确率达到100%。2005年，市人民医院投资3 200万元，新建1.8万平方米门诊综合楼。2009年，又筹资5 600万元，新建第一医院外科楼住院楼，建筑面积1.7万平方米。在开展新医疗技术方面，自1986年至1989年，全县共开展新医疗技术达30多项。二院骨科开展了血管皮瓣成形术、膝关节前交叉韧带修补术均获成功，填补了全县骨科分科手术的空白。1996年，举办全市医疗骨干培训班，培训急诊急救医务人员56人，农村卫生人员69人。还聘请8位省级医学专家到海伦出诊、讲学、传授新技术。2007年至2010年，市人民医院有3个课题获绥化市科技进步三等奖；有7个课题获二等奖；有1个课题获一等奖。海伦市对新农合工作极为重视。2003年9月，市政府印发了《海伦市建立新型农村合作医疗制度总体方案》，全市新型农村合作医疗工作有序进行。到2004年，全市共有40万农民参加新型农村合作医疗（简称"新农合"）。到2010年的几年间，筹资总额达到了6 000万元，为190.4万名参合患者核销补偿医药费1.69亿元。

1980年以来，坚持宣传教育、经常性工作、避孕节育三为主的方针，积极开展计划生育工作。多年来，加强计划生育服务网络和技术队伍建设。乡镇都建立技术服务站，90%乡镇B超妇检，90%村建立服务室。到1998年，人口出生率由12%下降到7.6%，人口增长率由7%下降到4.5%，计划生育率由70%上升到90%，已向低出生、低死亡、低增长的人口再生产类型转变，"多子多福"的传统观念开始被"少生优生"的新观念代替。

（三）文化事业

党的十一届三中全会以后，海伦的文化事业获得生机。到1983年，全县新建文化综合楼、图书馆楼、新华书店楼、文化广场。开展经常性文娱活动，年年举办海伦之春音乐会、春节秧歌汇演、元宵灯会、七一联欢

中国剪纸大师傅作仁和他的徒弟们

会等。农村乡镇普遍建立了文化站，伦河、海北、共合三个镇

建起了电影院。文学创作，百余位文学爱好者创作一批诗歌、散文、小说等优秀作品在报刊发表。以现代题材为主，反映农民心声的海伦地方戏，达到创作、演出高峰，以王尧为代表的创作队伍创作200多个剧目，30多个获省、国家奖，40多个在中央、省电视台演出，50多个制光盘全国发行。戏剧创作，有9人获省级以上导演奖，有22个剧目获编剧奖，有17人获省级以上作曲奖，获得省级一、二等表演奖的达53人次。1991年成立了中国书画函授大学海伦教学站，共招收大专班学员78名，多年来，海伦书法篆刻艺术家的作品入编20余部典籍和多家书刊。剪纸创作，以傅作仁为代表的百余位作者，以题材广泛、反映生活的海伦剪纸进入发展时期，创作出上万件作品，数百件出国展出，获国家、省级美术馆、博物馆收藏。1987年2月，在北京民族文化宫举办了"傅作仁满族剪纸世家作品展览"。1994年文化部授予海伦《中国民间剪纸艺术之乡（民间剪纸）》美称。2001年，海伦剪纸艺术家集体创作的11米剪纸长卷《开国领袖毛泽东头像》在人民大会堂澳门厅展出。全市艺术团达到16家，相继组织"心连心艺术团"送文化下乡活动，到2010年，下乡演出103场，足迹遍布23个乡镇。图书馆舍逐年扩大，馆藏逐年增加，成为全国先进图书馆。2000年2月16日，海伦市委宣传部、文化局的主要领导出席了在北京召开的"全国文化先进县、先进集体、先进个人表彰大会"，海伦县被国家授予"文化先进县"光荣称号，并在人民大会堂受到党和国家领导人的接见和合影留念。

（四）广电体育事业

1977年9月14日建电视差转台。1982年7月1日开始播放彩色电视节目。1984年12月18日成立电视转播台。1985年1月15日开始自办节目，1987年县广播站开通调频广播，形成了有线与无线广播混合覆盖格局。1987年11月开始卫星接收中央电视台信号，到1998年转播中央24个频道节目。1994年市区开通有线电视，1998年开通农村有线电视，到2010年末，全市有线电视入户90%以上。

1984年，中央《关于进一步发展体育运动的通知》以来，海伦县广泛开展群众性体育活动。城乡普及篮球、职工工间操；中、小学坚持体育课，体育达标率90%以上；每年一次全市（县）体育运动大会，两年一次少数民族运动会，各乡镇每年一次运动会。体育场馆建设进展较快，县城新建乒乓球训练场和灯光球场、旱冰场和田径训练房，构建体校房舍。农村半数乡镇修水泥篮球场和灯光球场。业余训练培养了一批体育后备人材，向上输送110多人。省地级体育比赛取得了较好成绩。1986年被评为省体育先进县，1988年被评为全国体育先进县。2002年修建体育场主席台、综合训练馆、体校教学楼。2005年投资450万元兴建了体育广场，面积达2.2万平方米，场内设标准体育健身器材130套（件）。2008年，在雷炎公园辟建体育休闲广场2万平方米，配置健身器材100套（件），通过新农村建设，在20个乡（镇）建设了农村健身体育工程39处。

九、完善民主制度，强化法治建设

党的十一届三中全会以后，海伦县陆续恢复县人大、县政协、县法院、检察院、公安局、司法科的职能，逐步健全了内部办事机构。充分发挥社会主义民主，加强社会主义法制建设。

（一）恢复健全人民代表大会制度

海伦在"文革"期间停止人民代表大会制度，于1980年正式恢复，开始行使人民代表大会职能，履行对"一府""两院"的监督责任。7月10日，全县进行基层民主选举，第一次采用候选人多于应选人的差额选举办法，选举了475名县人民代表。9月18日至22日，召开海伦县第八届人民代表大会第一次会议，选举产生县长、副县长、人大常委会主任、副主任、常务委员、法院院长、检察长。1990年3月9日至11日，召开海伦县第十届人民代表大会第四次会议。大会根据国家民政部〔1989〕36号文件"关于黑龙江省设立海伦市"的批复，决定将海伦县第十届人民代表大会代表改任为海伦市第一届人民代表大会代表。3月11日，在海伦县第十届人民代表大会第四次会议闭幕后，接着召开海伦市第一届人民代表大会第一次会议，决定第十届政府领导人改任为海伦市第一届政府领导人。自1980年至2010年，共召开了9次人民代表大会，进行8次人民代表大会换届选举工作。人大常委会共立会181次，听取审议一府两院工作报告和各项决议、规划、工作细则及有关工作的暂行办法等。积极做好代表工作，创刊《海伦人大》，创建"海伦人大网页"；认真开展"三查（察）工作"对关系经济发展、法制建设、城市建设、城乡改革、重点工程项目建设、民生工程等进行多次视察，解决诸多实际问题；认真指导乡（镇）人大工作，1987年9月，各乡镇人民代表大会设立人大主席团。2002年换届选举后，各乡镇人民代表大会及其主席团由任期3年改为5年。

（二）恢复和发挥政协组织职能

中国人民政治协商会议海伦县委员会于1980年恢复。9月17日至22日召开了第五届委员会，98名委员出席会议。会后设立办公室，1984年10月增加提案、经济科技、文教卫生、学习文史等办事机构。1989年12月海伦撤县建市后，于1990年3月10日召开海伦市政协一届一次会议，通过建市后市政协有关事宜的决定，选举产生了海伦市政协第一届领导人。自1980年至2010年，海伦县（市）政协共举行了8次委员大会。听取政府的工作报告，协商人大主任、副主任，政府县（市）长、副县（市）长人选。在民主监督方面，历届政协大会，委员们积极参政议政，通过列席人代会，对《政府工作报告》进行评议协商，并围绕全市人民关心的政治、经济和人民生活等热点问题展开讨论协商，提出较多切实可行的意见和建议。历届政协主席、副主席，定期带领委员深入到农业、交通、粮食等系统展开社会调查，每次调查都形成文字材料，对改革和发展提出了具体的意见和建议，大多数意见被市（县）委、市（县）政府采纳，并列入决策内容之中。定期对信访办、社区等窗口单位进行视察，提出意见和建议，多数被视察单位采纳。在参政议政方面，历届政协都认真组织委员开展献计献策活动。坚持每年召开一次有市委市政府主要领导参加的献计献策会，反响和效果良好。

（三）加强基层民主自治组织建设

在政社分开建乡镇政府的同时，基层组织了村民委员会和居民委员会。依据《中华人民共和国村民委员会组织法》，建立村民代表会议制度，实行民主决策、民主管理、民主监督。依据《中华人民共和国居民委员会组织法》，使居民委员会成为居民民主自治组织。到1997年，全市362个村民委员会，83个居民委员会进行换届选举，选出成员2 289人。1999年，100%的村民委员会达到村务公开标准，80%以上村达到村自治示范村标准。海伦被评为黑龙江省村民自治先进市。

（四）强化政法机构建设

党的十一届三中全会以前，海伦恢复公安局、法院，1978年恢复检察院，1980年11月成立司法局（科）。按照中共中央1982年《关于加强政法工作意见》，扩大、充实、提高政法队伍，加强政法机构建设。公安局、检察院、法院、司法局（科）均增加完善内设机构，增加人员编制。多年来，"两院两局"始终遵循

"以法律为准绳、以事实为依据"的原则，坚持社会主义法治，有力打击各种犯罪，维护社会治安，保障人民生命财产安全，保证改革开放和经济社会发展。

1983年8月，根据中央关于"严打"的指示精神，开展了严厉打击严重刑事犯罪分子的斗争。1996年5月，成立"110"指挥中心。1999年，"110"指挥通讯系统向农村延伸，在各乡镇设立59个报警服务处，各行政村设立360个报警服务点。2000年，"110"指挥中心完善了社会联动服务体系，联动单位增加到19家。2010年出警达4 756起。多年来，刑事案件综合破案率均在86.6%以上。2007年至2010年，4年间破获刑事案件680起，抓获各类犯罪嫌疑人906人，有力地打击了刑事犯罪、扼制了刑事案件上升的势头。在城乡治安管理方面，1990年，城乡建立联防组织，乡镇建联防大队，村建联防中队。2000年至2005年，相继开展学校内和周边治安环境治理工作；集中整顿特种行业。2010年，开展扫黄、打黑、禁赌活动。查处治安案件2 392起，打掉地方黑恶势力团伙3个，行政拘留1 114人，劳动教养7人。同时，大力推进信息化硬件建设。城市监控系统开通使用，"千里眼工程"逐步进入8个小区。

自海伦县检察院重新建立以来，随着事业的发展，内设机构相应增加，到2010年，在11个科室基础上，反贪局增设侦查一科、二科、三科，增设海北、共合、伦河三个检察室。在刑事检察方面，每年都有30至60起刑侦案件，并对呈捕案件和移送起诉案件，依法律为准绳，以各类案件的实际为依据，分别作出批准逮捕、不批捕、退补侦查和起诉、免诉、退回补充侦查等正确决定，维护了法律的尊严。在经济检察方面，1990年至1995年，重点查处受贿、挪用公款、偷税漏税案件，其中有税务人员与干部合谋贪污国税窝案串案。2001年至2010年间，重点查处大案要案，渎职侵权案及贪贿职务犯罪案件。对司法人员刑讯逼供、玩忽职守、徇私枉法等分别立案，妥善处理，收效好，社会反响很好。

自1983年开展"严打"斗争以来，法院对重大疑难案件提前了解情况，力求把问题解决在预审、起诉阶段，以避免案件起诉后而延误时间。并在城乡多次召开大型公判大会，做到有声势、有威力、有震动，打击了犯罪，教育了群众。1996年至2010年，市法院重点打击暴力恐怖势力、邪教"法轮功"、黑恶势力、乡匪村霸、街匪市霸、车匪路霸犯罪及重大盗窃犯罪，以"两法"为准绳，突出严把四关（事实关、证据关、程序关、应用法律关），宽严相济、高质量审理刑事案件，结案率达百分之百，稳准狠地惩治刑事犯罪。在经济、民事审判方面，1992年至1996年，在市属32个较大企业建立经济审判联络站，由企业派驻经济审判联络员42人，提供经济信息、债务债权情况，五年间受理经济案件1.13万件，结案率达99.1%。在行政审判工作中，注重官民关系，减少不和谐因素，案件执结率均达100%。

在司法教育方面，先后实施了五个"五年普及法律常识规划"。"一五"普法至"五五"普法（1986年至2010年）25年间，主要普法教育的内容是"九法一条例"。以《宪法》为核心，以专业法为重点，全面提升宣传教育的文化品味和社会法制化管理水平。2006年8月，市司法局在全省法制宣传会议上介绍了普法工作经验，海伦市被省委、省政府授予"四五"普法先进县（市）称号。在为基层法律服务方面，1988年开始在各乡镇健全了法律服务所，进行法律咨询和调处民间纠纷法律服务。1999年，"148"法律服务网络全面形成。2008年，市司法局被省司法厅和省人社厅授予"全省司法行政系统先进集体"称号。在人民调解工作方面，1989年，在乡、村、组三级建立民事调解组织，多年来，调解成功率都在98%以上。

（五）维护宪法赋予公民的权利

党的十一届三中全会以后，拨乱反正，平反冤假错案。海伦县为"文革"中受迫害的120名领导干部恢复名誉；平反纠正了25起冤假错案。同时，对1950年以来受纪律处分的党员、干部进行了清理复查，对反右、"四清"、社教的错案和其他错案，全部予以平反改正、恢复名誉。形成了"在法律面前人人平等"的局面，公民的人身自由不受侵犯、言论自由、宗教信仰自由等公民各项基本权利依法得到保护。天主教、伊斯兰教、基督教、佛教、道教陆续恢复了宗教活动。

十、改善人民生活，坚定奋进信念

改革开放的不断深入带来了经济发展和社会的进步，使海伦人民的生活水平和消费质量不断改善和提高，极大地激发了干部群众开拓奋进的积极性。

城镇居民生活。1985年至1990年，是城镇居民收入稳步增长阶段，职工工资收入差别不大。1985年，人均收入691元，至1990年居民收入达到1 155元。1996年至2000年，是全市城镇居民收入持续增长阶段。随着市场经济体制的逐步建立与完善，海伦市的人民生活水平增长很快。1996年，城镇居民人均收入2 472元，到2000年，人均收入达到3 170元。2005年至2010年，是全市城镇居民收入快速增长阶段。2005年城镇居民收入为4 270元，到2010年，已经达到8 252元，是1985年的11倍，城镇居民91%入住商品房，人均使用面积15.8平方米。大部分城镇居民已步入小康生活。在生活消费方面，城镇居民在消费中，副食品消费量逐年增加，服装、家电产品的消费量扩大。21世纪初，是城市居民消费支出增长速度最快的时期。2005年，城市居民人均消费支出为3 577元，到2010年，人均消费支出达到6 448元。

农村居民生活。1985年至1990年，农村居民收入平稳增长。1985年，农村居民纯收入285元，至1990年，农村居民收入达到564元。1996年至2000年，全市农村居民收入持续增长。1996年，全市农村居民收入达到1 849元，比1990年翻了三番。2003年以后，国家施行取消农业税、提统费的优惠政策，农民每年还根据土地面积和种植作物得到植补和粮种补贴。农村经济和农民收入迅速提高。2005年至2010年，全市农村居民收入快速增长。2010年达到4 488元，是1985年的15倍。人均居住超过1.1间房屋，人均使用面积11.7平方米。农村居民消费水平有所提高。2005年，农村人均消费2 424元，到2010年，人均消费达到3 576元。

自改革开放以来，海伦人民在历届县（市）委、县（市）政府的正确领导下，紧跟改革开放步伐，团结拼搏，砥砺前行，使国民经济持续快速增长，工农业生产势头两旺，城乡建设日新月异，基础设施逐年完善增加，社会各项事业协调发展、蒸蒸日上，群众获得感普遍增强，决心以更加坚定的步伐向全面建成小康社会迈进。

第十五章　"一都五城"发展战略

自"十二五"以来，海伦市以党的十八大和十九大精神为指引，根据海伦被确定为松嫩平原富硒土壤带核心区、寒地黑土核心区的实际，为加快富硒优势转化成振兴发展的核心竞争力，市委、市政府实施打造黑土硒都，建设绿色食品之城、商贸节点之城、生态宜居之城、文化魅力之城、创业创新之城即"一都五城"发展战略，使海伦全市经济发展质量不断攀升，经济发展方式不断转变，城镇化水平不断提高，社会各项事业全面进步，综合实力站稳绥化第一方阵。2018年，地区生产总值实现148亿元，固定资产投资实现15亿元，社会消费品零售总额实现59亿元，公共财政预算收入实现5亿元，城乡居民人均可支配收入分别达到22 204元和11 381元。2019年，主要预期目标为：地区生产总值、固定资产投资、规上工业增加值同比分别增长6%，社会消费品零售总额同比增长10%，公共财政预算收入同比增长4%，外贸进出口总额同比增长10%，城镇和农村居民人均可支配收入同比分别增长8%和10%。可见，海伦经济和社会发展亮点纷呈。

一、农业发展提质增效

近年来，海伦市在市委、市政府的领导下，主动适应经济发展新常态，在做强市域经济和乡村振兴中，突出发展现代农业，农产品供给不断增强，农民收入持续增长。

黑土硒都鸟瞰金秋

1.实施规模化经营

借助被国家确定为土地流转规模化管理与服务试点县的契机，海伦以创新经营为主线，大力发展合作农业，建立健全龙头企业与种养大户、家庭农场、合作社利益联结机制，加大农民合作社、家庭农场规范发展力度。全市土地流转300万亩，占耕地总面积的64.5%；土地规模经营340万亩，占耕地总面积的73%。

2.加快设施农业发展

在特色产业上，坚持以企业带动为重心，全力打造产加销一条龙的五大品种发展格局。即：①重点由原野食品省级产业化龙头企业带动加工的鲜食玉米产业；②重点由全国人大代表、绥化三八红旗手高向秋创办的"向秋蔬菜种植农民专业合作社"带动外销的青椒产业；③重点由海合菇娘市级产业化龙头企业带动外销的菇娘产业；④重点由敬红波创办，并获全国妇联授予"全国巾帼脱贫基地"称号的中际省级产业化龙头企业带动加工的毛葱产业；⑤重点由从事食用菌种植、加工和销售的黑臻省级产业化龙头企业带动加工的木耳产业。在设施农业上，海伦市现有温室面积5 700亩，比2018年4 400亩增长29.5%；2018年温室总产量2.3万吨，比2017年2万吨增长16.5%；大中棚面积23 400亩，比2018年17 230亩增长36%；2018年大中棚产量是8.22万吨，比2017年6.53万吨增长25.9%。

3.提升畜牧业发展质量

按照突出"绿色"，筑牢"品牌"，完善产业经营体系，推进全产业链建设，推动畜牧经济快速发展的生产理念，坚持以生猪产业为重点，以现代化生猪养殖、屠宰、加工与冷链物流为一体的星源公司为龙头，打造养殖、饲料供应、屠宰加工协调发展的全产业链经营模式。同时，坚持"预防为主"的方针，有效地防控了重大动物疫情的发生，取得了全市无重大动物疫情的阶段性成果。确保了全市畜牧业发展的良好态势。截至2019年，蓄禽饲养量均比去年有所增长。其中，生猪29.5万头，肉牛2.6万头，羊6.7万只，禽198万只，大鹅74.5万只。做到：一是规模化养殖快速发展。在"两牛一猪"项目、招商引资及产业扶贫等措施推动下，生猪、肉牛、大鹅等产业比重呈明显上升趋势。规模化养殖场发展到88个，其中：生猪49个、肉牛12个、蛋鸡12个、羊2个、特色养殖1个、鹅12个、年出栏3 000头以上生猪规模养殖场达到11个，年出栏500头以上肉牛规模养殖场达到3个。在生猪产业发展上，黑龙江星源生态农业科技有限公司建设的1万头种猪场、3个育肥场已建成投产，满负荷生产年出栏生猪可达16.5万头，生猪规模化比重可提高30%。二是环境友好型畜牧业建设进程加快。规模养殖场粪污处理设施配套率达到71.2%。成功获得国家畜禽养殖废弃物资源化利用"整县推进"项目支持，畜禽养殖污染治理能力进一步增强，为绿色有机农业发展奠定了坚实基础。

4.大力发展渔业

2019年，全市放养水面面积达到了11.15万亩，其中池塘面积

2.68万亩，水库面积8.47万亩。放养面积3.8万亩，品种有河蟹、鲫鱼、泥鳅、青鱼、鲶鱼、鳜鱼、细鳞斜颌鲴、黄颡等十余个品种。全市水产品总产量达到13 600吨，其中养殖总产量13 100吨，捕捞产量500吨。渔业经济总产值达到1.3亿元。全市渔业科技示范户达到60个，培训渔民100人次，发放技术资料500份。渔业信息网络建设得到进一步发展，互联网、物联网在水产发展上得到初步应用。

5.扩大科技化覆盖

深入实施"藏粮于技、藏粮于地"战略，坚持良种良法配套、农机农艺结合、生产生态协调，建设农业科技示范园区53处，农业科技贡献率达68%以上，田间综合机械化程度97%以上，被评为国家级全程机械化示范县。真正把农民从传统的脸朝黄土背朝天的劳作中解放出来。

6.成功举办中国农民丰收节

为进一步弘扬海伦农耕文化，提振干部群众乡村振兴发展的精气神，2019年9月23日，海伦市在向荣镇举办"2019·海伦中国农民丰收节"庆祝活动。活动主题是"黑土硒都同欢庆、海伦金豆话丰收"。活动现场达2 000多人，活动内容丰富、亮点

2019年9月23日海伦市庆祝
中国农民丰收节现场

纷呈。传承"豆"作文化，弘扬了海伦农耕文化。新华网、央广网、东北网、省台、省经济日报等国家和省级17家主流媒体及网络媒体、30多人同步报导，并受到参加活动的省直厅局及绥化市有关领导、嘉宾、客商的高度评价。在全国70地农民丰收节举办

地投票活动中，位居第一，海伦共获得63.4万票，领先第二名11万票。这次活动提高了海伦的知名度，扩大了海伦的影响力，既提高了群众的满意度和信任度，又增强了自信心和自豪感。

二、产业融合势头强劲

（一）"富硒"优势迅猛发展

海伦市土壤经国家检测富硒后，市委和政府以较强的战略意识和市场敏锐度，第一时间抓住战机，迅速启动"核心优势"打造工程，"中国黑土硒都"横空出世，并于2016年9月得到中国营养学会正式命名。在三年多的时间里，富硒大豆以10处万亩科技园区为引领扩大到260万亩，并探

大豆研究员李艳华在试验田向前来视察的省委书记张庆伟介绍黑土硒都土质情况

索了脱腥豆、低铅豆种植模式。中科院海伦农业生态实验站研究员李艳华，多年来培育出东升系列十几个优质大豆品种，成为海伦市当家品种，占富硒大豆播种面积的80%以上，增产大豆20亿斤，为地方增加经济效益40亿元。东生系列大豆品种在东北地区第三、第四积温带累计推广应用面积达5 000万亩。李艳华"东生号大豆品种选育及节本增效关键技术推广"获得黑龙江省2014年科技进步二等奖。她被评为感动龙江2018年度人物及全国妇联2018年巾帼建功标兵。此外，鲜食玉米、菇娘、毛葱、青椒等富硒特色作物发展迅速，现已达到50万亩，富硒农业现代产业园迈入省级行列；生产绿色、有机13个系列77个富硒产品的"百万平米富硒产业园"全面建成；设备最先进、具有权威鉴定资质的富硒农产品省级检测中心正式投入运行。随后，"富硒+绿色""富硒+

有机"的种养探索实践遍地开花，致力于富硒产品开发营销的明星企业越来越多、越做越强。特别是三年来，通过在长三角、珠三角和江南诸市几十次参加各类大型推介活动，以及"五谷杂粮下江南"、"好粮油中国行"、"海伦市富硒土壤调查成果发布会暨黑土资源保护论坛"，推介效应逐渐释放，海伦富硒农产品销售额突破11亿元，海伦市在全国各大城市建立黑土硒都农产品实体店、直营店已近百家。特别是随着"黑土硒都"品牌彻底叫响，海伦富硒蛋白大豆每市斤高出周边县3至5分钱，富硒大米每市斤高出普通大米1.1元，富硒"海伦大豆""海伦玉米"成为2017年度最受消费者喜爱的中国农产品。省委书记张庆伟同志来海伦调研时，对海伦富硒产业发展给予高度评价。

到2019年，海伦以富硒产业为主线，促进一、二、三产业融合发展，形成完整的产加销产业链条。已经建成十大核心基地，其中种植业基地面积米、豆25万亩，水稻5万亩，蔬菜6万亩，马铃薯1万亩，杂粮3.7万亩，杂豆1.5万，小麦0.2万亩，蒲公英0.1万亩，大鹅1万只，食用菌10万袋，并培育3型（生产型、加工型、营销型）产业龙头，打造4类知名品牌（区域品牌、特色品牌、企业品牌、合作品牌），拓宽8种营销渠道（众筹营销、交易中心营销、实体营销、双品牌合作营销、批发市场营销、参会营销、出口营销、线上营销）。在广泛销售富硒成品粮的同时，海伦利用鲜食玉米上市季，于8月29日举办鲜食玉米节。市政府与阿里巴巴聚划算联合举行的聚划算、卖空阿里巴巴助力海伦富硒鲜食玉米热卖，极大地提升了海伦鲜食玉米的线上知名度。48小时内，新鲜的海伦玉米就到达了全国各地消费者的餐桌上。仅三天时间，聚划算就凭借自身强大的爆发力，通过产地网上直供模式，将海伦500万穗鲜食富硒玉米卖空。

（二）产业项目建设集群推进

依托"大豆产业园""生物科技产业园""鲜食玉米产业园"3个园中园，围绕"绿色食品、生物科技、新兴能源、文化旅游、现代商贸"五项产业，狠抓"两头两尾"建设，有力推动了市主导产业做大做强。

1.着力打造了百亿级大豆产业集群

以海伦大豆中国特优区为依托，树立"大豆加工龙江第一县"目标，全力支持龙海食品与台湾永和豆浆集团扩大合作；大力扶持鸿润制油开发筛下豆"商品级、饲料级、肥料级"系列产品，不断扩大出口创汇产能；大力深化与京粮集团"双品牌"市场营销合作，以高品级小包装大豆产品站稳了高端市场。与此同时，省部共建的黑龙江大豆交易中心被确定为全省动能转换项目；天津利民食品集团大豆即食食品生产项目主体封顶，二期展开谋划。2019年，海伦市引进大豆深加工项目，计划总投资1.15亿元，占地面积2.5万平方米，主要建设内容为生产车间、动力车间、成品库房、生产线及所属配套设施等。项目经营主体招标工作已于6月份完成。项目投产后，可年加工大豆6万吨，实现年销售收入3.8亿元，税金1 700万元，不仅使海伦在大豆精深加工方面实现破题，而且可充分发挥产业项目在乡村振兴中的助推作用。

2.着力打造了百亿级玉米产业集群

首先保障引进的30万吨燃料乙醇项目年底投产。该项目是省"百大项目"之一，由国家开发投资集团有限公司的子公司国投生物能源（海伦）有限公司投资建设。项目总投资13.26亿元，其中建设投资11亿元；建设地址位于海伦市轻工产业园内（省级园区），占地面积51.84万平方米，建筑面积39.20万平方米。该项目年加工转化玉米92.4万吨，年产燃料乙醇30万吨，DDGS高脂饲料25.8万吨。其中燃料乙醇生产线、粉碎生产线、DDGS高脂饲料生产线各1条。项目投产后，预计年实现销售收入17.5亿元，利润1.32亿元，上缴税金1.14亿元，安置就业500人，带动相关就业1 000人，拉动农民增收1亿元左右。该项目已于2018年10月15日开工建设，2019年3月18日复工，2019年12月投料试生产。其次是大力跟进国投集团秸秆纤维素燃料乙醇项目、北京三聚集团秸秆碳化制肥综合利用项目，引进落实酒糟蛋白饲料、生物质发酵菌等上下游吃配项目，建起强大的玉米产业群体。

3.着力打造了百亿级特色经济产业集群

黑龙江黑臻生物科技有限公司与吉林农业大学农学院正式签约合作黑木耳菌包项目已投产运营。项目全部建成后，总投资达2.3亿元，其中固定资产投资1.95亿元，项目分两期建设，一期达到年产5 000万袋黑木耳菌包生产能力；二期达到年产1亿袋生产能力。现已竣工投产，实现年生产菌包1亿袋。黑龙江星源生态科技有限公司100万头现代化生猪饲养加工屠宰项目，总投资20亿元人民币，一期投资4.3亿元。公司地址在长发、前进、向荣三镇和轻工业园，生猪产业饲养量突破6万头。重点扶持域内5家鲜食玉米加工企业发展，并大力引资集中打造鲜食玉米品牌，山东慧发食品公司鲜食玉米种植基地及加工项目2019年10月份投产，黑龙江舒吉食品有限公司鲜食玉米加工及冷链物流项目也开工建设。

4.着力打造了特色文化旅游产业集群

通过完善"一区两线三边"规划，整合域内花海、湿地、森林、大峡谷等自然资源；整合海伦剪纸、北派二人转、抗战精神等文化资源；整合海北西安、福民"四大坊"等民俗资源，积极对接省旅游集团，全力打造了"哈黑"旅游节点目的地。与此同时，大力推进《海伦往事》《这片黑土地》系列化创作。在讲好海伦故事，引领文化产业发展，大力促进文旅融合、农旅融合上迈出扎实步伐。特别是深入挖掘马占山指挥的龙江抗战中心、中共海伦中心县委领导周边六县地下党活动中心、北满东北抗联指挥中心等人文资源，以东林、双录、景家店林场等革命老区为重点，正在着手易址新建马占山公馆，原址新建抗联密营，着力打造红色旅游经典景区。通过红色文化和海伦剪纸、北派二人转融合互动，进一步提升文旅产业开发层次。

此外，海伦市2019年度纳入省级"百大项目"的推进落实也取得了明显成效。市轻工产业园热电联产项目，投资31 401万元，新上3台每小时130吨高温高压循环流化床锅炉，1台30兆瓦背压式汽轮发电机组，热电联产项目部分装置已完成结构施工，正在进行土建工程及设备安装。

海伦市地势坤农林生物质热电联产项目，投资26 800万元，新上130吨生物质锅炉，30兆瓦凝气电联产项目式汽轮发电机组（供热面积88.8万平方米），已投入生产。海伦市城区生物质热电联产项目，投资规模21 600万元，新上3台每小时130吨高温高压循环流化床锅炉，1台30兆瓦背压式汽轮发电机组，供热面积100万平方米，已完成投资的75%。项目预计年消耗农作物秸秆30万吨，可以安置就业人数1 100人，每年可促进农民增收6 000万元以上。

海伦市污水处理厂提标改造扩建项目，总投资6 355万元（中央预算内投资和地方自筹），将出水水质一级B提升一级A，扩建规模每日2万吨，总规模达到4万吨每日，已完成主体工程。

海伦市所有纳入省级"百大项目"的实施项目，都是通过省"百大项目"绿色通道，启动"一会三涵"工作机制，全部项目顺利开工建设，资金到位率接近100%。

（三）政策资金效应充分释放

海伦始终将老区开发建设作为"一把手工程"，有力确保了老区村充分享受政策、资金和项目扶持，赢得发展先机。

1.信贷优先促发展

全市金融机构不断创新金融产品，简化信贷程序，加大投放力度，大力支持老区各类经营主体建设。今年共为45个农业经营主体（老区21个）、27个家庭农场（老区13个）、13个种粮大户（老区8个）提供信贷支持2 800万元。

2.专项资金促发展

老区办继2017年投放给东林乡5个老区村800万元彩票公益金后，去年又将省里下拨的2 000万元专项彩票公益金集中拨给双录、东林两个革命老区乡所属的10个重点老区贫困村，用于产业项目建设。分别向3个深度贫困村增拨100万元扶贫专项资金，使3个村的白色路面实现户户通。在东林乡战胜村投资850万元建设温室大棚150栋，发展菇娘种植产业，拉动全村162户贫困户户均增收2 000元以上。

3.落实政策促发展

通过清理宅基地和其他土地复垦，对接增减挂政策，与哈尔滨市道里区、绥芬河等地签订易地补充耕地指标519公顷，合同金额3.3亿元，仅与道里区就签订增减挂指标108公顷，合同金额2.6亿元，村集体获益5 200万元。大力支持村集体主导或村两委干部领办新型经营主体，全市老区村发展种植业新型经营主体3 100家，规模经营土地158万亩。

三、城乡一体化建设提档升级

海伦围绕建设中等规模城市目标，科学实施城乡规划，统筹推进城乡基础设施建设。抓好完善配套和提档升级，完善公共服务设施，完善城乡供热供水管理体制，确保供热供水安全，促进城乡发展一体化。实行新区开发、旧城改造双轮驱动。按照50年不落后的标准，聘请清华大学规划院编制了海西新区控制性详细规划。帝豪花园、盛世壹号等高档住宅小区相继建成，公共基础设施逐步完善。中心城区道路铺设、绿化美化亮化、供热供水管网改造等基础设施建设同步推进，海西新区综合承载能力显著增强。中医院喜迁新址，多功能体育馆、二人转传承保护中心建成使用，锦江城市综合体启动运营，规划十二路连接畅通，新老城区融合更加紧密。经过几年建设，一条条街路显现新容，一盏盏华灯纷呈异彩，一座座标志性建筑拔地而起，一座崭新的现代化美丽新城展现在世人面前。

海西新区夜景

按照"生活宜居、环境优美、设施配套"的要求，强力推进美丽乡村建设。中心镇内开发楼房80栋、59.4万平方米，建设农村文化广场110个，村级卫生所243个，道路硬化750公里，通村通屯道路、中心村主街道路硬化率达到100%，特别是"十三五"以来，新建、改建农村公路2 468公里。其中，路网改善167公

海北镇西安田园养生示范村

里，撤并村通硬化路444公里，300人以上自然村通硬化路302公里，窄路面加宽1 555公里，改造危桥154座，构建起以城区为中心、乡镇为节点，辐射全市所有村屯，布局合理、纵横交错、衔接有序、畅通便捷的农村公路网络，为县域经济高质量发展提供了强有力的交通保障，使城乡一体化建设提升了档次。绿化覆盖率达到30%，清洁能源使用率达到50%，农村生产生活环境明显改善，广大农民逐步享受到了城市的品位生活。联发乡百兴村、海北镇西安村等先进典型村，先后获得国家级生态文明村、省级文明村、省五星级新农村建设示范村等荣誉称号。

四、民生事业发展迅速

民生无小事，枝叶总关情。海伦市委、市政府从老区人民的切身利益出发，谋民生之利，解民生之忧，在每年改善民生的"接力赛"中，不断迈出新步伐，开创新图景。

几年来，持续加大棚户区和农村危泥房改造力度，10万城乡居民喜迁新居。到2019年末，全市实施棚改项目137个，30 948户，总投资65.82亿元（其中争取资金14.39亿元为国家和省投）。实施危泥草房改造48 889户，投放资金7.27亿元，受到国家和省里的表扬。国务院办公厅2019年5月印发通报，对2018年落实打好三大攻坚战和实施乡村振兴战略、深化"放管服"改革、推进创新驱动发展、持续扩大内需、保障和改善民生取得明显成效的24个省（区、市）、80个市（州）、120个县（市、区、旗）等予以督查激励，相应采取30项奖励支持措施。通报显示，海伦市棚户区改造、农村危房改造工作积极主动，成效明显。国务院将在安排保障性安居工程中央预算内投资和中央财政城镇保障性安居工程专项资金时，给予适当奖励或倾斜支持；对农村危房改造工作成效明显的地方，在安排中央财政农村危房改造补助资金时，给予适当奖励或倾斜支持。

多年来，全市用于解决农户饮水问题的投资达6.33亿元。脱贫攻坚工作开展以来，特别是2017年以来，全市用于解决饮水安全问题的投资达3.67亿元，到2018年实现全市所有村屯饮水安全工程全覆盖。2019年投资5 225万元，对存在运行隐患的村屯进行巩固提升。9月末，按照省委、省政府要求，又投资2 118万元，对清查出的饮水安全问题进行彻底整改。

近年来，海伦83公里海望路、50公里东扎路建成通车，10个乡镇30万老区人民出行难得到彻底解决。海伦至明水公路、海伦至伦河段改扩建工程全长57.2公里，年底前竣工通车。该路段建成后将有效缓解5个乡镇、46个村屯的交通问题。

总投资9.1亿元的保障性安居工程、给排水和供热管网改造工程、新一轮农村电网改造工程、河流治理工程等一大批城乡基础设施建设取得重大进展；通肯河治理工程项目为2019年省级"百大项目"，沿途8个乡镇，修堤防85公里，修闸35个，项目分为6期工程，总投资1.5亿元（2019年投资1 052万元），新建护岸6处。海伦市区新建1处净水厂，使城市供水能力提高到5万吨。

加强教育基础设施建设。2013年以来，累计投入46 182万元，其中，对上争取15 719万元，市财政匹配30 463万元，改扩建城乡中小学校76所，新建教学楼25个、食宿楼8个、宿舍楼5个、周转房7个、食堂17个，维修改造项目336个，城乡教学环境进一步改善，购置教学仪器设备1 151套，城乡学校功能室配备基本达到省级二类标准，校园面积达到109万平方米，校舍面积34万平方米。2017年，"全面改善薄弱学校"工作在全省介绍经验。2019年，海南乡中心小学宿舍楼建设项目被纳入省"百大项目"，投资740万元，建设宿舍楼2 000平方米，运动场10 000平方米，年内全面竣工。

市人民医院是本市的医疗服务中心和急诊急救中心，在全省县级医院中率先晋升三级乙等医院，进入全国县级500强，位列187位。医院现有科室63个，开设病床500张，建筑面积4.5万平方米，拥有全身64排CT机、0.5T核磁共振机、血滤机、DR、全自动生化分析仪、彩超等医疗设备。2019年，国家拨付专项资金8 400万元，新建3万平方米内科综合楼。新增先进医疗设备10多台套。中医院住院部项目被纳入省级"百大项目"，建设住院部4 112平方米，总投资9 700万元（国家投和省投），筹集1 500万元新增添核磁彩超等先进医疗设备，并与省中医药大学附属医院合作，使老区的百姓在家门口就能享受到省城专家的医疗服务。基本公共卫生服务工作被卫生部确定为"海伦模式"，在全国推广。

海北养老中心养护楼建设项目投资2 690万元，被列为省"百大项目"，建设养护楼9 360平方米，年内竣工装修。建设养老助残扶孤3个服务供养场所，贫困群体深刻感受到了党和政府的温暖。

海伦市医疗保险参保总人数达到514 910人。建立医保服务网络在市人民办事中心设立了基本医疗保险经办服务窗口，在农村23个乡镇和25个社区配备了医保经办专职工作人员，实现了"医疗保险服务大厅—乡镇社区服务窗口"两级医保服务网络全覆盖。医保部门优化异地备案流程，简化异地居住备案手续，全面取消转诊转院手续，开通海伦医保异地就医微信备案。全部参保人员已实现异地就医基本医保、大病保险的"一站式"直接结算。到2019年8月底，当年异地就医结算人数就达到了6 269人。

投资2 763.5万元新建的多功能体育馆建设项目，总占地面积为5 398平方米，总建筑面积为9 453.87平方米。2019年上半年室外玻璃幕墙铺装结束，2019年10月1日前完工并交付使用。这个项目的建成，有利于改善海伦城市公共体育基础设施落后面貌，为人们提供运动竞赛和健身服务场所，满足人们健身需求，有效提高市民的身体素质，推动体育事业健康发展。

长途公路客运站项目占地面积16 052平方米，建筑面积5 223平方米。2018年8月竣工验收并投入使用。客运站建成后，有效缓解了城区内原客运站附近交通拥堵难题，改善了公路运输设施薄弱条件，为市民换乘火车提供了实质性的便利。

深入推进平安海伦建设，强化社会治安综合治理，持续开展安全生产大检查，社会保持了和谐稳定的良好局面。

五、扶贫攻坚效果明显

自2011年海伦被确定为国家扶贫开发重点县，特别是2017年被确定为全省深度贫困县以来，市领导一直把带领老区人民脱贫致富、打赢脱贫攻坚战作为头等大事和第一民生工程。深入研究"扶持谁"、"谁来扶"、"怎么扶"各项举措，确定了"一十百千万"总体思路：设立一条以举报投诉为主的扶贫热线；出台十项以上扶贫政策；成立一百个以上扶贫工作队；依托优势特色产业建立一千个以上扶贫经济体；万户以上贫困户全部包满包严。为提高群众满意度，建立第一书记、帮扶部门、乡镇推进组"三位一体"驻村工作队，打破贫困村和非贫困村界限，实现243个行政村"全覆盖"。落实4 073名包扶责任人，与贫困户结成长期帮扶对子，实现全市所有贫困户"全覆盖"。经过全市上下牢牢锚住脱贫摘帽目标，攻坚克难，尽锐出战，取得了可喜成果。全市共有贫困村101个，其中深度贫困村19个，共有贫困户16 066户、32 899人。截止到2018年末，脱贫出列贫困村77个，退出10 767户、22 763人，未脱贫5 299户、10 136人，贫困发生率下降到1.61%。按照全省三年脱贫滚动计划，2019年计划出列贫困村24个，脱贫6 150人，贫困发生率下降到0.5%以下。经过一年的努力工作，2019年12月底，海伦实现全市整体脱贫摘帽。

（一）强化精准识别、精准退出，夯实脱贫攻坚工作基础

海伦市以《全省脱贫攻坚精准识别、精准退出实施方案》为总遵循，锛住识别和退出要达到"五个百分之百"总目标，重点开展精准识别、精准退出工作。在精准识别上，牢牢把握省18号文件政策界限，在识别工作中严格做到入户调查精细化、评定程序严格化、数据比对全面化、确保贫困户评定工作严谨、严实。对剔除户、纳入户、边缘户和争议户的评定，细化量化识别校准，走群众路线，实行三方（村、驻村工作队、第一书记）会诊，三级（村民代表大会、乡镇、市级联系乡镇领导）把关，全程签字留痕，公开公示，确保了识别的真实性和准确度。在精准退出上，严格按照现行退出标准和程序，对贫困户逐户重新算账对标，人均纯收入达不到3 146元，或"两不愁、三保障"有一项不达标的脱贫户，回退为未脱贫户，全市共回退贫困户1 953户、4 002人。对退出的贫困村由行业部门组成验收核查组逐村对标核查，一项不达标的退回未脱贫村。到2018年，集中打赢"两个歼灭战"：投入资金6亿元，完成418个自然屯饮水安全工程，实现农村饮水安全"全覆盖"；改造危房7 826户，让贫困群众住进暖屋子，住房大事得到基本保障。在补齐基础设施短板上，硬化自然屯道路213公里，101个贫困村"三有三通"全部达到脱贫标准。

（二）强化责任落实，提升群众满意度

抓住明责、担责、尽责的关节点，不断压实市乡村干部主体责任和行业部门、社会力量的帮扶责任。一是以严肃考核压实市乡村主体责任。成立了14个由市级领导牵头负责的脱贫攻坚重点工作推进组，明确了市级领导包乡镇、包战线的主体责任。出台了《脱贫攻坚乡村主体责任考核办法》，明确由乡村两级具体承

担精准识别、精准退出、档案管理、因户施策、扶贫项目实施、贫困户与扶贫产业对接等工作任务，乡镇党委书记和村党支部书记是第一责任人，工作考核排名靠后的，乡镇主要领导和分管领导不评优、不提拔、不换岗。二是以建立"三位一体"工作机制压实帮扶主体责任，出台了《全市定点帮扶"两个全覆盖"实施方案》。黑龙江省、绥化市、海伦市驻村工作队都实行了第一书记、帮扶部门、乡镇推进组"三位一体"驻村工作格局，形成乡镇党委书记总协调，第一书记任队长，下派干部组、本乡镇干部组、村两委干部组分工明确、各有侧重、优势互补、密切配合的工作机制，助推各方干部的责任担当。采取一帮一、一帮多等形式，对所有贫困户实现了"全覆盖"，做到了包满、包严、包准。三是以强化督查检验群众满意度。由纪检委、组织部、督查室组成11个联合督查组，以"精准识别、项目落实、资金使用、措施到户、脱贫成效"五个监督为重点内容，以群众满意度为主要标准，深入各乡镇进行拉网督查。通过督查，增强了各级干部责任意识，促进了作风转变进而架起了党群、干群连心桥。

（三）强化行业攻坚，筑牢脱贫保障线

把实现贫困群体"两不愁、三保障"作为"怎么扶"的首要任务目标，不断加大行业攻坚力度，制定了14项重点行业攻坚方案，完善了10项惠民政策，织牢贫困对象保障网。在饮水安全保障上，自实施农村饮水安全工程以来，共投资2.66亿元，安装自来水169个村、854个自然屯，受益人口40.33万人，全市农村自来水覆盖率达到64%。投资1 270万元，对27个已建未吃自来水工程进行了巩固提升；对74个没有吃上自来水的村开展了规划设计。在农村硬化路建设上，2011年以来，共投资3.88亿元，建设农村公路778.2公里。全市所有行政村已全部达到通硬化路、通班车脱贫标准。投资2.59亿元，建设改善路网60公里，撤并建制村公路

215.9公里；为提升群众满意度，整合财政专项扶贫资金8 724万元，建设216个自然屯硬化路218公里。在住房保障上，2011年以来，共投资2.21亿元，改造农村危房2.41万户。结合脱贫攻坚工作"回头看"，又对全市农村危房进行了全面调查摸底，聘请房屋专业公司实地踏察，逐户鉴定，最终确定贫困户危房9 691户，其中C级5 920户、D级3 196户、无房户575户，并给贫困户下发了鉴定证书，制定完成了改造工作方案。在医疗保障上，在完善村级卫生室、乡级卫生院基础设施的同时，投资1亿元扩建了市医院外科楼，投资1 700万元新上CT设备，使患者CT诊费比省城医院节省一半。为确保贫困户看得起病、吃得起药，实施"四提一降一补"政策。"四提"是：门诊费核销封顶线由100元提高到150元；乡镇卫生院住院医疗费核销比例由90%提高到100%；市级定点医院住院费核销比例由70%提高到85%；脑瘫康复患者核销比例由25%提高到50%。"一降"是：大病医疗保险救助起付线由1.1万元降为5 000元。"一补"是：实行慢性病非住院门诊补偿，不设起付线，核销比例100%，最高支付限额5 000元。慢性病救助提高至5 000元，与北京协和医院、哈尔滨医大四院等医疗机构启动了远程会诊工作。2017年以来远程诊疗1 370例，有效提升了医务人员诊疗水平。在教育保障上，对全市1 254名贫困家庭中在校学生，按照教育扶贫相关政策进行救助，确保贫困户子女不因贫辍学。

（四）强化扶贫产业开发，建立脱贫长效机制

把发展生产扶贫作为主攻方向，努力做到户户有增收项目，人人有脱贫门路，真正实现脱得了、能发展、可致富，并为此创新金融扶贫举措，强化了组织服务和平台引领，发放扶贫小额贷款4.4亿元，放贷总额居全省第一。围绕富硒产业开发这一主线，确立了"1+3+5"特色扶贫产业，密切利益联结机制，保证每个

贫困户至少有2项产业带动，户均增收2 000元以上。"1"是抓好电商产业。依托"国家级电子商务进农村"示范县项目，市建电商产业园、乡建服务站、村建服务网点。与阿里巴巴签订战略合作协议，海伦成为阿里巴巴集团全国首个兴农扶贫一县一业合作县，形成阿里巴巴集团+电商运营企业+龙头企业+村集体（合作社）带农户（贫困户）模式。2019年5月8日，

实行产业化扶贫万只鹅场一角

海伦市人民政府与阿里巴巴集团、海农壹品公司，在海伦市向荣镇向新村举行了阿里巴巴兴农扶贫"一县一业"海伦站暨海伦农家小菜园启动仪式。为期3天的"海伦玉米品牌日"活动，网上销售鲜食玉米54万穗。在6月18日电商年的大促活动中，海农壹品公司再创佳绩，活动期间销售鲜食玉米143.6万穗，8月29日至31日聚划算卖空海伦鲜食玉米活动期间销售鲜食玉米500万穗，累计销售额超过2 000万元。这个项目取得的成绩在阿里头条上获得阿里巴巴集团董事局主席马云的点赞。阿里巴巴集团将海伦农家小菜园电商扶贫模式作为典型案例推荐到国务院农业农村部。海伦成为兴农脱贫项目全国20个重点县份之一、黑龙江省唯一的县市，打造海伦农家小菜园电商扶贫模式，带动1 470户贫困户，预计（下同）户均增收1 000元。"3"是发展大鹅养殖、光伏发电、秸秆燃料。通过以奖代补形式，鼓励15 116户贫困户养殖大鹅45万只，户均增收800元。向荣镇大鹅养殖场30 000只扶贫鹅全部由该基地代养，并签订了持续3年的代养和分红合同，每年为每户贫困户发放大鹅产业分红近2 000元。2019年，向荣镇大鹅扶贫产业项目对全镇贫困户实现了三个全覆盖：扶贫鹅带动贫困户

全覆盖、统一代养全覆盖、效益分红全覆盖。大鹅养殖专业户毕秀丽，在市妇联的扶持下，办起了"丽联大鹅养殖农民专业合作社。2019年，为永和乡等6个乡镇702户建档立卡贫困户代养扶贫鹅21 060只，贫困户年终分红51.16万元，户均增收800元。又为长发等12个乡镇3 230户建档立卡户代养扶贫鹅96 900只，年底必保户增收800元。该合作社被命名为"全国巾帼扶贫示范基地"，毕秀丽先后荣获"全省三八红旗手"、"绥化农民领军人物"、"海伦市最美脱贫致富带头人"荣誉称号，有效带动了全市大鹅扶贫产业的发展。68个村级光伏电站覆盖所有贫困村，已全部并网发电，带动贫困户9 525户，户均增收2 000元。组建秸秆打包合作社185个，带动贫困户5 943户，户均增收1 000元。

"5"是发展小菜园、小牧场、小菜窖、小农场（小林场）、小型公益岗位（劳务输出）。"小菜园"带动贫困户14 748，户均增收500元；"小牧场"已落实3 873户，户均增收800；"小菜窖"已落实18个，带动贫困户720户，户均增收1 000元；"小农场"已组建367个，带动贫困户7 722户，户均分红900元以上，今年还新建扶贫"小林场"179处，带动贫困户11 260户，户均增收500元；为贫困户提供"小型公益岗位"1 922个，人均增收3 000元以上。全市外出务工贫困户达3 381人，人均增收1万元以上。

此外，海伦还非常重视发展特色产业。2017年东林乡依托国投扶贫资金847万元建设的温室大棚项目，建设大棚60栋。并与海伦市跃辉菇娘种植合作社签订租赁协议，带动全村178户贫困户实现增收脱贫。2019年的1月份，合作社又承包战胜村村民165亩耕地种植棚室菇娘，并新建93栋塑料大棚，使基地棚室数量达到153栋。小菇娘亩产量在2 000多斤，大菇娘亩产量4 000多斤左右，户均年增收2 460元。

在发展扶贫产业中，还特别注重增加村的集体积累。光伏电站可使每个贫困村年增收5万元以上。扶贫小林场可带动228个村年均增收1.5万元。落实土地"增减挂"和"占补平衡"政策，乡村直接收益1 800万元，复垦出的耕地使村集体每年增收135万元。安排2 400万元，用于19个深度贫困村基础设施和产业发展。投资700万元，参股（占股10%）中粮贸易（绥滨）农业发展有限公司及星源牧业项目，收益资金全部分配给19个深度贫困村。2019年，海伦牢牢锦住脱贫摘帽目标，研究制定了《2019年脱贫攻坚重点工作安排意见》、《海伦市脱贫攻坚重点工作考核办法》、《脱贫攻坚责任清单》和市委书记遍访贫困村、乡镇党委书记和村党支部书记遍访贫困户制度，明确任务，细化措施，围绕"三率一度"，堵塞漏洞。加大资金投入力度，除用于秸秆禁烧和利用方面的资金外，整合资金4.49亿元投入脱贫攻坚，占比71.85%。年初全部完成立项备案。对照国家脱贫攻坚成效考核标准，开展"脱贫攻坚大排查大整改"、"脱贫攻坚问题整改大排查重点工作回头看"，逐项对照、逐项梳理、逐项整改，6月末全部完成。把提高脱贫质量放在首位，通过推进"打赢脱贫攻坚战三年行动"，全市上下戮力同心，到2019年末实现整体脱贫摘帽，待上级整体验收。至此，海伦革命老区的人民同全国一道步入了小康社会。

六、营商环境不断优化

近年来，特别是2018年以来，海伦坚持减流程、提素质、优服务，不断提高办事效率，投资创业环境更加优越。"放管服"改革大力推进。行政审批项目减至234项，权力清单总数调整至3 254项，490项政务服务实现"最多跑一次"。升级改造了人民办事中心，面积增加到1 500平方米，全年办事量超过40万件，一次性办结率达到90%。大众创业激情充分释放。2018年以来新注册企业1 182户，增长43%；城镇新增就业4 518人；投资3 300万元，升级省级开发区基础设施；落实一般工商业降低电价政策，企业年度减负1 367万元。守信践诺意识明显增强。市委、市政府积极主动解决大中专毕业生就业、房地产领域信访积案等历史遗留问题，受到群众的认可和好评。"法治建设年"活动有序开展。荣获"全国法治县"创建活动先进单位；扫黑除恶专项斗争初战告捷，破获各类刑事案件292起，打掉恶势力团伙4个，社会局面安定和谐。

此外，海伦市委、市政府抓住庆祝中华人民共和国成立70周年这一契机，组织全市干部和群众开展"讴歌新时代，增强使命感"为主题的教育实践、文艺展演、学习宣讲等系列活动，引导全市党员干部和群众共抒爱国情怀、共话祖国新貌、促进海伦市"一都五城"建设向高质量发展，实现全面振兴、全方位振兴。先后举办了"黑土硒都·美丽海伦庆祝新中国成立70周年"主题摄影图片展览。共展出70多幅历史珍藏版图片和120多幅摄影精品。开展"致敬新中国，翰墨故乡情中国画作品展"。沈阳军区政治部副军职创作员、中国美术家协会会员、国家一级美术师角振通在家乡海伦举办画展，共计展出70幅经典艺术作品。他还将巨幅中国画作品《高粱红似火》捐赠给了海伦市政府。9月25日，海伦市结合"不忘初心、牢记使命"主题教育，组织处级领导干部开展了"不忘初心重走抗联路、牢记使命再踏新征程"活动。通过寻访抗联遗址、聆听抗联故事、重温红色历史，使各位处级领导的心灵受到了震撼、思想得到了升华、信念更加坚定。国庆节当天，海伦市举行了升旗仪式，处级以上领导、市直机关干部职工、各界群众代表共计500余人聚集在人民广场上，大家齐唱国歌。五星红旗徐徐升起，抒发着每一个人对祖国的赞美与热爱之情。海伦电视台、政府网站、微信公众号、微博等官方网络媒体开设"壮丽70年、奋进新时代"专栏。开展"海伦好故事"、"海伦发展变化史"等活动，全方位展示祖国繁荣景象、家乡发展变化和群众幸福生活，展示革命老区干部群众的爱国情怀和奋进精神。

"十二五"以来，海伦市委、市政府以党的十八大和十九大精神为指引，牢固树立"五大发展理念"，紧紧围绕"一都五城"发展战略，抢抓机遇，各业联动，谋大事，办实事，抓产业，兴事业，走上区域特色鲜明、产业竞争力持久的振兴发展之路，实现了硒都品牌声名远播，出现了投资兴业如潮涌动、城乡建设环境优美、民生改善亮点纷呈、社会大局和谐稳定的振兴发展的崭新局面。

第十六章　海伦发展新愿景

　　海伦今后一个时期的总体思路：以习近平新时代中国特色社会主义思想和党的十九大、十九届三中、四中全会精神为指引，紧紧围绕全面建成小康社会总体目标，以脱贫攻坚为统领，启动实施乡村振兴战略，着力构建五大产业体系，推进"一都五城"建设向更高层次迈进。按照"两个百年"的战略目标，抢抓机遇，各业联动，走出一条区域特色更鲜明、产业竞争力更持久的振兴发展之路，形成硒都品牌声名远播、投资兴业如潮涌动、城乡建设优美和谐、民生改善亮点纷呈、社会治理风清气正、"四个全面"协调推进的新局面，奋力开创全面振兴发展新局面。主要预期目标：全市地区生产总值年均增长7%以上，固定资产投资年均增长10%以上，社会消费品零售总额年均增长10%以上，公共财政预算收入年均增长8%以上，规模以上工业增加值年均增长8%以上，城乡居民人均可支配收入年均增长8%以上。农村居民人均可支配收入年均增长10%；户籍人口城镇化率达到40%；二、三产业占GDP比重力争达到60%，经济综合实力进入全省上游。未来海伦的远景奋斗目标：用三年左右时间夯实基础，全面完成脱贫攻坚任务，与全国同步全面建成小康社会。在此基础上，从2020年到本世纪中叶，分为两个阶段来安排实施。第一个阶段：从2020年到

2035年，把海伦建设成为全面振兴的"黑土硒都"名市，成为全省现代农业建设的领跑者，基本实现社会主义现代化。第二个阶段：从2035年到本世纪中叶，综合实力整体抬升，跻身现代化新龙江第一方阵，全面建成富强民主文明和谐美丽的社会主义现代化新海伦。今后一个时期的主要战略举措有以下几个方面：

一、产业转型升级，打造农业现代化新硒都

坚持以发展优质高效产业为目标，加快构建现代农业产业体系、生产体系、经营体系，全力打造富硒产业发展聚集地，争当全省农业现代化建设排头兵。一要确立硒元素主导地位创新产业体系。依托"黑土硒都"金字招牌，全力打造富硒品牌。把硒产业作为立市主导产业长期坚持，积极推进"硒+X"发展模式。每个乡镇至少培育一个富硒特色产业，构建内容丰富的硒产业体系。要改造升级传统产业。从优化产品结构入手，深度开发"原字号"；搞好大豆精深加工，让大豆成为富硒产品开发的领头羊；推进大豆开发鲜食化、杂粮化产品；富硒大豆要向高蛋白、食用化发展；富硒玉米向饲料化、餐桌化发展；富硒水稻向绿色、有机化发展。扩大优质果蔬、杂粮等特色富硒作物种植，要抓好总投资1.5亿元的黑木耳菌包工厂化基地项目建设。推进生猪、肉牛、大鹅标准化规模化养殖，加快龙头企业建设，把畜牧业打造成占农业"半壁江山"的富硒战略产业。加速现代物流、电子商务、文化旅游、健康养生、林下经济等新兴产业与农业融合发展，成为经济发展的增长极。要精心培育绿色产业。在产业体系构建中，要突出发展大豆、大鹅和甜糯玉米"两大一甜"，使三大产业开发融合推进，率先在全省叫响，全

国知名。二要以建设富硒科技园区创新生产体系。发挥科技园区在集聚产业、整合要素、集约资源、规模经营等方面的示范引领作用，构建新型生产体系。要在推进科技组装配套上建园区。切实加强农田水利等基础设施建设，按照设施农业、工厂化农业、智慧农业的发展要求，把农业良种化、机械化、科技化、信息化、"互联网+"等要素综合组装到园区。要在推进标准化体系建设上建园区。以标准化作为品牌化建设的基础和核心，发挥示范作用，抓好三大体系建设。按照富硒有机食品、富硒绿色食品、富硒无公害食品标准，分别制定生产操作规程，健全富硒标准体系。围绕"三品一标"，抓好富硒农副产品认证体系建设，整合产品质量检测机构职能，建立信息可查询、质量可跟踪、全程可追溯的富硒产品检测监测体系。要在推进循环经济发展上建园区。切实抓好福建星源牧业投资5.5亿元、年出栏生猪20万头的生态循环产业园项目建设，积极推广以富硒甜糯玉米生产为纽带的循环经济模式，探索建立种植业轮作循环模式、种养循环模式、立体循环模式，形成多产品、多层次的循环链、共生链，加速构建复合型循环经济生产体系。切实把科技园区建设成引领富硒产品开发的大展馆。三要以推进新型经营主体建设创新经营体系。努力探索以村为基本单元的复合型经营主体创建形式，积极引导种养大户、家庭农场、农民专业合作社、涉农企业规范经营、合作经营，提升经营层次和水平。要创新利益联结机制。深入探索推广土地统租分包模式、托管经营模式、股份合作模式、产业联盟模式等，密切农户与经营主体之间利益联结。要落实扶持政策。积极争取"两大平原"现代农业综合配套改革政策扶持，新增农业政策性项目资金、扶贫资金重点向新型经营主体倾斜，努力扩大种养大户、专业合作社的保险覆盖面，降低经营风险。通过以上措施促使海伦达到：农业更强、农村更美、农民更富。

二、精准招商育商，打造项目资金集聚新高地

要以产业项目建设为动力，加速转型升级，坚持"引新"与"扶老"同步，争取国家项目与激发内生动力同步，在招商育商方向和模式上精准发力。一是围绕国家项目资金投放取向，全方位做好争取工作。根据国家新时期项目审定要求，强化项目编制申报工作，推行一个部门牵总、一个口结算费用、一站式办公的模式，抓当前、重长远，确保各类项目及时进入省级项目库。二是围绕优势产业延链补链建链招商育商。抓好"粮头食尾""农头工尾"，做强富硒绿色食品加工业。扶持水稻、玉米等本土初加工企业成长壮大，向精深加工升级，形成梯次产品结构。对畜牧、杂粮、果蔬等加工企业弱小的产业，加大招商力度，尽快补齐短板。突出抓好大豆深加工项目，积极扶持冬雪油脂、龙海食品等龙头企业延伸产业链条，争取早日跻身全国大豆加工50强。在工业园区辟建富硒大豆加工创业园，打造"园中园"，发展企业集群。三是围绕发展新业态招商育商。要培育壮大"新字号"，重点围绕生产性和生活性现代服务业招引项目，培育战略性新兴产业。积极融入"中蒙俄经济走廊""龙江丝路带"，加大大型仓储物流中心项目引进力度。充分发挥"中国民间艺术之乡"的文化资源优势和"黑土硒都"的自然资源优势，努力推进电商创业园招商、新业态招商、把电商产业培育成新的经济增长点。四是创新招商育商模式。实施大数据招商。通过后台数据整合及需求分析，快速精准匹

配到合适的投资企业，实现政府与企业无缝对接。实施包产业招商，建立任务分解机制，实现招商任务由数字落实向产业落实转变。探索策划团队招商，把策划团队作为产业开发的"外脑"和招商的平台。优化费用支出，聘请高水平策划公司，对海伦市富硒产品开发进行系统化品牌设计，实现优势项目精准对接优势投资主体。充分用好用活国家支持贫困县企业上市"绿色通道"政策，开展招商工作。五是创新环境优化方式。坚持问题导向，标本兼治。聚焦重点领域、重点部门、重点行业和关键岗位，狠抓整改，不留盲区，确保发展环境尽快见到明显成效。要强化人民办事中心服务功能，简化审批程序，清理行政审批不合理事项，要重点解决行政审批中的梗阻问题，杜绝刁难勒卡、欺生排外。要强化惩处问责。

三、推进新型城镇化，打造经济发展新引擎

深入实施"1128"城乡建设空间长远规划，坚持以人为本的城镇化为核心，加快推进城市现代化、农村城镇化、城乡一体化。一是围绕安居乐业，建设"三个中心"。（1）要突出提质扩容建设中心城。按照田园城市、智慧城市、人文城市发展理念，充分发挥海西新区引领、示范作用。在扩容上，树立经营城市理念，抓好雷炎公园扩建、城南水库景观新建、文化体育场馆续建，把海西新区打造成电商、物流、旅游等现代服务业先导区。同步提高新城区和老城区的承载能力，达到每年吸纳1.5万人，加快建成中等规模城市。（2）要突出特色产业，培育建设中心镇。海北要建成大豆加工贸易特色小城镇，伦河要建成商贸物流节点镇，共合要建成宗教文化旅游镇。其他镇要结合各自特点和优势，大力发展苗木、木耳、旅游、富硒种养等特色主导

产业。（3）要突出生态特色建设中心村。围绕建设美丽宜居乡村，全面整治农村居住环境，开展绿化、美化、亮化，培育特色产业与民居风格打造融合，努力建设集现代文明、田园风光、乡村风情于一体的美丽生态新农村。二是瞄准障碍因素破解，落实配套政策。要积极营造城镇吸纳人口洼地效应。深入推进土地规模经营，使大批农民从土地上解放出来。大力改善创业就业环境，使进城农民就业有岗位、收入有保证、进城有房住。全面深化户籍制度改革，把符合条件的农业转移人口转变为城镇居民。要全面建立多元化融资机制。要搭建融资平台，用好PPP模式，引进金融资本、工商资本、民间资本参与城镇化建设，发挥市场资源配置效能。统筹城乡土地使用，优先向中心城区和重点小城镇倾斜用地指标，确保城镇基础设施、公共服务、安居工程、重点项目建设用地。为推进城镇化进程提供最直接的用地保障。三是推进城乡一体化，创新体制机制。统筹城镇村建设规划，抓好顶层设计。突出各地的自然、历史和文化特色，实行差异化发展，塑造个性化城镇。坚持产业发展一体化。按照企业集中布局、产业集群发展、资源集约利用、功能集合构建的发展思路，推进工业园区和"一乡一业、一村一品"建设，形成产城融合、城乡融合、各安其位、良性互动的产业发展格局。实施城乡基础设施建设、社会保障、社会事业发展、劳动就业、社会治理"五统筹"，加快实现公共服务资源合理配置、均衡发展，城乡居民均等享受。

四、增强群众获得感，打造民生改善新亮点

一是抓好基本民生。要逐年增加民生事业的财政支出，优先发展教育事业，优化教学环境，提高教育质量。加大医疗场所建设力度，尽快把市医院建设成区域诊疗中心，努力实现公

共卫生、基本医疗服务全覆盖。加大全民健身场所建设投入，每个中心镇、中心村各建一处综合性文化活动场所。全面提升城乡基础设施水平，加快推进城乡路网改造升级，通村、通屯主干道硬化率要达到百分之百。逐步实现"学有优教、病有良医、老有赡养、住有宜居、行有通衢、治有法尊"的社会发展目标。二是关注热点民生。要紧盯热点、突出重点，确定年度民生实事。广泛征求人大代表、政协委员、老干部和群众的意见，分类梳理出若干件年度能够解决的惠民实事，尽力而为。要建立健全民生工程建设监督机制，把民生工程建成良心工程，把好事办好。

五、社会综合治理，打造共建共享新格局

一是在思想建设上融合，弘扬社会主义核心价值观。把培育和践行社会主义核心价值观作为推进民主法治建设、创新社会治理的主要内容，紧紧围绕"三个倡导"，注重宣传教育、文化引领、实践养成相统一。把社会主义核心价值观融入国民教育全过程，落实到经济发展实践和社会治理全领域，形成良好的社会主义市场经济环境。二是在广泛参与上融合，推进社会风气好转。在发挥党委领导、政府主导作用的同时，积极支持人大、政协依法履职，支持群团组织、民间自治组织以及其他社会组织发挥职能作用，引导社会成员增强主人翁意识，热心参与公共事务管理和公益事业建设。三是在制度创新上融合，实现精细化管理。畅通群众利益诉求渠道，实施领导大接访，变上访为下访，强化源头治理。在城市发挥社区组织的龙头作用，以治理主体多元化为目标，优化行政资源、社会资源配置，推进网络化管理，形成职责清晰、服务便捷、管理精细的社会治理新格局。

春风助力千帆竞，跨越发展正当时。海伦将继续践行"五大发展理念"，协调推进"四个全面"战略布局，打好"三大攻坚战"，加快"一都五城"建设向更高质量发展，全面推进乡村振兴，促进动能转换，增强发展活力，探求最优发展路径，弘扬革命老区精神，迎接新挑战，抓住新机遇，以更加蓬勃的激情谱写灿烂的华彩乐章，开创一个更加辉煌的海伦。

附 录

附1

海伦抗日地址图

1. 海北镇袭击战址
2. 赵家店伏击战址
3. 天主教堂
4. 徐家围子战址
5. 马家岗战址
6. 张家湾战址
7. 李刚烧锅屯袭击战、伏击战址
8. 侯家屯战址
9. 张英屯战址
10. 一棵松（景家店）袭击战址
11. 双河密营地
12. 罗圈店突围战址
13. 叶家窝棚战址
14. 肖永臻屯战址

15. 董令闸屯战址
16. 东边井破袭战址
17. 海伦火车站首个基层党支部原址
18. 三三医院县党支部所在地原址
19. 马公馆原址
20. 广信涌油坊（工商银行）省政府原址
21. 夜袭广信当战址
22. 袭击宪兵队战址
23. 韩相国家，县党特支机关所在地和接待站
24. 宋家麻花铺地下党交通站原址
25. 杂货铺中心县委所在地原址
26. 通肯河伏击战址
27. 利民村战址
28. 勤俭警察所战址

29. 英凤寺
30. 三门解家·马占山会见
   国联记者地址
31. 刘家店屯战址
32. 四八旦屯（前进村）战址
33. 南毛屯伏击战址
34. 三圣宫战址
35. 前尹家屯战址
36. 伦河战址
37. 张铁胖子屯战址
38. 夏家围子伏击战址
39. 肖家沟子屯战址
40. 李老卓屯突围战址
41. 张家店战址
大榆树战址、乾七井战址
正在落实

附2

解放后划出的原海伦地方抗日地址图

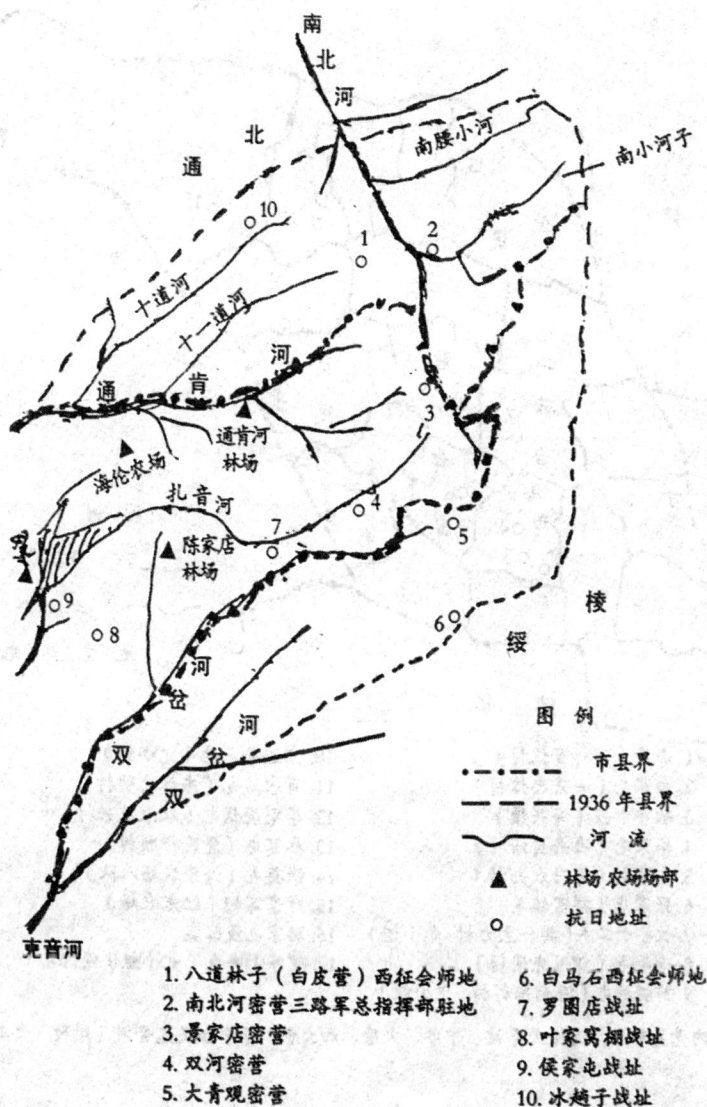

图 例

　·—··—　市县界

　————　1936年县界

　〜〜〜　河 流

　▲　　林场 农场场部

　○　　抗日地址

1. 八道林子（白皮营）西征会师地
2. 南北河密营三路军总指挥部驻地
3. 景家店密营
4. 双河密营
5. 大青观密营
6. 白马石西征会师地
7. 罗圈店战址
8. 叶家窝棚战址
9. 侯家屯战址
10. 冰趟子战址

附3

海伦地下党支部（党小组）村分布图

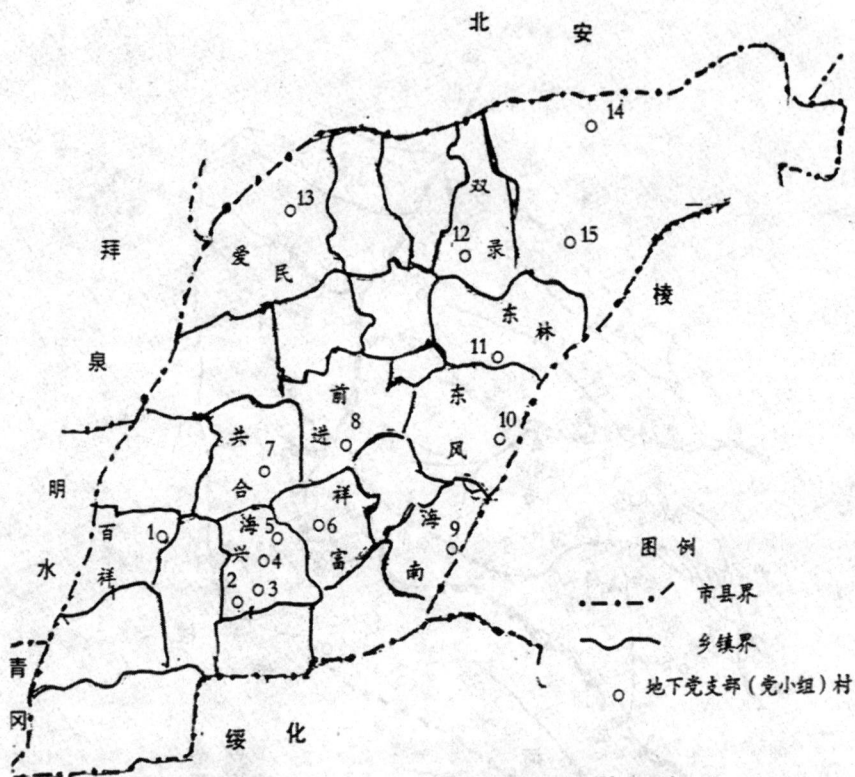

北 安

拜

爱

泉

民

双

录

东

林

棱

明

前

东

进

共

水

合

祥

7

8

凤

11

10

百

海

祥

兴

5

6

富

海

1

4

9

南

2

3

青

冈

绥 化

图 例

— · — · — 市县界

———— 乡镇界

○ 地下党支部（党小组）村

1.山湾（百祥百信村）	10.东边井车站（党小组）
2.白家屯（海兴忠信村）	11.肖永臻屯（东林文明村）
3.数字十井（海兴镇）	12.李刚烧锅屯（双录双兴村）
4.华家屯（海兴自治村）	13.秦家屯（爱民祥顺村）
5.牛家屯（海兴众兴村）	14.张英屯（海伦农场八队）
6.张家店（祥富镇）	15.叶家窝棚（红光农场）
7.数字十二井（共合主力村·党小组）	16.骆家屯没落实
8.南毛屯（前进光荣村）	17.乾字七井屯（党小组）没落实
9.前糖坊屯（海南东新村·党小组）	

海伦城内党支部为：海伦火车站、中学、火磨、西大营、干事会及克音河（绥棱）火车站

附4

海伦烈士名录

在抗日战争、解放战争和抗美援朝战争中，为了中国人民的解放事业和人类和平事业，海伦县牺牲852位烈士；在和平建设时期，为新中国的建设发展，又牺牲61为烈士（截至1999年），总计913位。其中海伦镇53位、建城9位、同心13位、前进33位、长发12位、向荣34位、东方红6位、护林21位、南兴23位、东风38位、乐业28位、海南22位、共荣31位、祥富30位、海兴42位、福民10位、丰山50位、伦河33位、百祥50位、永富51位、新兴35位、共合31位、联发26位、永和43位、海北48位、爱国37位、爱民57位、扎音河10位、双录20位、红光农场8位。

依据《海伦县志》（1988年底）、平津战役展览馆、哈尔滨烈士陵园和市民政局记载，敬列烈士名录如下：

抗日战争烈士（24位）

乡　镇	名　单	备　注
海伦镇	雷炎、孙余久、韩相国、屈万山、陈兴振、张云峰、王老师	
护林	顾凤、顾英、顾顺、顾文德、李跃光、周某某	
东风	辛宣公、张才、黄金、南焕义	
丰山	姚从江、刘永石	

解放战争烈士（454位）

1.解放四平牺牲		
乡　镇	名　单	备　注
海伦镇	边德仁、石成祥	
同心乡	孙宝库	
前进镇	徐有芳、王志杰、王凤林、刘云庆、江林、彭峰、刘文学、田文有	
长发镇	满福生、王秀荣、张松岩	
向荣镇	毕永发、程海、高海彬、王清、刘先跃	

续表

乡镇	名单	备注
护林乡	董兰延	
东风镇	张有、武明会、王和、王井和、高文红、宫文奎、王作海	
乐业乡	周景才	
海南乡	刘云甫、周连方	
共荣乡	孙凤久、李喜才、谭广桂	
海兴镇	孙殿福、芦有、张有、秦贵祥、李兴、徐学海	
祥富镇	姚中阳、陆占林、高凤阁、刘福山、周启发、周祥久、邹洪才、朱占才	
丰山乡	王殿有、冯万章、姜春孝、邱书峰、顾万军	
伦河镇	郭义	
百祥镇	杨海丰、李占海、刘海山、柴云阁、袁振江、刘长江、李士昌、张绍文、韩启贤、刘景全	
永富乡	朱有录、崔德全、付大傻、付井江、金凤才、侯连贵、于清海、陈福德	
新兴兴	李景山、王振富、张玉臣、宋振东、冯德、郝德五	
共合镇	聂河、鞠兴加、胡振辉、杨茂福、张喜林	
联发乡	刘成、郭润学	
永和乡	王立堂、都元龙、李连贯、王长福、范德库、张臣、高志、项吉元、吕凤昌、兰喜权、张芳、张凤祥、朱振林	
海北镇	张文学、王利、王凤革、王成山、赵英、宋国山	
爱国乡	刘万春、赵有贵、国祥、孙贵、王子斌、梁国富、刘芝、邢万增、王振山、肖奎文、王俭、华泽春、刘元福、韩凤图、王凤喜、李凤和、陈国有、彭战德	
爱民乡	徐风清、巨品清、于海涛、崔洪福、杨永山	
扎音河乡	高振东	
双录乡	陈思、桑宝森、梁祥、桑振福、王振富、刘林	
红光农场	于甫、张文林	
南兴乡	王喜军、马祥	

续表

2.解放长春牺牲		
乡 镇	名 单	备 注
建城乡	张希五	
南兴乡	韩启荣	
海南乡	宋国忱	
海兴镇	姜学春	
福民乡	于凤祥	
祥富镇	陈贵义	
百祥镇	郭连青、邹维生	
新兴乡	赖青林、胡中义、李万学	
共合镇	王忠祥	

3.解放锦州牺牲		
乡 镇	名 单	备 注
东风镇	蔡运红、谢全、姜明生、岳志玉	
南兴乡	侯振东、魏显祥	
乐业乡	肖春德、刘振兴、刘万臣	
海南乡	周宝库、季长福	
海兴镇	王金荣、苗勃然、景占英	
伦河镇	邵井江、邵井和、姜富	
百祥镇	邹玉海、隋文礼	
福民乡	范传礼	
永富乡	张喜文、尤福才、李充和	
新兴乡	高生	
永和乡	靳方、姜振芳、武恩、杨贵、孙德才、张廷玉	
爱民乡	董震	
海北镇	王富贵	
丰山乡	贡喜有、王国平、于才	
共合镇	王云阁、赵子荣、张万友	

4.黑山阻击战牺牲		
乡 镇	名 单	备 注
海伦镇	马占山	
前进镇	闫永德、王中歧、王玉深、徐洪章	
长发镇	张中仁	
南兴乡	王文庆	
乐业乡	李维信、孙超、杨奎、朱明生	
共合镇	韩宝玉	
海南乡	孟宪双	
共荣乡	方振和、名得喜	

续表

乡镇	名单	备注
海北镇	刘汉杰、汪兴阳、童宝贵、徐景江、赵文举、马文斗、刘振明、刘贵、梁殿厚	
爱国乡	乔文汉、陈国兴	
爱民乡	蒋文山、张士元、陈永才、张喜林、李庭、赵文武、姜喜才、李连廷、张文秀	
扎音河乡	徐凤楼、孙永福	

5.解放沈阳牺牲

乡镇	名单	备注
海伦镇	边程仁、车恩贵	
前进镇	陈录	
东方红乡	郭占林、黄国财	
海南乡	秦焕国、殷福军	
共荣乡	李洪福、张学文	
海兴镇	肖庆芳、李业、张少文、王国章、袁发、于权、王长友、甄玉林	
丰山乡	胡有昌、胡有和、魏江、王道祥	
永富乡	徐国昌	
新兴乡	李庆阳、刘生	
联发乡	胡景全	
海北镇	隋发、李明	
红光农场	刘景新	

6.在吉林其他市县牺牲

乡镇	名单	备注
海伦镇	于财、张风池	
前进镇	杨景芳、邹殿臣	
向荣镇	卢方	
护林乡	毕占全	
福民乡	李相臣	
百祥镇	尹学增	
新兴乡	崔宪州、唐有、金洪才、崔宪金	
永和乡	武万福	
爱民乡	吴英洲	
双录乡	赵金	

7.在辽宁其他市县牺牲

乡镇	名单	备注
海伦镇	么忠贤	
同心乡	王富	

续表

乡 镇	名 单	备 注
长发镇	王光普、钟玉清、孟宪财、张贵举、徐富宽	
前进镇	齐百祥	
向荣镇	邵州林、汤喜发、高显臣、徐凤山、曲福军、宋士荣	
南兴乡	柴儒富、付占林、齐维良	
海南乡	左清海、韩坤	
乐业乡	齐林成、温占元	
护林乡	朱荣福	
共荣乡	姚桂清、李百春	
海兴乡	张景余	
福民乡	董文学	
伦河镇	孙德贵	
百祥镇	杜长有、李春和、孟昭富	
永富乡	吕学来	
新兴乡	张玉有	
联发乡	李青文	
永和乡	姜绍伍	
爱民乡	胡喜山	
爱国乡	方德山	

8.在黑龙江省牺牲

乡 镇	名 单	备 注
海伦镇	赵殿生、柳长青	在海伦牺牲
建城乡	汪纯福	在海伦牺牲
向荣镇	任玉龙	在海伦牺牲
南兴乡	侯贵	在海伦牺牲
祥富镇	张有富、张朝海	在海伦牺牲
百祥镇	张信	在海伦牺牲
海北镇	李文	在海伦牺牲
爱国乡	孙兆恒、王玉喜、姚德庆、陈有、李春	在海伦牺牲
爱民乡	闫占林、乔凤庭、陈志国、张凤和、李金芳、徐守琢	在海伦牺牲
海伦镇	张子庆、刘林、辛明久	在其他市县牺牲
建城乡	林长清、寇志义	在其他市县牺牲
护林乡	吴永和、窦清	在其他市县牺牲

续表

乡 镇	名 单	备 注
百祥镇	姜亚洲	在其他市县牺牲
伦河镇	侯小虎	在其他市县牺牲
双录乡	肖江	在其他市县牺牲

9.平津战役牺牲

乡 镇	名 单	备 注
前进镇	于才	
东风镇	宋万章	
海兴镇	李万昌、张国德	
伦河镇	王国喜	
百祥镇	刘汉章	
共合镇	尹富	
本次战役牺牲的还有	王国学、纪宝金、张寿祥、李春芳、陈铁雍、周连芳、钱焕臣、黄（苏）党明	

10.在关内其他省牺牲

乡 镇	名 单	备 注
福民乡	刘清河	河北省
伦河镇	吴占德	河南省
共合镇	冯德	河南省
双录乡	李殿林	河南省
南兴乡	宁本连	山东省
联发乡	孙立国	湖北省
海北镇	梁德后	湖北省
爱国乡	马德凤	湖北省
爱民乡	张友、张福成、刘振坤	湖北省
向荣镇	李华、马万才	湖南省
永富乡	孙景林	湖南省
海北镇	史坤	湖南省
海伦镇	张世勤	江西省
同心乡	卢中义	江西省
建城乡	王起家	江苏省
永富乡	姜文库	浙江省
联发乡	刘志忠	浙江省
乐业乡	佟国信	广东省
永和乡	王殿甲	广东省
海兴镇	马龙	广东省
向荣镇	丁才	广西省
永和乡	宋振清	广西省
共合镇	王敬安	广西省

续表

乡　镇	名　单	备　注
共荣乡	孙风云、李财、史国深	广西省
联发乡	彭文刚、卢凤平、金广义	四川省
南兴乡	安景林、董凤江	海南岛
共合镇	高延庭、张凤林	海南岛
海北镇	何仲田	海南岛
爱国乡	车希方	海南岛
爱民乡	王德仁、刘宝玉、何文学	海南岛
向荣镇	韩国英	海南岛
祥富镇	李殿军	广东省

11.牺牲地点不详

乡　镇	名　单	备　注
海伦镇	张仲仁、韩玉山、王富	
同心祥	孙玉友	
前进镇	王怀志	
向荣镇	王树春、王才	
东风镇	李春生、李春华、李亚良、占海、王向国、李春义、林兆义、韩球子、杨有志	
共荣乡	王喜达、孙跃光、霍玉华	
伦河镇	徐凤楼、李景方	
联发乡	曲文彬、赵殿元	
海北镇	张景田、李小虎、宋德运、曹德林、张发、彭祥、吕金、张振东、腾友录	
爱国乡	刘永生	
爱民乡	郭文来、王亚林、王德福、姜国元、李贵举、孙凤山、王振东	
乐业	柴海顺、李富	
护林乡	车占川、布凤祥、周长林、孟庆成、王珠	
扎音河乡	潘振和	
永富乡	高文清、景德兴、王英俊、刘志江、李树昌、纪显忠、宋显生、王春林、周永才、陈洪章、王彬、侯俊昌、王德林	
新兴乡	付景春	

抗美援朝烈士（374位）

乡 镇	名 单	备 注
海伦镇	孙伯瀛、王绍堂、王荣宽、姜新志、李生、戚元太、常凤和、朴金扣、郭继范、甫金合、孙柏仁、代志斌、迟宪合、曲元太、姜新玉、李广有、孙少先	
建城乡	周庆斗、王宝玉	
同心乡	李永、薛凤祥、宋德元、牟长海、张广海、冯立发、贺金山、程财、王和	
前进镇	刘全、刘义、白永久、白永文、揣勤、褚永芳、贾有和、国丙恒、徐焕亭、姜凤权、张禄、哈恩奎、文业清、魏忠林	
长发镇	昌路、王士军	
向荣镇	迟宪余、杜学志、王文恒、王喜和、李国志、陆和、于祥、赵小龙、陈庆甲、魏洪田、刘祥、王必成、陈景兴	
东方红乡	张义祥、夏奎昌、马春、张贵	
护林乡	刘文全、王忠孝、刘明章	
东风镇	张才居、王国昌、殷玉成、汪希生、季长山、李国彬、连喜全、揣秀和、赵子江、李双、许占江、孙真	
南兴乡	李发、金树贵、王景和、由清连、韩成彦、徐振东、丛万海、孙玉春	
乐业乡	张青祥、郑文贵、曲士荣、付廷林、宋玉珠、郑文福、谷中和、杨景春、王永山、崔儒山、单祥、孙印发、肖永生	
海南乡	秦焕军、王字国、刘绍武、谢忠会、梁春海、白日酥、左清江、泊立忱、韩智、管臣	
共荣乡	闫凤有、范景春、张富、崔永恩、韩世忠、陈正、于长发、李治和、张朝海、程立志、徐广海、张海清、刘发、孙喜荣、佟占铁、邹永林	
海兴镇	曲有福、常怀文、马德海、金启才、李和、张金科、李福宝、姜永南、兰凤山、王海明、孙兰春、皮恩喜、刘宝喜、高振国、葛天生、孙长和、白志国、杨殿荣、兰子英	

续表

乡 镇	名 单	备 注
祥富镇	付昌珠、王树山、惠中才、杨景春、周广武、秦凤山、邹作林、姜悦明、曹殿祥、王维清、朱占林、徐德才	
福民乡	李德思、张玉芳、吕起山、黄显志、关志民	
丰山乡	邵臣富、钟子贵、朱林、蒋书桐、姚永喜、傣忠信、刘永年、冯希山、鞠秀方、苏喜林、陈占林、王道友、杨清雨、樊树才、王生、高占请、孙发、杨和、宋长志、赵喜文、焦国范、陈术荣、刘文和、李万仁、马春芳、刘春贵、高玉才、杜英、方会、邵长有、王祥、赵广志、邹廷成	
伦河镇	李长江、崔洪德、梁丰喜、程玉明、李文超、邢宝山、李运达、孙凤山、田兆春、樊永和、郭福林、张友、李殿文、赵春生、乔志、乔殿阁、李云发、侯录、肖永江	
百祥乡	王青云、王振荣、王振江、姜树才、矫文祥、王玉昌、吴森林、刘森林、毕长富、孙景玉、勾振清、刘忠和、杨文彬、代文彬、梅显军、王士玉、刘振才、吴相贵、王耀福、王友、孟先林、宋玉文、鲁德海、王德清、王景生、王振海	
永富乡	谢长才、刘长录、曲向仁、崔来祥、刘花牛、李树芝、范长增、孙化民、杜永和、任义昌、王祥、李明海、付朝山、郭玉胜、付在军、董福全、宋显一、李仁、张洪义、赵军、王云武、关喜林	
新兴乡	曲少堂、蔡学海、王广会、王广兴、赵国兴、律青志、孙兆先、王有生、工儿贵、赵国有、丁斌、刘福祥、赖显林、袁国昌、郝德山、姜振全	
共合镇	刘远志、邵兴海、赵喜臣、夏云学、邵春清、于永富、聂海、张振海、赵文华、韩刚山、薛景龙、贾有明、刘继录、王和	

续表

乡 镇	名 单	备 注
联发乡	金凤楼、王玉文、胡丙义、宋玉生、赵永千、都兴权、孙家昌、商玉德、徐学荣、孙树友、姚福林、任树林、梁学富、胡德生	
永和乡	徐福、肖文俭、孙宝元、牛德山、胡兆臣、李福、丁贵、邹振江、徐振江、程绍明、张信、石连贵、王凤楼、孙克伍、董长林、韩永明	
海北镇	闫喜中、张维信、范循久、张金昌、赵连生、高新民、高殿奎、刘胜富、范成彬、佟广德、付关久、黄元令、李明友、孙耀贵	
爱国乡	道万林、赵发、牟有德、战惠英、齐海、吕国昌、冷传宇	
爱民乡	刘玉琢、段复生、谢庭顺、李良、王发、李洪文、李振东、赵振德、吴勤、黄俊丰、衣景贤、李凤俊、刘廷有、李贵方、李长富、王喜山	
扎音河乡	刘景文、李殿甲、李成根、张明义、徐桂文	
双录乡	卢润山、陆国才、何殿军、李东江、刘本荣、高宏宇、王喜才、高明	
红光农场	李景才、董和、曲庆岩、张明和、许连荣	

和平时期烈士（61位）

乡镇	姓名	牺牲地	牺牲时间
海伦镇	邵继瘦	山东寿张	1958年
海伦镇	王井生		1959年
海伦镇	罗忠山	抚顺	1961年
海伦镇	杨笑仁	海南岛海口	1963年
海伦镇	董连昌	吉林	1971年
海伦镇	王永学	牡丹江	1973年
海伦镇	李凯	辽宁绥中	1975年
海伦镇	刘俊清	沈阳	1980年
海伦镇	武殿生	伊春	1980年
海伦镇	王继军	沈阳	1988年
海伦镇	张东光	吉林	1991年
海伦镇	栾文志	黑龙江	1998年
建城乡	王旭	广西	1954年
建城乡	张希武	长春	1967年
建城乡	楚维国	重庆	1974年
前进镇	李光武		1965年后
向荣镇	邵作山	上海	1954年
向荣镇	李振才	越南	
护林乡	纪长林	吉林	1955年
护林乡	杜连生	吉林四平	1954年
南兴乡	陈玉学	兴凯湖	1970年
南兴乡	付殿有	辽宁长海	1972年
乐业乡	鲁相楼	浙江	1953年
乐业乡	刘喜	上海	1953年
海南乡	吴停荣	哈尔滨	1951年
海南乡	郑桂春		1954年
祥富镇	曲行明	浙江	1954年
祥富镇	李仁	辽宁	1968年
祥富镇	庄凤海	齐齐哈尔	1975年
祥富镇	赵清祥	吉林通化	1979年
祥富镇	昌宝富	北安	1981年
祥富镇	张权	齐齐哈尔	
海兴镇	曲长青	广西	1954年
丰山乡	付广清		1954年
丰山乡	柳青华		1967年
丰山乡	王义臣	吉林四平	1972年
伦河镇	刘树学	辽宁开原	1950年
伦河镇	赵万友	山东	1951年

续表

乡镇	姓名	牺牲地	牺牲时间
伦河镇	田永路	吉林双阳	1964年
百祥镇	李绍军	保定	1968年
百祥镇	尤来昌	宁安	1973年
百祥镇	梁洪阁	吉林抚松	1975年
永富乡	徐志远	云南	1979年
新兴乡	张革	牡丹江	1976年
永和乡	丛墨汁	湖南	1962年
永和乡	吕中双	海龙	1972年
永和乡	沈万库	吉林	
永和乡	赵中	广西	1959年
海北镇	张宝仁	北京	1952年
海北镇	李友生	越南	1967年
海北镇	孙永生	克山	1979年
爱国乡	于永生	辽宁	1954年
爱民乡	李相云	吉林	1952年
爱民乡	蒋文志		1961年
爱民乡	孙刚		1966年
爱民乡	贺殿江		1975年
扎音河乡	金在万	牡丹江	1974年
东风镇	刘宽	海伦	1967年
长发镇	陆占文	海伦	1986年
联发乡	闫守波	越南	1988年
双录乡	卢宽	广东吴川县	1951年

附5

先进个人名录

类别：农业

姓名	单位	荣誉称号	授奖时间
王永珍	双录乡双生村	全国劳动模范	1950年
孟庆余	永和乡海旺村	全国劳动模范	1950年、1959年
裴洪昌	长发乡长志村	全国劳动模范	1952年
甄宝库	福民乡田升村	全国劳动模范	1953年
李清江	海北公社	全国技术革新能手	1958年
段余志	向荣乡向辉村	全国劳动模范	1995年
王景龙	县委农工部	全国农业合作经济先进工作者	1983年
李元玺	县科委	全国农林科技推广先进工作者	1984年
王有才	县农源办	全国农村能源工作先进工作者	1986年
张怀野	县农业银行	全国农林科技推广先进个人	1987年
艾德新	农技推广中心	全国农技推广先进工作者	1989年
孔庆峰	县总机总站	全国农机先进个人	1997年
于长龙	农机修造厂	全国农机先进工作者	1997年

类别：工业

姓名	单位	荣誉称号	授奖时间
苑 纯	县发电厂	全国工业先进工作者	1956年
王宝玉	县制粉厂	全国轻工业先进工作者	1956年
马林祥	县邮电局	全国邮电先进工作者	1958年
李敬勋	县邮电局	全国邮电先进工作者	1958年
白玉金	县亚麻厂	全国工业劳模	1959年
耿茂秀	县制油厂	全国劳模	1960年
鞠玉堂	县皮革社	全国手工业劳模	1964年
赵德富	县皮革社	全国手工业劳模	1964年
李秉和	县塑料厂	全国五一劳动奖章获得者	1988年
李秉和	县塑料厂	全国劳模	1989年
杨国栋	县时效设备振动厂	全国五一劳动奖章获得者	1990年
王洪义	县塑料二厂	全国五一劳动奖章获得者	1992年
于长龙	农机修造厂	全国农机先进工作者	1997年

类别：财贸金融

姓名	单位	荣誉称号	授奖时间
陈书贵	县粮食局	全国粮食模范工作者	1953年
马树元	县一粮库	全国粮食系统劳模	1954年
毕洪超	市粮食局	全国商业审计先进个人	1992年
郑学谦	二区供销社	全国供销系统先进工作者	1956年
阚士恒	护林供销社	全国供销系统先进工作者	1964年
周福才	县食品公司	国财贸系统先进工作者	1959年
周 荣	百货七商店	全国商业劳动模范	1985年
赵 青	二区信用社	全国信用社系统先进工作者	1952年
杨致全	县人民银行	全国银行模范工作者	1958年
孟兆林	县人民银行	全国银行先进工作者	1991年、1993年
于 萍	县建设银行	全国金融优质服务先进个人	1992年
张秀峰	市信用联社	全国优秀信贷员	1995年
张连飞	市工商局	全国商标工作先进个人	1996年、1997年
盖庭仁	海伦市制油厂	全国劳动模范	2000年
爱民乡	李相云	吉林	1952年
爱民乡	蒋文志		1961年
爱民乡	孙刚		1966年
爱民乡	贺殿江		1975年
扎音河乡	金在万	牡丹江	1974年
东风镇	刘宽	海伦	1967年
长发镇	陆占文	海伦	1986年
联发乡	闫守波	越南	1988年
双录乡	卢宽	广东吴川县	1951年

类别：文教卫生

姓名	单位	荣誉称号	授奖时间
邹玉琦	十区文化站	全国文化工作模范	1953年
刘湘岚	县评剧团	全国文化先进工作者	1958年
李成才	县图书馆	全国图书馆先进个人	1989年
马凤阁	县干部红专学校	全国优秀教师	1957年
张洪波	实验小学	全国优秀教师	1957年
曹光辉	向阳小学	全国优秀体育教师	1981年
周振克	县一中	全国模范班主任	1983年
李国清	聋哑学校	全国模范班主任	1983年
秦元璋	县一中	全国优秀教师	1983年
靖亚芝	实验小学	全国教育劳模	1986年
靖亚芝	实验小学	全国优秀女教师	1995年
徐 友	五中	全国优秀教师	1988年
姚忠范	向阳小学	全国教育劳模	1989年
姚忠范	向阳小学	全国文化教育奖	1994年
孙上德	县一中	全国优秀教师	1989年
吕 森	三中	全国优秀教师	1989年
李红萍	三中	全国优秀教师	1989年
王守笑	海北一中	全国优秀教师	1989年
张丽敏	实验小学	全国优秀教师	1989年
刘士华	伦河中心校	全国优秀教师	1989年
殷国凤	共荣中心校	全国优秀教师	1989年
于 成	扎音河中心校	全国优秀教师	1989年
刘晶莹	三中	全国教育劳模	1991年
齐 智	福民中心校	全国优秀教师	1991年
孙桂馥	文明小学	全国优秀教师	1991年
李 琴	七中	全国教育劳模	1993年
李艳华	五中	全国优秀教师	1993年
杨吉庆	护林中心校	全国优秀教师	1993年
国淑范	师范附小	全国优秀教师	1993年
李继华	七中	全国优秀教师	1995年
张淑兰	三中	全国优秀教师	1995年
李秋莲	向阳小学	全国优秀教师	1995年
李海全	丰山中心校	全国优秀教师	1995年
刘克勤	市一中	全国教育优秀工作者	1998年
周锡铭	县中医院	全国医疗卫生技术革新先锋	1958年

续表

姓名	单位	荣誉称号	授奖时间
张志英	县卫生局	全国药政管理先进个人	1988年
张 怀	市一医院	全国卫生先进工作者	1995年
张 怀	市一医院	全国五一劳动奖章获得者	1997年
王晓伟	市妇幼保健院	全国妇幼卫生先进工作者	1996年
赵玉孝	市卫生局	中国红十字先进工作者	1997年
王晓波	海伦市第一中学	全国劳动模范	2000年
栾丽君	海伦市人民医院	全国劳动模范	2010年

类别：武装 政法

姓名	单位	荣誉称号	授奖时间
徐国良	双录乡双兴村	全国战斗英雄	1948年
徐国良	双录乡双兴村	全国模范民兵	1960年
李谱臣	海兴镇	空军模范	1955年
邵耀德	县邮电局	全国模范复转军人	1958年
何自杰	伦河公社亲伦大队	全国模范民兵	1960年
张瑞霞	长发乡长庆村	全国模范军	1984年
阚忠福	县法院	全国法院先进工作者	1985年
杨有宽	市交警大队	全国优秀公安民警	1994年

类别：群众 团体

姓名	单位	荣誉称号	授奖时间
孙显忠	共合镇共青团大队	全国青年积极分子	1955年、1958年
李国珍	县粮食局	全国青年积极分子	1956年
王中库	共合镇共青团大队	全国新长征突击手	1978年
陈云凤	向阳小学	全国新长征突击手	1979年
闫顺杰	糖酒三商店	全国新长征突击手	1979年
曹淑华	向阳小学	全国优秀少先队辅导员	1984年
刘春和	南兴乡保耕村	全国青年科技示范标兵	1988年
张忠良	东方红乡	国"五四"奖章获得者	1988年

续表

姓名	单位	荣誉称号	授奖时间
栾立国	盐业公司经理	全国农村青年星火带头人	1994年
高淑贤	东安派出所	全国三八红旗手	1983年
侯喜兰	海北南华大队	全国三八红旗手	1983年
张含霞	海北公社	全国三八红旗手	1983年
王桂英	共合公社	全国三八红旗手	1983年
姚忠范	向阳小学	全国三八红旗手	1983年
栾雪艳	实验小学	全国五好家庭	1983年
刘玉琴	日用化学厂	全国五好家庭	1983年
李天芝	海伦镇红旗街	全国五好家庭	1983年
姜 岩	商业局	全国五好家庭	1983年
毛士杰	海伦油库	全国工会积极份子	1983年
肖敬琴	市烟草专卖局	全国优秀工会干部	1997年
何淑兰	市房建公司	全国先进女职工	1993年
王庆华	县科协	全国农村科普先进个人	1983年、1985年
崔正爱	东风镇	全国新长征突击手	1979年

类别：机关

姓名	单位	荣誉称号	授奖时间
赵云和	县委办公室	全国党政机要先进个人	1983年
张登和	县纪委	全国优秀纪委干部	

后 记

　　2017年6月，黑龙江省老促会转发了国家革命老区建设促进会《关于编纂全国1 599个老区县发展史的安排意见》的通知。按通知要求，我们全体编纂人员在海伦市委、市政府的关怀和支持下，在主编赵树芳同志的组织指导下，历时两年多的辛勤努力，在建党100周年来临之时《海伦市革命老区发展史》付梓出版了，这是我辈为海伦革命老区做出的一件好事、大事。但愿通过此书，使更多人，特别是广大青少年了解海伦过去的抗争，体察家乡的变化，感知改革的伟绩，坚定奋进的信念，让革命老区精神凝聚成的红色基因薪火相传，英杰辈出。

　　回顾纂写的日日夜夜，大家的心情难以平静。市委、市政府的高度重视，编写人员的呕心沥血，有关部门和人员的大力支持，至今令人感动不已。

　　为保证编纂工作顺利的开展，市委、市政府及时成立了由市委主管副书记为编纂委员会主任，相关部门主要领导为成员的强有力的专门领导组织。在市财政收支矛盾较大的情况下，优先安排了所需资金，选定了编纂人员，落实了环境较好的办公场所，购置配齐了办公设备，为编纂工作创造了良好的条件。

　　直接参加编纂工作的同志不计报酬，甘愿奉献，辛勤耕耘。执行副主编冯辉同志，在整体策划、布局谋篇、协调编写和统稿成书上恪尽职守；负责各部分编写的荀有卿、刘海斌、徐凤林同志不惧酷暑严冬，一面搜集史料，一面奋笔疾书，可谓废寝忘食。特邀编审李国荣、李海生同志提前介入，切实负责，热心帮助编纂人审核修改。

特别是聘请的李元玺、李万青两位顾问，不顾年迈体弱，或直接到编辑部提供资料，或多次来信来电指导编写，为编纂工作倾注了极大的热情和心血。市委办、政府办、党史办、市志办、财政局、档案局、扶贫办等部门及市老促会的王忠显、周津、冯福利、崔晓宇和任传影等同志也积极为我们提供资料和相关服务。这些都是保障此书及时出版而不可或缺的重要成因，在此一并表示诚挚的感谢！

这里需要特别说明的是，本书的编纂是严格按照中老促字〔2017〕15号文件精神："要坚持以党史、军史、中国革命斗争史为依据，集中体现本地域老区人民革命斗争史，做到历史的真实性、事件的准确性与内容的可读性相统一"的规定，以及黑老促字〔2019〕3号文件关于"要把好政治关和史实关，切实强化'四个意识'，严格遵守政治纪律，认真对待重要历史问题和历史人物的审查判定"，"注重史实的真实性、权威性和严肃性"的要求进行的。故对传说乃至有争议的事件、人物没有纳入史书。

又根据黑龙江省老促会《关于加快推进〈全国革命老区县发展史〉丛书编纂工作和统一出版印刷的通知》之规定："不能把未经权威部门认定的某个人传记、谈话或者纪实作品作为编史的依据。"因此，对小说、故事、散文等文学作品中涉及的史料亦未纳入。

此外，按照黑龙江省老促会《关于转发中国老促会〈关于编纂全国1 599个老区县发展史的安排意见〉的通知》，本书历史时段的重点与非重点等规定，坚持以革命老区和老区人民的奋斗史为重点，坚持以党的十八大以来革命老区取得的巨大成就和发展变化为亮点。我们在编纂时对历史事件和人物的取舍只能做有详有略或择其典型的办法处理，未能全面涉入，深感遗憾。

为编纂好这部史书，参编者尽了最大的努力，力求达到较好的质量和效果。可以说大家是用激情、心血、汗水汇聚成稿的。但由于本书史实涉及近百年的久远年代，档案缺失，知情人多已离世，有些史料无处查考，加之编者多为初涉史著，水平有限，难免有疏漏谬误或不尽人意之处，敬请史学界朋友和读者惠于批评指正。

编者